СВЯТОЙ ФЕОФИЛАКТ БОЛГАРСКИЙ,
АРХИЕПИСКОП ОХРИДСКИЙ

ТОЛКОВАНИЕ НА ЕВАНГЕЛИЕ
ОТ МАТФЕЯ

ORTHODOX LOGOS PUBLISHING

ТОЛКОВАНИЕ НА ЕВАНГЕЛИЕ ОТ МАТФЕЯ

*святой Феофилакт Болгарский,
архиепископ Охридский*

*Икона на обложке книги:
«Святой Матфий»,
Мастерская Симоне Мартини, 1317–19.*

© 2024, Orthodox Logos Publishing, The Netherlands

www.orthodoxlogos.com

ISBN: 978-1-80484-149-5

This book is in copyright. No part of this publication may
be reproduced, stored in a retrieval system or transmitted in any form or
by any means without the prior permission in writing of
the publisher, nor be otherwise circulated in any form of binding
or cover other than that in which it is published without a similar
condition, including this condition, being imposed
on the subsequent purchaser.

СВЯТОЙ ФЕОФИЛАКТ БОЛГАРСКИЙ,
АРХИЕПИСКОП ОХРИДСКИЙ

ТОЛКОВАНИЕ НА ЕВАНГЕЛИЕ
ОТ МАТФЕЯ

ORTHODOX LOGOS PUBLISHING

СОДЕРЖАНИЕ

Предисловие 7
Глава первая 10
Глава вторая 21
Глава третья 31
Глава четвертая 38
Глава пятая 45
Глава шестая 59
Глава седьмая 67
Глава восьмая 73
Глава девятая 80
Глава десятая 88
Глава одиннадцатая 98
Глава двенадцатая 107
Глава тринадцатая 119
Глава четырнадцатая 133
Глава пятнадцатая 141
Глава шестнадцатая 150
Глава семнадцатая 159
Глава восемнадцатая 168
Глава девятнадцатая 178
Глава двадцатая 188
Глава двадцать первая 196

Глава двадцать вторая	209
Глава двадцать третья	220
Глава двадцать четвертая	231
Глава двадцать пятая	243
Глава двадцать шестая	254
Глава двадцать седьмая	274
Глава двадцать восьмая	290
Биография: Феофилакт Болгарский (Охридский)	290

ПРЕДИСЛОВИЕ

Божественные мужи, жившие до закона, учились не из писаний и книг, но, имея чистый ум, просвещались озарением Всесвятого Духа, и таким образом познавали волю Божию из беседы с ними Самого Бога уста к устам. Таков был Ной, Авраам, Исаак, Иаков, Иов, Моисей. Но когда люди испортились и сделались недостойными просвещения и научения от Святого Духа, тогда человеколюбивый Бог дал Писание, дабы, хотя при помощи его, помнили волю Божию. Так и Христос сперва Сам лично беседовал с апостолами, и (после) послал им в учителя благодать Святого Духа. Но как Господь предвидел, что впоследствии возникнут ереси и наши нравы испортятся, то Он благоволил, чтоб написаны были Евангелия, дабы мы, научаясь из них истине, не увлеклись еретическою ложью, и чтоб наши нравы не испортились совершенно.

Четыре Евангелия Он дал нам потому, что мы научаемся из них четырем главным добродетелям: мужеству, мудрости, правде и целомудрию: научаемся мужеству, когда Господь говорит: «не бойтесь убивающих тело, души же не могущих убить» (*Матф. 10, 28*); мудрости, когда говорит: «будьте мудры, как змеи» (*Матф. 10, 16*); правде, когда учит: «как хотите, чтобы с вами поступали люди, так и вы поступайте с ними» (*Лук. 6, 31*); целомудрию, когда сказывает: «кто смотрит на женщину с вожделением, уже прелюбодействовал с ней в сердце своем» (*Матф. 5, 28*). Четыре Евангелия дал Он нам еще и потому, что они содержат предметы четырех родов, именно: догматы и заповеди, угрозы и обетования. Верующим в догматы, но не соблюдающим заповедей, они грозят будущими наказаниями, а хранящим их обещают вечные блага. Евангелие (благовестие) называется так потому, что возвещает нам о предметах благих и радостных для нас, как-то: об отпущении грехов, оправдании, переселении на небеса, усыновлении Богу, наследии вечных благ и освобождении от мучений. Оно также возвещает, что мы получаем эти блага легко, ибо не трудами своими приобретаем их и не за наши добрые дела получаем их, но удостаиваемся их по благодати и человеколюбию Божию.

Евангелистов четыре: из них двое, Матфей и Иоанн, были из числа двенадцати, а другие двое, Марк и Лука, из числа семидесяти. Марк был спутник и ученик Петров, а Лука Павлов. Матфей прежде всех написал Евангелие на еврейском языке для уверовавших евреев, спустя восемь лет по вознесении Христовом. С еврейского же языка на греческий перевел его, как носится слух, Иоанн. Марк, по наставлению Петра, написал Евангелие спустя десять лет по вознесении; Лука по прошествии пятнадцати, а Иоанн по прошествии тридцати двух лет. Говорят, что ему, по смерти прежних Евангелистов, представлены были, по его требованию, Евангелия, дабы рассмотреть их и сказать, правильно ли они написаны, и Иоанн, так как он получил большую благодать истины, дополнил, что в них было опущено, и о том, о чем они сказали кратко, написал в своем Евангелии пространнее. Имя Богослова получил он потому, что другие Евангелисты не упомянули о предвечном бытии Бога Слова, а он богодухновенно сказал о том, дабы не подумали, что Слово Божие есть просто человек, то есть, не Бог. Матфей говорит о жизни Христовой только по плоти: ибо он писал для евреев, для которых довольно было знать, что Христос родился от Авраама и Давида. Ибо уверовавший из евреев успокаивается, если его удостоверят, что Христос от Давида.

Ты говоришь: «Ужели не довольно было и одного Евангелиста?» Конечно, довольно было и одного, но чтоб истина обнаружилась яснее, дозволено написать четырем. Ибо когда видишь, что эти четверо не сходились и не сидели в одном месте, а находились в разных местах, и между тем написали об одном и том же так, как бы то было сказано одними устами, то как не подивишься истине Евангелия, и не скажешь, что Евангелисты говорили по внушению Святого Духа!

Не говори мне, что они не во всем согласны. Ибо посмотри, в чем они несогласны. Сказал ли кто-нибудь из них, что Христос родился, а другой: «не родился»? Или сказал ли кто из них, что Христос воскрес, а другой: «не воскрес»? Нет, нет! В необходимом и важнейшем они согласны. А ежели они в главном не разногласят, то чему дивиться, что они по-видимому разногласят в неважном; ибо из того, что они не во всем согласны, наиболее видна их истинность. Иначе о них подумали бы, что они писали, сошедшись вместе, или сговорившись друг с другом. Теперь же кажется, что они несогласны, потому, что то, что один из них опустил, написал другой. И это в самом деле так. Приступим к самому Евангелию.

ГЛАВА ПЕРВАЯ

Мф.1:1. **Книга родства.**

Почему святой Матфей не сказал «видение» или «слово», подобно пророкам, ибо они таким образом писали: «Видение, которое видел Исайя» (*Ис. 1, 1*) или «Слово, которое было... к Исайи» (*Ис. 2, 1*)? Ты хочешь узнать, почему? Потому что пророки обращались к жестокосердым и непокорным, а потому и говорили, что это Божественное видение и слово Божие, чтобы народ убоялся и не пренебрег, что они говорили. Матфей же говорил с верными, благомыслящими, равно и послушными и поэтому не сказал предварительно ничего подобного пророкам. Имею сказать и другое нечто: что видели пророки, то они видели умом, созерцая это чрез Святого Духа; поэтому и называли это видением. Матфей же не умственно видел Христа и созерцал Его, но нравственно пребывал с Ним и чувственно слушал Его, созерцая Его во плоти; поэтому не сказал: «видение, которое я видел», или «созерцание», но сказал: Книга родства.

Иисуса

Имя «Иисус» не греческое, но еврейское, и в переводе значит «Спаситель», ибо словом «яо» у евреев говорится о спасении.

Христа

Христами («Христос» по-гречески значит «помазанный») назывались цари и первосвященники, ибо они помазывались святым елеем, изливавшимся из рога, который полагали на их голову. Господь называется Христом и как Царь, ибо Он воцарился против греха, и как Первосвященник, ибо Он Сам принес Себя в жертву за нас. Помазан же Он истинным елеем, Духом Святым, и помазан преимущественно пред другими, ибо кто иной имел Духа так, как Господь? В святых действовала благодать Святого Духа, во Христе же действовала не благодать Святого Духа, но Сам Христос вместе с Единосущным Ему Духом совершал чудеса.

Сына Давидова,

После того, как Матфей сказал «Иисуса», он прибавил «Сына Давидова» для того, чтобы ты не подумал, что он говорит о другом Иисусе, ибо был и другой знаменитый Иисус, вождь евреев после Моисея. Но этот назывался сыном Навина, а не сыном Давида. Он жил многими поколениями раньше Давида и был не из колена Иудина, из которого произошел Давид, но из другого.

Сына Авраамова.

Почему Матфей поставил Давида прежде Авраама? Потому, что Давид был более знаменит; он и жил позже Авраама, и был славным царем. Из царей он первый благоугодил Богу и получил обетование от Бога, что из его семени восстанет Христос, почему все и называли Христа Сыном Давида. И Давид в действительности сохранил в себе образ Христа: как он воцарился на место отверженного Богом и возненавиденного Саула, так и Христос пришел во плоти и воцарился над нами после того, как Адам лишился царства и власти, которую он имел над всем живущим и над демонами.

Мф.1:2. Авраам родил Исаака;

С Авраама начинает евангелист родословие потому, что он был отцом евреев, и потому, что он первый получил обетование, что «о его семени благословятся все народы». Итак, прилично от него начать родословие Христа, ибо Христос есть семя Авраама, в котором получили благословение все мы, которые были язычниками и находились прежде под клятвою. Авраам в переводе значит «отец языков», а Исаак – «радость», «смех». Евангелист не упоминает о незаконнорожденных детях Авраама, например, об Измаиле и других, потому что иудеи происходили не от них, но от Исаака.

Исаак родил Иакова; Иаков родил Иуду и братьев его;

Видишь, что об Иуде и братьях его Матфей упомянул потому, что от них произошли двенадцать колен.

Мф.1:3. Иуда родил Фареса и Зару от Фамари;

Иуда выдал Фамарь замуж за Ира, одного из своих сыновей; когда же этот умер бездетным, то он сочетал ее с Аинаном, который также был его сыном. Когда и этот лишился жизни за свою срамоту, то Иуда ни с кем уже не соединял ее браком. Но она, сильно желая иметь детей от семени Авраамова, сложила с себя одежду вдовства, приняла вид блудницы, смесилась с свекром своим и зачала от него двух детей-близнецов. Когда пришло время родов, первый из сыновей показал из ложесн руку, как будто первым родится он. Повивальная бабка тотчас отметила показавшуюся руку ребенка красной нитью, чтобы можно было узнать того, кто родится первым. Но ребенок увлек руку в чрево, и прежде родился другой младенец, а потом уже и тот, который прежде показал руку. Поэтому родившийся первым был назван Фаресом, что значит «перерыв», ибо он нарушил естественный порядок, а тот, который увлек руку, – Зарою. Эта история указывает на некоторую тайну. Как Зара прежде показал руку, а потом увлек ее снова, так и жительство во Христе: оно открылось во святых, которые жили прежде закона и обрезания, ибо все они не соблюдением закона и заповедей оправдались, но евангельскою жизнью. Посмотри на Авраама, который ради Бога оставил отца и дом и отрекся от естества. Посмотри на Иова, Мелхиседека. Но когда пришел закон, таковая жизнь скрылась, но как там после рождения Фареса позже снова и Зара вышел из чрева, так и по даровании закона позже воссияла жизнь евангельская, запечатленная красной нитью, то есть кровью Христа. Евангелист упомянул об этих двух младенцах потому, что рождение их означало нечто таинственное. Кроме того, хотя Фамарь, по-видимому, и не заслуживает похвалы за то, что смесилась с свекром, но и о ней упомянул евангелист для того, чтобы показать, что Христос, принявший ради нас все, принял и таковых предков. Точнее: чтобы тем, что Он Сам родился от них, освятить их, ибо он не пришел «призвать праведников, но грешников».

Фарес родил Есрома; Есром родил Арама;

Мф.1:4. Арам родил Аминадава; Аминадав родил Наассона; Наассон родил Салмона;

Мф.1:5. Салмон родил Вооза от Рахавы;

Некоторые думают, что Рахав есть та Раав-блудница, которая приняла соглядатаев Иисуса Навина: она и их спасла, и сама спаслась. Матфей упомянул о ней для того, чтобы показать, что как она была блудница, так и все собрание язычников, ибо они блудодействовали в своих делах. Но те из язычников, которые приняли соглядатаев Иисуса, то есть апостолов, и уверовали в их слова, эти все спаслись.

Вооз родил Овида от Руфи;

Эта Руфь была иноплеменница; тем не менее, она сочеталась браком с Воозом. Так и *церковь* из язычников, будучи иноплеменницею и вне заветов, забыла народ свой и почитание идолов, и отца своего дьявола, и Сын Божий взял ее в жены.

Овид родил Иессея;

Мф.1:6. Иессей родил Давида царя; Давид царь родил Соломона от бывшей за Уриею;

И о жене Урия Матфей упоминает здесь с той целью, чтобы показать, что не должно стыдиться предков, но более всего стараться прославлять и их своею добродетелью, и что Богу все угодны, хотя бы они произошли и от блудницы, если только имеют добродетель.

Мф.1:7. Соломон родил Ровоама; Ровоам родил Авию; Авия родил Асу;

Мф.1:8. Аса родил Иосафата; Иосафат родил Иорама; Иорам родил Озию;

Мф.1:9. Озия родил Иоафама; Иоафам родил Ахаза; Ахаз родил Езекию;

Мф.1:10. Езекия родил Манассию; Манассия родил Амона; Амон родил Иосию;

Мф.1:11. Иосия родил Иоакима; Иоаким родил Иехонию и братьев его, пред переселением в Вавилон.

Переселением Вавилонским называется тот плен, который позже перенесли иудеи, уведенные все вместе в Вавилон. Вавилоняне и в другое время воевали с ними, но озлобляли их умереннее, тогда же совершенно переселили их из отечества.

Мф.1:12. По переселении же в Вавилон, Иехония родил Салафииля; Салафииль родил Зоровавеля;

Мф.1:13. Зоровавель родил Авиуда; Авиуд родил Елиакима; Елиаким родил Азора;

Мф.1:14. Азор родил Садока; Садок родил Ахима; Ахим родил Елиуда;

Мф.1:15. Елиуд родил Елеазара; Елеазар родил Матфана; Матфан родил Иакова;

Мф.1:16. Иаков родил Иосифа, мужа Марии, от Которой родился Иисус, называемый Христос.

Почему здесь дается родословие Иосифа, а не Богородицы? Какое участие Иосифа в том бессеменном рождении? Здесь Иосиф не был истинным отцом Христа, чтобы от Иосифа вести родословие Христа. Итак, слушай: действительно, Иосиф не имел никакого участия в рождении Христа, и потому должно было дать родословие Богородицы; но так как был закон – не вести родословие по женской линии (*Числ. 36, 6*), то Матфей и не дал родословия Девы. Кроме того, дав родословие Иосифа, он дал и ее родословие, ибо был закон не брать жен ни из другого колена, ни из другого рода или фамилии, но из того же колена и рода. Так как был такой закон, то ясно, что если дается родословие Иосифа, то тем самым дается и родословие Богородицы, ибо Богородица была из того же колена и того же рода; если же нет, то как бы она могла быть обручена ему? Таким образом, евангелист соблюл закон, который запрещал вести родословие по женской линии, но, тем не менее, дал родословие Богородицы, дав родословие Иосифа. Мужем же Марии назвал его соответственно общему обыкновению, ибо мы имеем обычай и обручника называть мужем обрученной, хотя брак еще и не совершен.

Мф.1:17. Итак всех родов от Авраама до Давида четырнадцать родов; и от Давида до переселения в Вавилон четырнадцать родов; и от переселения в Вавилон до Христа четырнадцать родов.

Матфей разделил роды на три части, чтобы показать иудеям, что находились ли они под управлением судей, как это было до Давида, или под управлением царей, как это было до переселения, или под управлением первосвященников, как это было пред пришествием Христа, – они не получали от этого никакой пользы в отношении к добродетели и нуждались в истинном судии, царе и первосвященнике, который есть Христос. Ибо, когда прекратились цари, по пророчеству Иакова, пришел Христос. Но каким образом от пересения Вавилонского до Христа четырнадцать родов, когда их оказывается только тринадцать? Если бы в состав родословия могла входить женщина, то мы причислили бы и Марию и восполнили число. Но женщина не входит в родословие. Как же это разрешить? Некоторые говорят, что Матфей поставил в счет переселение, как лицо.

Мф.1:18. Рождество Иисуса Христа было так: по обручении Матери Его Марии с Иосифом,

Для чего Бог допустил, чтобы Мария была обручена, и вообще, зачем Он дал людям повод подозревать, что Иосиф познал Её? Для того чтобы Она имела защитника в несчастьях. Ибо он заботился о Ней во время бегства в Египет и спас Её. Вместе с тем Она была обручена и для того, чтобы скрыть Её от дьявола. Дьявол, услышав, что Дева будет иметь во чреве, наблюдал бы за Ней. Итак, для того, чтобы лжец был обманут, Приснодева обручается Иосифу. Брак был только по виду, в действительности же его не было.

прежде нежели сочетались они, оказалось, что она имеет во чреве от Духа Святаго.

Слово «сочетаться» здесь означает соитие. Прежде нежели сочетались они, Мария зачала, почему пораженный евангелист и восклицает: «оказалось», как бы говоря о чем-то необычайном.

Мф.1:19. Иосиф же, муж Ее, будучи праведен и не желая огласить Ее, хотел тайно отпустить Ее.

Как же Иосиф был праведен? В то время как закон повелевает изобличать прелюбодеицу, то есть объявлять о ней и наказывать, он намеревался скрыть грех и преступить закон. Вопрос разрешается прежде всего в том смысле, что уже через это самое Иосиф был праведен. Он не хотел быть суровым, но, человеколюбивый по великой своей доброте, он показывает себя выше закона и живет выше заповедей закона. Затем, Иосиф и сам знал, что Мария зачала от Духа Святого, и потому не желал изобличить и наказать ту, которая зачала от Духа Святого, а не от прелюбодея. Ибо смотри, что говорит евангелист: «оказалось, что она имеет во чреве от Духа Святаго». Для кого «оказалось»? Для Иосифа, то есть он узнал, что Мария зачала от Духа Святого. Поэтому и хотел тайно отпустить ее, как бы не осмеливаясь иметь женой ту, которая удостоилась столь великой благодати.

Мф.1:20. Но когда он помыслил это, – се, Ангел Господень явился ему во сне, говоря:

Когда праведный колебался, явился ангел, научая его, что должно ему сделать. Во сне является ему, потому что Иосиф обладал крепкой верой. С пастухами, как грубыми, ангел говорил наяву, с Иосифом же, как праведным и верным, во сне. Как мог он не поверить, когда ангел научал его тому, о чем он сам с собой рассуждал и о чем никому не сказал? Когда он размышлял, но никому не говорил, явился ему ангел. Конечно, Иосиф поверил, что это – от Бога, ибо только Бог знает неизреченное.

Иосиф, сын Давидов!

Сыном Давида назвал его, напоминая ему о пророчестве, что Христос произойдет от семени Давида. Говоря это, ангел убеждал Иосифа, чтобы он не веровал, но подумал о Давиде, который получил обетование относительно Христа.

не бойся принять

Этим показывает, что Иосиф боялся иметь Марию, чтобы не оскорбить Бога тем, что он покровительствует прелюбодеице. Или иначе: «не бойся», то есть бойся прикоснуться к ней, как зачавшей от Духа Святого, но «не бойся принять», то есть иметь в своем доме. Ибо в уме и помышлении Иосиф уже отпустил Марию.

Марию, жену твою,

Это говорит ангел: «Ты, может быть, думаешь, что она – прелюбодеица. Я же говорю тебе, что она твоя жена», то есть она никем не растлена, но твоя невеста.

ибо родившееся в Ней есть от Духа Святаго;

Ибо она не только далека от незаконного смешения, но и зачала неким божественным образом, так что тебе надлежит более радоваться.

Мф.1:21. родит же Сына,

Чтобы кто-нибудь не сказал: «но почему же я должен поверить тебе, что Родившееся есть от Духа?», ангел говорит о грядущем, именно, что Дева родит Сына. «Если в данном случае я окажусь правым, то ясно, что истинно и это – «от Духа Святаго». Не сказал «родит тебе», но просто «родит». Ибо Мария рождала не для него, но для всей вселенной, и не для него одного только явилась благодать, но она излилась на всех.

и наречешь имя Ему Иисус,

Ты наречешь, конечно, как отец и как покровитель Девы. Ибо Иосиф, узнав, что зачатие от Духа, и не думал уже о том, чтобы отпустить Деву беспомощной. И ты будешь помогать Марии во всем.

ибо Он спасёт людей Своих от грехов их.

Здесь истолковывается, что значит слово «Иисус», именно – Спаситель, «ибо Он, – сказано, – спасет людей Своих» – не только иудейский народ, но и языческий, который стремится уверовать и сделаться Его народом. От чего спасет? Не от войны ли? Нет, но от «грехов их». Отсюда ясно, что Тот, Кто родится, есть Бог, ибо прощать грехи свойственно одному только Богу.

Мф.1:22. А всё сие произошло, да сбудется реченное Господом чрез пророка, который говорит:

Не думай, что это недавно сделалось угодным Богу, – давно, изначала. Ты, Иосиф, как воспитанный в законе и знающий пророков, вдумайся в сказанное Господом. Не сказал «реченное Исайей», но «Господом», ибо не человек говорил, но Бог устами человека, так что пророчество вполне достоверно.

Мф.1:23. Се, Дева во чреве приимет,

Евреи говорят, что у пророка стоит не «дева», но «молодая женщина». Им надобно сказать, что на языке Священного Писания юная женщина и дева – одно и то же, ибо молодой женщиной оно называет нерастленную. Затем, если бы родила не дева, то как это могло бы быть знамением и чудом? Ибо выслушай Исайю, который говорит, что «ради этого Господь Сам даст вам знамение» (*Ис. 7, 14*), и тотчас добавляет «се, Дева» и далее. Поэтому, если бы не дева родила, не было бы и знамения. Итак, евреи, замышляя недоброе, искажают Писание и вместо «дева» ставят «молодая женщина». Но стои́т ли «молодая женщина» или «дева», во всяком случае, имеющую родить должно считать девой, чтобы это было чудом.

и родит Сына, и нарекут имя Ему Еммануи́л, что значит: с нами Бог.

Евреи говорят: почему же Он назван не Еммануилом, а Иисусом Христом? Должно на это сказать, что пророк не говорит «наречешь», но «нарекут», то есть самые дела покажут, что Он есть Бог, хотя и живет с нами. Божественное Писание дает имена от дел, как, например: «нареки ему имя: Магер-шелал-хашбаз»[1] (*Ис. 8, 3*), но где и кто назван таковым именем? Так как одновременно с рождением Господа было расхищено и пленено, – прекратилось блуждание (идолопоклонство), то поэтому и говорится, что Он назван так, получив имя от Своего дела.

Мф.1:24. Встав от сна, Иосиф поступил, как повелел ему Ангел Господень,

---

[1] «скоро плени, нагло расхити».

Посмотри на пробудившуюся душу, как быстро она убеждается.

и принял жену свою,

Матфей постоянно называет Марию женою Иосифа, изгоняя худое подозрение и научая, что она была женою не другого кого-либо, а именно его.

Мф.1:25. и не знал её, как наконец Она родила

то есть никогда не смешивался с нею, ибо слово «как» («дондеже») означает здесь не то, будто до рождения не знал ее, после же познал, но что он совершенно никогда не познал ее. Такова особенность языка Писания; так, не возвратился вран в ковчег, «дондеже изся́че вода от земли» (*Быт. 8, 7*), но он не возвращался и после этого; или еще: «Я с вами во все дни до скончания века» (*Мф. 28, 20*), а после скончания разве не будет? Каким образом? Тогда тем более. Подобно этому и здесь слова: «как наконец... родила» понимай в том смысле, что Иосиф не знал ее ни прежде, ни после рождения. Ибо как Иосиф прикоснулся бы к этой святой, когда хорошо знал ее неизреченное рождение?

Сына Своего первенца,

Называет Его первенцем не потому, что будто она родила еще другого какого-либо сына, но просто потому, что Он первый родился и единственный: Христос есть и «первородный», как родившийся первым, и «единородный», как не имеющий второго брата.

и он нарек Ему имя: Иисус.

Иосиф показывает и здесь свое послушание, потому что он сделал то, что сказал ему ангел.

ГЛАВА ВТОРАЯ

Мф.2:1. Когда же Иисус родился в Вифлееме Иудейском

Вифлеем в переводе значит «дом хлеба», Иудея же – «исповедание». Да будет, чтобы и мы чрез исповедание сделались теперь домом хлеба духовного.

во дни Ирода

Матфей упоминает об Ироде, чтобы ты научился, что князья и цари от колена Иудина прекратились и в силу необходимости пришел Христос. Ибо Ирод был не иудей, но идумеянин, сын Антипатра от жены аравитянки. Когда же прекратились князья, пришло «ожидание языков», как пророчествовал Иаков.

царя,

Ибо был еще другой Ирод, четверовластник; поэтому Матфей указывает на царское достоинство.

пришли в Иерусалим волхвы

Для чего приходили волхвы? Для осуждения иудеев: ибо если волхвы, люди идолопоклонники, уверовали, то что остается в оправдание иудеям? Вместе с тем и для того, чтобы более просияла слава Христа, когда свидетельствуют волхвы, которые служили скорее демонам и были врагами Божиими.

с востока

И это для осуждения иудеев: ибо те из такой дали пришли поклониться Ему, евреи же, имея Христа, гнали Его.

И говорят:

Мф.2:2. где родившийся Царь Иудейский?

Говорят, что эти волхвы – потомки волхва Валаама, что они, найдя его предсказание: «воссияет звезда от Иакова и погубит князей моавитских», уразумели таинство Христа и потому пошли, желая видеть Рожденного.

ибо мы видели звезду Его на востоке

Когда услышишь о звезде, не думай, что эта была одна из тех, которые мы видим: это была божественная и ангельская сила, явившаяся в образе звезды. Так как волхвы были астрологами, то Господь привел их чрез знакомое для них, подобно тому, как Петра-рыбаря изумил множеством рыб, которых он поймал во имя Христа. Что звезда действительно была сила ангельская, видно из того, что она светила днем, из того, что она шла, когда шли волхвы, и стояла, когда они отдыхали, особенно же из того, что она шла от северной стороны, где Персия, к южной, где Иерусалим, – звезда же никогда не движется от севера к югу.

и пришли поклониться Ему.

Эти волхвы были, по-видимому, людьми большой добродетели. Ибо если они пожелали поклониться в чужой стране, то могли ли они не быть смелыми в Персии и не проповедовать?

Мф.2:3. Услышав это, Ирод царь встревожился, и весь Иерусалим с ним.

Ирод смутился, как иноплеменник, опасаясь за свою царскую власть, ибо знал, что он недостоин ее. Но иудеи, почему смущаются они? Ведь им должно было более радоваться тому, что у них будет царь, которому поклоняются теперь цари персидские. Но нравственная испорченность поистине безумное дело.

Мф.2:4. И, собрав всех первосвященников и книжников народных, спрашивал у них: где должно родиться Христу?

Учители народа были люди ученые, подобно тем, кого мы называем грамматиками. Их спрашивают по домостроительству Божию, чтобы они исповедали истину: и потому они подвергнутся осуждению, что распяли Того, Кого прежде исповедали.

Мф.2:5–6. Они же сказали ему: в Вифлееме Иудейском, ибо так написано чрез пророка:

Чрез какого пророка? Михея. Ибо тот говорит (*Мих. 5,2*):

«и ты Вифлеем, земля Иудина, ничем не меньше воеводств Иудиных,

Этим городом, так как он был мал, пренебрегали; теперь же он сделался славным благодаря тому, что из него произошел Христос: ибо все от концов земли приходят поклониться этому святому Вифлеему.

ибо из тебя изыдет Вождь,

Хорошо сказал: «изыдет», а не «останется в тебе», ибо Христос не остался в Вифлееме, но вышел из него после рождения и большею частью жил в Назарете. Иудеи говорят, что это было предсказано о Зоровавеле, но ясно, что они лгут. Ведь Зоровавель родился не в Вифлееме, а в Вавилоне. Имя его «Зоро» значит семя и рождение, а «Вавель» – Вавилон, то есть в Вавилоне зачатый или рожденный. Но и пророчество ясно обличает их, говоря: «выходы Его из начала, от дней века». Кого другого исходы из начала и от дней века, как не Христа? Он имел два исхода или рождения: первое рождение из начала – от Отца, второе – от дней века, оно началось от Богородицы и совершилось во времени. Пусть же скажут иудеи, из начала ли произошел Зоровавель? Но они ничего не могут сказать.

Который упасет народ Мой, Израиля».

«Упасет», говорит, а не: будет тиранствовать или пожирать. Ибо другие цари – не пастыри, но волки, Христос же – Пастырь, как он Сам говорит: «Я есмь Пастырь добрый». Народом же израильским называет уверовавших как из среды евреев, так и из среды язычников: ибо «Израиль» в переводе значит: зрящий Бога (первый «Израиль» – Иаков, узревший Бога в борьбе с Ним, *Быт. 32, 28–30*); поэтому все зрящие Бога суть израильтяне, хотя бы они происходили из язычников.

Мф.2:7–8. Тогда Ирод, тайно призвав волхвов

Тайно призвал их Ирод из-за иудеев. Ибо он подозревал, что иудеи, может быть, много заботятся о Младенце и замышляют спасти Его, как имеющего освободить их. Поэтому тайно злоумышляет.

выведал от них время появления звезды

Тщательно разузнал. Ибо звезда явилась волхвам прежде, чем родился Господь. Так как им предстояло потратить много времени на путешествие, поэтому звезда явилась задолго, чтобы они поклонились Ему, когда Он находился еще в пеленах. Но некоторые говорят, что звезда явилась одновременно с рождением Христа и что волхвы шли в течение двух лет и нашли Господа не в пеленах и не в яслях, но в доме с Матерью, когда Ему было два года. Но ты считай лучшим сказанное раньше.

и, послав их в Вифлеем, сказал: пойдите, тщательно разведайте о Младенце

Не сказал: «о царе», но «о Младенце», потому что не выносил и имени, чем показал, как он безумствовал против Него.

и, когда найдете, известите меня, чтобы и мне пойти поклониться Ему.

Мф.2:9. Они, выслушав царя, пошли.

Сами искренние люди, они думали, что и он говорит без коварства.

И вот, звезда, которую видели они на востоке, шла перед ними,

Звезда, по домостроительству Божию, скрылась ненадолго для того, чтобы они спросили иудеев и чтобы смутился Ирод, а истина таким образом сделалась бы очевиднее. Когда же они вышли из Иерусалима, звезда опять явилась, руководя ими. Отсюда видно, что звезда была силой божественной.

как наконец пришла и остановилась над *местом,* где был Младенец.

И это дивно: ибо звезда сошла с высоты и, став ближе к земле, указала им место. Ибо если бы она показалась им с высоты, то как могли бы они частнее узнать место, где был Христос? Ибо звезды охватывают своим сиянием большое пространство. Поэтому и ты, может быть, увидишь луну над твоим домом, а я думаю, что она стоит только над моим домом. И всем вообще кажется, что над ним одним только стоит луна или другая звезда. И та звезда не указала бы Христа, если бы не сошла вниз и не стала как бы над главою Младенца.

Мф.2:10. Увидевши же звезду, они возрадовались радостью весьма великою,

Тому, что не ошиблись, а нашли, чего искали, – этому обрадовались.

Мф.2:11. и, войдя в дом, увидели Младенца с Мариею, Матерью Его,

После рождения Дева положила Младенца в яслях, ибо они не нашли тогда дома. Весьма вероятно, что после они нашли дом, в котором волхвы и обрели их. Ибо взошли в Вифлеем с той целью, чтобы, как говорит и Лука, записаться там, но так как для записи собралось громадное количество народа, то не нашли дома, и Господь родился в вертепе. Затем нашли дом, где волхвы и видели Господа.

и падше поклонились Ему;

Вот озарение души! Видели бедным и поклонились. Они убедились, что это – Бог, поэтому и принесли Ему дары, как Богу и как человеку. Ибо слушай:

и открыв сокровища свои, принесли Ему дары: золото, ладан и смирну.

Золото принесли Ему, как царю, ибо царю мы, как подданные, приносим золото; ладан, как Богу, ибо Богу мы воскуряем фимиам; а смирну, как имеющему вкусить смерти, ибо иудеи со смирной погребают мертвецов, чтобы тело оставалось нетленным, ибо смирна, будучи сухой, сушит влагу и не позволяет червям зарождаться. Видишь же веру волхвов. Они из пророчества Валаама научились тому, что Господь и Бог, и Царь и что Он имеет умереть за нас. Но выслушай это пророчество. «Возлег, – говорит, – почил, как лев» (*Числ. 24, 9*). «Лев» обозначает царское достоинство, а «возлег» – умерщвление. «Благословляющий тебя благословится», Вот Божество, ибо одна только божественная природа имеет силу благословения.

Мф.2:12. И, получив во сне откровение не возвращаться к Ироду, иным путем отошли в страну свою.

Обрати внимание на последовательность! Сперва Бог звездою привел их (волхвов) к вере; затем, когда они пришли во Иерусалим, чрез пророка научил их, что Христос рождается в Вифлееме, и, наконец, чрез ангела. И они повиновались пророчеству, то есть божественной беседе. Таким образом, получивши откровение от Бога, обманули Ирода, не побоялись и преследования его, но дерзнули, полагаясь на силу Рожденного, и таким образом сделались истинными свидетелями.

Мф.2:13. Когда же они отошли, се, ангел Господень является во сне Иосифу и говорит: встань, возьми Младенца и Матерь Его

Видишь, для чего Бог допустил, чтобы Дева была обручена! Ибо здесь видно тебе, что обручение сделано было с той целью, чтобы Иосиф заботился о ней и пекся. Он не сказал: «возьми жену твою», но «Матерь Его». Ибо, когда подозрение исчезло и праведник удостоверился из чудес при рождении, что все от Духа Святого, то не называет уже Ее женою его.

и беги в Египет,

Бежит и Господь, чтобы уверовали, что Он действительно есть и человек. Ибо если бы Он, находясь в руках Ирода, не был убит, то показалось бы, что Он воплотился призрачно. В Египет бежит, чтобы и его освятить, ибо два места были притонами всякого зла: Вавилон и Египет. Итак, поклонение Вавилона Он принял чрез волхвов, Египет же освятил собственным присутствием.

и будь там, доколе не скажу тебе,

«Будь там» вместо: «будешь там» до тех пор, пока не получишь повеления от Бога. И нам не должно ничего делать помимо воли Божией.

ибо Ирод хочет искать Младенца, чтобы погубить Его.

Обрати внимание на безумие человека, который желает победить волю Божию. Ибо если родившийся не от Бога, то чего бояться? Если же от Бога, то каким образом погубишь Младенца?

Мф. 2:14. Он встал, взял Младенца и Матерь Его ночью, и пошел в Египет

Мф. 2:15. и там был до смерти Ирода, да сбудется реченное Господом чрез пророка, который говорит: из Египта воззвал Я Сына Моего.

Иудеи говорят, что это сказано было из-за народа, который Моисей вывел из Египта. Отвечаем: и о народе сказано нечто новое прообразовательно, истинно же исполнилось оно на Христе. Затем, кто есть Сын Божий? Народ ли, поклоняющийся идолу Веельфегору и истуканам, или истинный Сын Божий?

Мф.2:16. Тогда Ирод, увидев себя осмеянным волхвами,

Как фараону Бог посмеялся чрез Моисея, так и Ироду посмеялся чрез волхвов, так как оба, и Ирод и фараон, были детоубийцами: фараон избивал в Египте еврейских детей мужского пола, а Ирод детей вифлеемских.

весьма разгневался, и послал избить всех младенцев в Вифлееме …

Свой гнев против волхвов он обращает против тех, кто не причинил никакого вреда. Но ты, может быть, скажешь мне: что же это? Неужели младенцы потерпели несправедливость только для того, чтобы обнаружилась злоба Ирода? Итак, слушай. Для чего же попущено избиение младенцев? Для того чтобы обнаружилась злоба Ирода; младенцы не погибли, но сподобились венцов. Ибо всякий терпящий какое-либо зло здесь терпит или для оставления грехов, или для приумножения венцов. Подобным образом и эти дети больше увенчаны будут.

и во всех пределах его, от двух лет и ниже, по времени, которое выведал от волхвов.

Мф.2:17. Тогда сбылось реченное чрез пророка Иеремию, который говорит:

Чтобы кто-либо не подумал, что избиение младенцев случилось помимо воли Божией, показывает, что Он и знал это заранее, и предсказал.

Мф.2:18. глас в Раме слышен,

Рама – возвышенное место в Палестине, ибо это название значит: «высокая». Она досталась в удел колену Вениамина, который был сыном Рахили. Рахиль же погребена в Вифлееме. Итак, пророк называет Вифлеем Рахилью, потому что она была погребена в нем. Плач и рыдание были слышны на высоте. Итак, послушай пророка.

плач и рыдание, и вопль великий; Рахиль (то есть Вифлеем) плачет о детях своих и не хочет утешиться, ибо их нет.

В этой жизни «нет», ибо души бессмертны.

Мф.2:19. По смерти же Ирода, –

Горькую кончину имел Ирод, извергнув свою злую душу горячкою, болью в животе, зудом, кривизной ног, гниением срамного члена, порождавшим червей, одышкою, дрожанием и судорогой членов.

Ангел Господень во сне является Иосифу в Египте

Мф.2:20. и говорит: встань, возьми Младенца и Матерь Его и иди в землю Израилеву,

Не говорит: «беги», но «иди», ибо страха уже не было.

ибо умерли искавшие души Младенца.

Где Аполлинарий, говоривший, что Господь не имел души человека? Здесь он изобличается.

Мф.2:21. Он встал, взял Младенца и Матерь Его и пришел в землю Израилеву.

Мф.2:22. Услышав же, что Архелай царствует в Иудее вместо Ирода, отца своего, убоялся туда идти;

Трех сыновей оставил Ирод: Филиппа, Антипу и Архелая. Архелаю приказал быть царем, а прочим тетрархами. Иосиф побоялся возвратиться в землю Израиля, то есть Иудею, потому что Архелай был подобен своему отцу. Антипа же – это новый Ирод, который убил Предтечу.

но, получив во сне откровение, пошел в пределы Галилейские.

Галилея была земля не израильская, но языческая; поэтому иудеи смотрели на них (галилеян), как на мерзость.

Мф.2:23. и, придя, поселился в городе, называемом Назарет,

Как же Лука говорит, что Господь пришел в Назарет после того, как прошло сорок дней по рождении и после того, как Симеон воспринял Его, Матфей же здесь говорит, что он пришел в Назарет по возвращении из Египта? Итак, заметь, что Лука сказал о том, о чем умолчал Матфей. В качестве примера я скажу следующее. Исполнилось сорок дней после рождения, затем Господь пришел в Назарет. Это говорит Лука. Матфей же говорит о том, что было после этого, что Господь убежал в Египет, затем возвратился из Египта в Назарет. Итак, они не противоречат друг другу: один говорит о возвращении из Вифлеема в Назарет – это Лука; Матфей же – о возвращении из Египта в Назарет.

да сбудется реченное через пророков, что Он Назореем наречется.

Какой пророк говорит об этом, не находится теперь: ибо по нерадению евреев, равно и по причине постоянных пленений много пророческих книг погибло. Но возможно, что это пророчество передавалось у иудеев незаписанным. Назорей значит «освященный»; так как Христос свят, то справедливо Он назывался и Назореем, ибо «святым Израиля» Господь называется у многих пророков.

ГЛАВА ТРЕТЬЯ

Мф. 3:1. В те дни

Не тогда, когда Господь был младенцем и жил в Назарете, но евангелист говорит так вообще о том времени, которое предшествовало настоящему, когда пришел Иоанн Креститель. Иоанн послан был от Бога для того, чтобы изобличать иудеев, привести их к сознанию своих грехов и таким образом подготовить к принятию Христа. Ибо если кто не сознал своих грехов, он не приходит к покаянию.

приходит Иоанн Креститель и проповедует в пустыне Иудейской

Мф. 3:2. и говорит: покайтесь,

Иудеи были заносчивы, поэтому Предтеча побуждает их к покаянию.

ибо приблизилось Царство Небесное.

Под Царством Небесным он разумеет первое и второе пришествие Христа, и добродетельную жизнь. Ибо если мы, странствуя по земле, жительствуем как бы на небе, чуждые страстей, то имеем Царствие Небесное.

Мф. 3:3. Ибо он тот, о котором сказал пророк Исайя: глас вопиющего в пустыне: приготовьте путь Господу, прямыми сделайте стези Ему.

«Путем» называется Евангелие, «стезями» же – законные установления, потому что они изношены и древни. Поэтому Креститель говорит: будьте готовы к евангельскому жительству и законные заповеди делайте прямыми, то есть духовными; ибо слово «прямой» означает дух. Когда ты увидишь, что иудей плотски понимает подзаконный строй, то скажи, что он не делает стезей прямыми, то есть духовно не понимает закон.

Мф.3:4. Сам же Иоанн имел одежду из верблюжьего волоса

Предтеча призывал к покаянию и видом своим: ибо он имел плачевную одежду. Говорят, что верблюд занимает средину между чистым и нечистым животным: как отрыгивающий жвачку, он чист, а как имеющий нераздвоенные копыта – нечист. Так как Иоанн приводил к Богу и казавшийся чистым народ иудейский, и нечистый языческий и был посредником между Ветхим и Новым Заветом, то поэтому он и носил в качестве одежды волоса верблюда.

пояс кожаный на чреслах своих,

Все святые в Писании представляются опоясанными или как пребывающие постоянно в труде (ибо нерадивые и изнеженные не опоясываются, как, например, сарацины теперь), или потому, что они умертвили в себе страсти плотского вожделения, ибо кожа есть часть мертвого животного.

а пищею его были акриды и дикий мед.

Некоторые говорят, что «акриды» – это трава, которая называется и мелагрой, другие же разумеют под ними орехи или дикие ягоды. Дикий мед – мед, который приготовляется дикими пчелами и который находят в деревьях, равно и между камнями.

Мф.3:5. Тогда Иерусалим и вся Иудея и вся окрестность Иорданская выходили к нему

Мф.3:6. и крестились от него в Иордане, исповедуя грехи свои.

Хотя и крестились, но крещение Иоанна не имело отпущения грехов, Иоанн проповедовал только одно покаяние и вел к оставлению грехов, то есть вел к крещению Христа, от Которого – отпущение грехов.

Мф.3:7. Увидев же Иоанн многих фарисеев

Фарисей в переводе значит «отдельный», так как и по своей жизни, и по своим знаниям они отличались от других.

и саддукеев,

Саддукеи не верили ни в воскресение, ни в ангелов, ни в духа. «Саддукеи» в переводе значит «праведные», ибо «седек» – праведность. Они сами называли себя праведными или назывались так по ересеначальнику их Садоку.

идущих к нему креститься, сказал им:

Фарисеи и саддукеи шли к крещению не с правым намерением, как прочие. Поэтому Предтеча и порицает их.

Порождения ехиднины! кто внушил вам бежать от будущего гнева?

Предтеча строго говорит к ним, зная их строптивость, но, тем не менее, и похваляет их, говоря: «кто внушил вам?». Он удивляется, как случилось, что этот злой род покаялся. Порождением ехидны он называет их потому, что, как ехидны прогрызают ложесна и таким образом рождаются, так и они убивали отцов своих, то есть учителей и пророков. «От будущего гнева», – говорит о геенне.

Мф.3:8. сотворите же достойный плод покаяния

Видишь, что говорит, что не должно только избегать зла, но должно приносить и плоды добродетели. Ибо сказано: «уклонись от зла и сотвори благо» (*Пс. 33, 15*).

Мф.3:9. и не думайте говорить в себе: «отец у нас Авраам»,

Им служило к погибели то, что они полагались на свое благородное происхождение.

Ибо говорю вам, что Бог может из камней сих воздвигнуть детей Аврааму.

Под камнями разумеются язычники, из которых многие уверовали. Кроме того, Иоанн говорит и так просто, что Бог и от камней может создать детей Аврааму. Ибо и ложесна Сарры по бесплодию были камнем, однако она родила. Когда же воздвиг Господь чад Аврааму от камней? В то время, когда распяли Его и многие, увидев рассевшиеся камни, уверовали.

Мф. 3:10. Уже и секира при корне дерев лежит:

Секирою Предтеча называет суд Христов, деревьями — каждого из нас. Итак, не верующий за это свое неверие посекается с корнем и ввергается в геенну.

всякое дерево,

хотя бы оно от Авраама происходило,

не приносящее доброго плода.

Не сказал: «не принесшее», но «не приносящее»; ибо всегда должно приносить плоды добродетели. Если ты вчера оказал милость, а сегодня похищаешь, то ты неугоден Богу. Такое дерево

срубают и бросают в огонь,

то есть огонь геенны.

Мф. 3:11. Я крещу вас в воде в покаяние, но Идущий за мною сильнее меня;

Предтеча сказал им: «Принесите плод». Итак, он показывает, какой плод, именно, веру в Грядущего за ним. За ним же шел Христос. Он был позади его не только по рождению (только шестью месяцами), но и по явлению, ибо прежде явился Предтеча, а потом Христос, о Котором Иоанн свидетельствовал.

я не достоин понести обувь Его;

Я, говорит, недостоин быть и последним рабом Его, чтобы носить обувь. Под обувью разумей и два сошествия Его — одно с неба на землю, другое с земли в ад, ибо обувь есть кожа плоти и умерщвление. Этих двух схождений не мог понести Предтеча, не будучи в состоянии и понять, как они могут совершиться.

Он будет крестить вас Духом Святым...;

то есть обильно исполнит вас дарами Духа, тогда как мое крещение, говорит Предтеча, не дает ни благодати Духа, ни отпущения грехов. Он же обильно даст вам и отпущение грехов, и дары Духа.

Мф.3:12. лопата Его в руке Его,

Не думайте, что когда креститесь от Него и потом будете грешить, то Он простит вас; Он имеет лопату, то есть рассмотрение и суд.

И Он очистит гумно Свое

то есть *церковь*, которая имеет много крещеных, подобно тому как на гумно с поля собирается все, но одна часть из собранного оказывается плевелами, каковы легкомысленные и движимые духами злобы, а другая пшеницею — это те, которые другим и пользу приносят и питают учением и делом.

и соберет пшеницу Свою в житницу, а солому сожжет огнем неугасимым.

Неугасим этот огонь. Поэтому ошибался *Ориген*, когда говорил, что будет конец наказанию.

Мф.3:13. Тогда приходит Иисус из Галилеи на Иордан к Иоанну креститься от него.

Мф.3:14. Иоанн же удерживал Его и говорил:

Чистый крестится, чтобы нас омыть и показать нам, что если мы желаем креститься, то должны сперва очиститься, чтобы не осквернить крещения, легко после этого погрязая в грех по худой привычке. Препятствует же Ему Иоанн для того, чтоб видящие не подумали, что и Он, как один из многих, крестится в покаяние.

мне надо креститься от Тебя

Предтеча имел нужду получить очищение от Господа, ибо и сам он, как происшедший от Адама, заражен был скверной преслушания; воплотившийся же Христос очистил всех.

и Ты ли приходишь ко мне?

Не осмелился сказать: «и Ты крестишься от Меня?», но «и Ты ли приходишь?» . Так он был скромен!

Мф.3:15. Но Иисус сказал Ему в ответ: оставь теперь,

Теперь, говорит, уступи. Будет время, когда мы будем иметь достойную славу, хотя теперь и не обнаруживаем ее.

ибо так надлежит нам исполнить всякую правду.

Под правдою разумеет закон. Природа человека, говорит, проклята, потому что не могла исполнить закона. Поэтому Я исполнил и другие предписания закона. Остается Мне – это креститься. Исполнив это, Я освобожу естество от клятвы. Ибо это приличествует Мне.

Тогда *Иоанн* допускает Его.

Мф.3:16. И, крестившись, Иисус

Господь крещается, будучи тридцати лет, так как этот возраст воспринимает в себя все грехи. В первом, детском, возрасте много неразумия, во втором, юношеском, – сильное пламя похоти и гнева, а в пору мужества – любостяжание. Итак, Господь выждал этот возраст, чтобы чрез все возрасты исполнить закон и освятить нас.

тотчас вышел из воды,

Манихеи говорят, что тело Свое Он отложил в Иордане и призрачно принял другое тело. Но они опровергаются отсюда, ибо сказано: «вышел Иисус», не другой вышел, но Тот, кто сошел в воду.

и се, отверзлись Ему небеса,

Адам заключил их, а Христос открывает, чтобы ты узнал, что и ты, когда крещаешься, открываешь их.

и увидел *Иоанн* Духа Божия, Который сходил, как голубь, и ниспускался на Него.

Мф.3:17. И се, глас с небес глаголющий:

Сходит Дух, чтобы свидетельствовать, что Крещаемый больше крещающего. Ибо иудеи почитали Иоанна великим, а Христа – не таковым. Все видели, что Дух сходит на Иисуса, чтобы не подумали, что голос:

Сей есть Сын Мой возлюбленный

был ради Иоанна, но чтобы все, видя Духа, уверовали, что этот голос относится к Иисусу. «Как голубь» по причине незлобия и кротости голубя и потому, что голубь есть самая чистая птица, не остается там, где есть нечистота,– так и Дух Святой. Но и при Ное голубь возвестил прекращение потопа, неся масличную ветку; так и здесь Дух Святой показывает разрешение грехов. Там масличная ветка, а здесь милость Божия: Сей есть Сын Мой возлюбленный,

в котором Мое благоволение,

то есть на котором Я успокаиваюсь, к которому Я милостив.

ГЛАВА ЧЕТВЕРТАЯ

Мф.4:1. Тогда Иисус возведен был Духом в пустыню,

Научая нас, что после крещения более всего должно ожидать искушений, Иисус отводится Духом Святым, ибо Он ничего не делал помимо Духа. Отводится же Он в пустыню, чтобы показать нам, что дьявол искушает нас тогда, когда видит, что мы одни и не получаем помощи от других. Поэтому и нам не должно отказываться от совета других и полагаться на самих себя.

для искушения от диавола,

Дьявол, то есть клеветник, называется так потому, что клеветал на Бога Адаму, когда сказал ему: «Бог завидует вам». Он и теперь клевещет на добродетель.

Мф.4:2. и, постившись

Постился, чтобы показать, что пост – сильное оружие против искушений, подобно тому как пресыщение служит источником всякого греха.

сорок дней и сорок ночей,

Постится столько дней и ночей, сколько и Моисей, и Илия. Если бы постился больше, то воплощение Его показалось бы призрачным.

напоследок взалкал.

Когда уступил природе, тогда и взалкал, чтобы голодом дать повод дьяволу подойти и сразиться с Ним и таким образом поразить его и низложить, даровав нам победу.

Мф.4:3. И приступил к Нему искуситель и сказал: если ты Сын Божий, скажи, чтобы камни сии сделались хлебами.

Этот соблазнитель слышал голос с неба: «Сей есть Сын Мой», но с другой стороны видит, что Он взалкал, и недоумевает, как Сын Божий может чувствовать голод. Поэтому искушает Его с целью удостовериться, говоря: «если Ты Сын Божий», он льстит Ему, думая, что Он что-нибудь скрывает. Но ты спросишь, что за грех было сделать из камней хлебы? Итак, знай, что послушаться дьявола в чем-либо – грех. С другой стороны, дьявол не сказал: «пусть будет этот камень хлебом», но «камни», желая ввергнуть Христа в излишество, ибо для голодного совершенно достаточно и одного хлеба. Поэтому Христос и не послушал его.

Мф.4:4. Он же сказал ему в ответ: написано: не хлебом одним будет жить человек, но всяким словом, исходящим из уст Божиих.

Данное свидетельство взято из Ветхого Завета, ибо это слова Моисея. И евреи питались манною, которая не была хлебом, но по Слову Божию она удовлетворяла всякую нужду евреев, была всем, чего бы кто ни захотел есть. Рыбы ли, яйца ли, или сыра хотел иудей, манна удовлетворяла такому вкусу его.

Мф.4:5. Потом берет Его диавол в святый город и поставляет Его на крыле храма,

Это была одна из частей храма, которые у нас называются боковыми; они кажутся как бы крыльями.

Мф.4:6. и говорит Ему: если Ты Сын Божий, бросься вниз; ибо написано: Ангелам Своим заповедает о Тебе, и на руках понесут Тебя, да не преткнешься о камень ногою Твоею.

Говоря: «если ты Сын Божий», дьявол хочет сказать: я не верю голосу с неба, однако Ты покажи мне – Сын ли Ты Божий. Поистине, проклятый! Если Он был Сын Божий, то неужели Ему должно было броситься вниз? Твоей жестокости свойственно это – низвергать беснующихся, Богу же – спасать. Не о Христе написано: «на руках понесут Тебя», но о святых, которые нуждаются в ангельской помощи. Христос же, будучи Богом, не нуждается в этом.

Мф.4:7. Иисус сказал ему: написано также: не искушай Господа Бога твоего.

Кротко отражает его Христос, поучая нас побеждать демонов кротостью.

Мф.4:8. Опять берет Его диавол на весьма высокую гору и показывает Ему все царства мира и славу их,

Мф.4:9. и говорит Ему: всё это дам Тебе, если, пав, поклонишься мне.

Некоторые под весьма высокой горой разумеют страсть корыстолюбия, в которую враг старается вовлечь Иисуса; но они неверно думают. Ибо дьявол явился Ему чувственно, Господь же не принимал помышлений; да не будет! Итак, он чувственно показал Ему на горе все царства, представляя их Ему пред глазами в призраке, и сказал: «все это дам Тебе, если, падши, поклонишься мне». В силу своей гордости он считает мир своею собственностью. Это и теперь он говорит корыстолюбивым, что те, кто поклоняется ему, будут иметь в своей власти мир.

Мф.4:10. Тогда Иисус говорит ему: отойди от Меня, сатана; ибо написано: Господу Богу твоему поклоняйся и Ему одному служи.

Господь разгневался на него, когда увидел, что он присваивает себе Божие, и говорит: «все это дам Тебе», якобы свое собственное. Узнай отсюда, какую пользу приносит Писание, ибо Господь им заставил врага замолчать.

Мф.4:11. Тогда оставляет Его дьявол, – и се, Ангелы приступили и служили Ему.

Три искушения победил Господь: чревоугодие, тщеславие и страсть к богатству, то есть корыстолюбие. Это – главные из страстей. Следовательно, победив их, гораздо легче одолеть и остальные. Поэтому и Лука говорит: «и окончив всё искушение» (*Лк. 4, 13*), хотя Господь победил только главные из них. Поэтому ангелы служили Ему, чтобы показать, что и нам после победы они будут служить, ибо все это делает и показывает Христос ради нас. Ему же, как Богу, ангелы служат всегда.

Мф.4:12. Услышав же Иисус, что Иоанн отдан *под стражу*, удалился в Галилею

Мф.4:13. и, оставив Назарет, пришел и поселился в Капернауме приморском, в пределах Завулоновых и Неффалимовых.

Удаляется Иисус, научая нас этим, чтобы мы не подвергали себя опасностям. Удаляется же Он в Галилею, то есть покатую страну, ибо язычники уклонились в грех, и поселяется в Капернауме, то есть в «доме утешения», потому что Он и сошел для того, чтобы язычников сделать домом Утешителя. Завулон в переводе значит «ночной», а Неффалим – «широта», ибо язычники имели в своей жизни и ночь, и широту, так как ходили не тесным путем, но ведущим к погибели.

Мф.4:14. да сбудется реченное чрез пророка Исайю, который говорит:

Мф.4:15. земля Завулонова и земля Неффалимова, на пути приморском, за Иорданом, Галилея языческая,

Мф.4:16. народ, сидящий во тьме, увидел свет великий, и сидящим в стране, и тени смертной воссиял свет.

«Путь моря» вместо – страна, лежащая «на пути к морю». Свет же великий – Евангелие. Закон тоже был светом, но малым. Сень смертная – грех; она – подобие и образ смерти, ибо как смерть захватывает тело, так и грех – душу. Свет воссиял нам, ибо не мы искали его, но он сам явился нам, как бы преследуя нас.

Мф.4:17. С того времени Иисус начал проповедовать и говорить:

С того момента, как Иоанн был заключен в темницу, Иисус начал проповедовать, ибо Он ждал, чтобы прежде Иоанн засвидетельствовал о Нем и приготовил для Него путь, которым Ему предстояло идти, подобно тому, как рабы приготовляют путь своим владыкам. Будучи равен Отцу, Господь и Сам имел в лице Иоанна Своего пророка, как Отец Его и Бог имел пророков прежде Иоанна, вернее, и те были пророками как Отца, так и Сына.

покайтесь, ибо приблизилось Царство Небесное.

Христос и добродетельная жизнь – это Царство Небесное. Ибо если кто-нибудь жительствует на земле, как ангел, то не небесный ли он? Так что в каждом из нас есть Царство Небесное, если живем ангельски.

Мф.4:18. Проходя же близ моря Галилейского, Он увидел двух братьев: Симона, называемого Петром, и Андрея, брата его, закидывающих сети в море, ибо они были рыболовы;

Мф.4:19. и говорит им:

Они были учениками Иоанна. Когда еще Иоанн был жив, они приходили ко Христу, а когда увидели, что Иоанна связали, то опять возвратились к жизни рыбарей. Таким образом, проходя, уловил их, говоря:

идите за Мною, и Я сделаю вас ловцами человеков.

Мф.4:20. И они тотчас, оставив сети, последовали за Ним.

Смотри, какими послушными людьми были они,– тотчас последовали за Ним. Отсюда видно, что это было второе призвание. Будучи научены Христом, затем, оставив Его, они тотчас опять последовали за Ним, как только увидели Его.

Мф.4:21. Оттуда, идя далее, увидел Он других двух братьев, Иакова Зеведеева и Иоанна, брата его, в лодке с Зеведеем, отцом их,

Питать в старости отца, и притом питать честным трудом, – это великая добродетель.

починивающих сети свои, и призвал их.

Они были бедны, и потому, не имея возможности купить новые сети, принуждены были чинить старые.

Мф.4:22. И они тотчас, оставив лодку и отца своего, последовали за Ним.

Зеведей, по-видимому, не уверовал, и потому они оставили его. Видишь, когда нужно оставлять отца: тогда, когда он преграждает путь к добродетели и благочестию. Сыновья Зеведея, увидев, что первые (братья Симон и Андрей) последовали за Христом, тотчас, подражая им, и сами пошли за Ним.

Мф.4:23. И ходил Иисус по всей Галилее, уча в синагогах их и проповедуя Евангелие Царствия,

Ходит в синагоги еврейские для того, чтобы показать, что Он не противник закона.

и исцеляя всякую болезнь и всякую немощь в людях.

Знамениями начинает для того, чтобы поверили тому, о чем Он учит. Недуг – это долговременное злострадание, немощь же – непродолжительное нарушение правильной жизни тела.

Мф.4:24. И прошел о Нем слух по всей Сирии; и приводили к Нему всех немощных, одержимых различными болезнями и припадками, и бесноватых, и лунатиков, и расслабленных, и Он исцелял их.

Христос никого из приведенных не спрашивал о вере, потому что это самое уже было делом веры, что их принесли издалека. Лунатиками называют беснующихся. Ибо демон, желая внушить людям, что звезды приносят вред, подстерегает полнолуние и тогда мучит, чтобы причиною страдания сочли луну и клеветали на создание Божие. В этом заблуждались и манихеи.

Мф.4:25. **И следовало за Ним множество народа из Галилеи и Десятиградия, и Иерусалима, и Иудеи, и из-за Иордана.**

ГЛАВА ПЯТАЯ

Мф. 5:1. Увидев народ, Он взошел на гору;

Восходит на гору, поучая этим ничего не делать напоказ. Намереваясь учить, Он воспитывает нас удаляться от шума, когда учим.

и, когда сел, приступили к Нему ученики Его.

Народ приступает для того, чтобы видеть чудеса, ученики же – для учений. Поэтому для совершения чудес и исцеления тел Он врачует и души, чтобы мы поучились, что Он есть Творец и душ, и тел.

Мф. 5:2. И Он, отверзши уста Свои,

Для чего прибавлено «отверзши уста Свои»? Кажется, что это излишне. Но нет, ибо Он учил и не отверзая уст. Каким образом? Своею жизнью и чудесами. Теперь же Он учит, отверзши уста.

учил их, говоря:

Учил не одних только учеников, но и народ. А начал с блаженств, подобно тому как Давид начал с блаженства.

Мф. 5:3. Блаженны нищие духом, ибо их есть Царство Небесное.

Выставляет смирение, как основание жизни. Так как Адам пал от гордости, то Христос восстанавливает нас через смирение. Ибо Адам надеялся быть Богом. Сокрушенные душой – это нищие духом.

Мф. 5:4. Блаженны плачущие, ибо они утешатся.

Разумеются плачущие о грехах, а не о чем-либо житейском. Сказал «плачущие», то есть всегда, а не один только раз и не о своих только грехах, но и о грехах ближних. Утешатся же они и здесь,– ибо кто плачет о грехе, тот духовно радуется здесь, – а тем более там.

Мф. 5:5. Блаженны кроткие, ибо они наследуют землю.

Некоторые под словом «землю» разумеют землю духовную, то есть небо, но ты разумей и эту землю. Так как кроткие обычно считаются презренными и лишенными значения, то Он и говорит, что они-то преимущественно и имеют все. Кроткие же – это не те, которые совершенно не гневаются (ибо таковые лишены разума), а те, которые имеют гнев, но воздерживаются, гневаясь тогда, когда нужно.

Мф. 5:6. Блаженны алчущие и жаждущие правды, ибо они насытятся.

Когда Он намеревается говорить о милосердии, то прежде всего показывает, что нужно приобщаться к справедливости и не делать милостыни из награбленного. Правды должно искать со всяким усердием, ибо это обозначают слова «алчущие и жаждущие». Так как и корыстолюбивые представляются живущими в довольстве и сытости, то Он говорит, что тем более праведные насытятся и здесь, ибо они располагают своим имуществом безопасно.

Мф. 5:7. Блаженны милостивые, ибо они помилованы будут.

Милосердие можно оказывать не только имуществом, но и словом, а если ничего нет, то и слезами. Они получают милость и здесь от людей, ибо тот, кто вчера оказывал милость, если он сегодня лишится всего, встретит милосердие со стороны всех; но особенно потом поможет ему Бог, после кончины.

Мф. 5:8. Блаженны чистые сердцем, ибо они Бога узрят.

Многие не грабят, а скорее милосерды, но они блудодействуют и таким образом в других отношениях оказываются нечистыми. Итак, Христос повелевает при других добродетелях хранить и чистоту, или целомудрие, не только по телу, но и по сердцу, ибо помимо святости или чистоты никто не увидит Господа. Как зеркало, если оно чисто, только тогда отражает образы, так и созерцание Бога и разумение Писания доступно только чистой душе.

Мф.5:9. Блаженны миротворцы, ибо они будут наречены сынами Божиими.

Разумеются не только те, которые сами живут со всеми мирно, но и те, которые примиряют враждующих. Миротворцы суть и те, которые учением обращают к истине врагов Божиих. Таковы суть сыны Божии, ибо и Единородный Сын Божий примирил нас с Богом.

Мф.5:10. Блаженны изгнанные за правду, ибо их есть Царство Небесное.

Не одни мученики преследуются, но и многие другие за оказание помощи обидимым и вообще за всякую добродетель, ибо всякая добродетель есть правда. Воров и убийц также преследуют, однако они не блаженны.

Мф.5:11. Блаженны вы, когда будут поносить вас и гнать

Наконец, Господь говорит к Своим апостолам, показывая, что терпеть поношение свойственно более всего учителям.

и всячески неправедно злословить за Меня.

Не просто поносимый блажен, но только поносимый за Христа и ложно. В противном же случае он несчастен, потому что для многих служит соблазном.

Мф.5:12. Радуйтесь и веселитесь, ибо велика ваша награда на небесах:

Господь не говорил о великой награде за другие добродетели, но здесь сказал о ней, показывая этим, что переносить поношения – великое и самое трудное дело, ибо многие и сами себя лишили жизни. И Иов, перенесший другие искушения, особенно был возмущен тогда, когда друзья поносили его, будто он страдает за грехи.

так гнали *и* пророков, бывших прежде вас.

Чтобы не подумали апостолы, что их будут гнать за проповедь чего-либо противного учению Христа, Господь утешает их, говоря, что и пророков прежде вас гнали за добродетель; поэтому в их страданиях вы имеете утешение.

Мф. 5:13. Вы – соль земли.

Пророки посылались к одному народу, вы же – соль всей земли, укрепляющая слабых учением и обличениями, чтобы они не порождали постоянных червей. Ввиду этого не отвергайте горечи обличений, хотя бы ненавидели и преследовали вас.

Если же соль потеряет силу, то чем сделаешь ее соленою? Она уже ни к чему негодна, как разве выбросить ее вон на попрание людям.

Если учитель обуяет, то есть если не будет обличать, исправлять и разленится, то чем осолится, то есть исправится? Он должен быть лишен учительского сана и попираем, то есть подвергнут презрению.

Мф. 5:14. Вы – свет мира.

Сперва соль, потом свет, ибо изобличающий скрытые дела есть свет. Ведь все, что делается явным, есть свет. Апостолы просветили не один народ, но мир.

Не может укрыться город, стоящий на верху горы.

Господь наставляет их подвизаться и быть внимательными к своей жизни, потому что на них будут смотреть все. Не думайте, говорит Он, что вы будете скрываться; вы будете на виду; поэтому обращайте внимание на то, чтобы жить непорочно, да не послужите соблазном для других.

Мф.5:15. И зажегши свечу, не ставят ее под сосудом, но на подсвечник, и светит всем в доме.

Я, говорит, зажег неугасимый свет благодати. Пусть будет делом вашего подвига, чтобы свет вашей жизни светил и другим.

Мф.5:16. Так да светит свет ваш пред людьми, чтобы они видели ваши добрые дела и прославляли Отца вашего Небесного.

Не сказал: «вы показывайте свою добродетель» (ибо это нехорошо), но «да светит» она сама так, чтобы и враги ваши удивились и прославили не вас, но Отца вашего Небесного. Поэтому, когда мы делаем добро, то должны делать его для славы Божией, а не для нашей.

Мф.5:17. Не думайте, что Я пришел нарушить закон или пророков: не нарушить пришел Я, но исполнить.

Так как Он намеревался ввести новые законы, то чтобы не подумали, что Он противник Божий, Он, предотвращая такое подозрение со стороны многих, говорит: «Я пришел не нарушить закон, но исполнить его». Как же Он исполнил? Во-первых, тем, что совершил все предсказанное о Нем пророками. Поэтому и евангелист часто говорит: «дабы сбылось сказанное пророком». Он исполнил и все заповеди закона, ибо не сотворил беззакония и не было лести в устах Его. Он исполнил закон и в другом отношении, то есть восполнил его, ибо Он полно начертал то, чего закон дал только одну тень. Тот гласил: «Не убей», а Сей сказал: «И не гневайся напрасно». Подобно живописцу Он не изглаждает первоначального рисунка, но дополняет его.

Мф.5:18. Ибо истинно говорю вам:

«Истинно» (аминь) – частица утвердительная, вместо «ей, говорю вам».

доколе не прейдет небо и земля, ни одна иота или ни одна черта не прейдет из закона, пока не исполнится всё.

Здесь Господь показывает, что мир прейдет и изменится. Поэтому Он говорит, что, пока стоит вселенная, не исчезнет и малейшая буква из закона. Одни под йотой и чертой разумеют двенадцать заповедей, другие – крест. Йота – прямой брус креста, а черта – поперечный. Итак, говорят, что сказанное относительно креста,– исполнится.

Мф.5:19. Итак, кто нарушит одну из заповедей сих малейших и научит так людей, тот малейшим наречется в Царстве Небесном;

Под малыми заповедями разумеет те, которые Он Сам намерен был дать, но не заповеди закона. Малыми Он называет их в силу Своего смирения, чтобы и тебя научить быть скромным в учении. «Малейшим наречется в Царстве Небесном» вместо: в воскресении окажется последним и будет брошен в геенну. Ибо он не войдет в Царство Небесное: нет; но под Царством разумей воскресение.

а кто сотворит и научит, тот великим наречется в Царстве Небесном.

Сначала стоит «сотворить», а потом – «научить», ибо как я буду руководить другим на пути, по которому я сам не ходил? С другой стороны, если я делаю, но не учу, то я не буду иметь такой награды, но, может быть, понесу наказание, если не учу по зависти или лености.

Мф.5:20. Ибо говорю вам, если праведность ваша не превзойдет праведности книжников и фарисеев, то вы не войдете в Царство Небесное.

Под правдою Господь разумеет всякую добродетель, подобно тому, как и в словах: «Иов же был истинный, праведный и непорочный» (*Иов. 1, 1*). Итак, трепещи, человек, помыслив о том, сколько от нас требуется. Затем Господь учит нас, как нам превзойти, и перечисляет добродетели.

Мф. 5:21. Вы слышали, что сказано древним: не убивай (*Исх. 20, 13*); кто же убьет, подлежит суду.

Не говорит, кем сказано было, потому что если бы сказал: «Отец Мой сказал древним, Я же говорю вам», то показалось бы, что Он устанавливает противное Отцу. С другой стороны, если бы сказал: «Я говорил древним», то Его слов не стали бы слушать. Поэтому говорит неопределенно: «сказано было древним». Этими словами Он показывает, что закон устарел. А если устарел и близок к уничтожению, то его должно оставить и бежать к новому.

Мф. 5:22. А Я говорю вам, что всякий, гневающийся на брата своего напрасно, подлежит суду;

Пророки, намереваясь изложить пророчество, заявляли: «это говорит Господь», Христос же, показывая Свою Божественную власть, говорит: «Я говорю». То были рабы, а Он – Сын и имеет все, что принадлежит Отцу. Тот, кто гневается на брата своего напрасно, будет осужден, но если кто гневается по разумным основаниям, в целях воспитания или по духовной ревности, тот не будет осужден. И Павел гневные слова говорит Елиме-волхву и первосвященнику, но не напрасно, а в силу ревности. Напрасно гневаемся мы в том случае, если гневаемся из-за имения или славы.

кто же скажет брату своему: «рака́», подлежит синедриону.

Под «синедрионом» разумеется еврейское судилище, а «рака́» тождественно со словом «ты». Мы имеем обыкновение говорить человеку, которого презираем: «поди ты»; а поэтому Господь побуждает нас не оставлять без внимания и такого маловажного выражения и поощряет нас уважать других. Некоторые говорят, что «рака́» в переводе с сирского значит «презренный». Итак, если кто будет бесчестить своего брата, называя его презренным, то тот подпадет собору апостолов, когда они сядут судить двенадцать колен.

А кто скажет: «безумный», подлежит геенне огненной.

Многие говорят и думают, что это – тяжелый и суровый приговор, но нет. Разве тот, кто лишает брата разума и смысла, лишает того, чем мы отличаемся от животных, разве он не достоин геенны? Кто поносит и бесчестит, тот разрушает любовь, а когда любовь разрушена, уничтожаются добродетели, сильные только при существовании любви. Итак, каждый, кто бесчестит, разрушая все добродетели, тем самым разрушает любовь и поэтому справедливо удостаивается огня.

Мф. 5:23–24. Итак, если ты принесешь дар твой к жертвеннику и там вспомнишь, что брат твой имеет что-нибудь против тебя, оставь там дар твой пред жертвенником и пойди прежде примирись с братом твоим, и тогда приди и принеси дар твой.

Бог пренебрегает собственной честью, лишь бы мы любили друг друга. К словам «если брат твой имеет что-нибудь против тебя» не прибавил ничего другого: справедливо ли или не справедливо имеет он, примирись. Он не сказал: «если ты имеешь против него», но говорил: «если он имеет что-либо против тебя, постарайся примирить его с собою». Повелевает же оставить дар для того, чтобы у тебя была необходимость к примирению: пожелав принести дар твой, ты по необходимости должен будешь примириться. Вместе с этим показывает, что любовь есть и истинная жертва.

Мф. 5:25. Мирись с соперником твоим скорее, пока ты еще на пути с ним, чтобы соперник не отдал тебя судье, а судья не отдал бы тебя слуге, и не ввергли бы тебя в темницу;

Мф. 5:26. истинно говорю тебе: ты не выйдешь оттуда, пока не отдашь до последнего кодранта.

Некоторые думают, что под соперником разумеется дьявол, а под путем – жизнь, и полагают, что Господь увещевает таким образом: «пока ты находишься в этой жизни, разорви связь с дьяволом, чтобы он не мог впоследствии обличить тебя за грехи, как имеющего что-либо от него, и чтобы не был ты предан тогда наказанию до тех пор, пока не уничтожишь и самых малых грехов (ибо кодрант равняется двум лептам)». Но ты пойми, что Господь говорит это относительно здешних соперников, научая не судиться и не отклоняться от дел Божиих. Если, говорит, тебя и обидят, то не ходи в суд, но мирись на пути, чтобы не потерпеть тебе худшего, благодаря могуществу соперника.

Мф.5:27. Вы слышали, что сказано: не прелюбодействуй (*Исх.20:14*).

Одно дело – прелюбодеяние, другое – блуд. Прелюбодеяние – это грех с замужнею, а блуд – со свободною.

Мф.5:28. А Я говорю вам, что всякий, кто смотрит на женщину с вожделением, уже прелюбодействовал с нею в сердце своем.

Кто останавливается, зрением разжигает похоть и снова смотрит с большим желанием, таковой уже совершил грех прелюбодеяния в сердце своем. Если он не прибавил к этому дела, то, что отсюда следует? Только то, что он не был в силах, а если бы мог, то тотчас совершил бы зло. Но знай, что если мы пожелаем, но затем встретим препятствие к осуществлению своего желания делом, то ясно, что мы находимся под покровом благодати. И женщины, если они украшаются для того, чтобы понравиться, грешат, хотя бы и не понравились. Ибо они приготовили напиток, хотя его никто не выпил.

Мф.5:29. Если же правый глаз твой соблазняет тебя, вырви его и брось от себя; ибо лучше для тебя, чтобы погиб один из членов твоих, а не все тело было ввержено в геенну.

Мф.5:30. **И если правая твоя рука соблазняет тебя, отсеки ее и брось от себя; ибо лучше для тебя, чтобы погиб один из членов твоих, а не все тело твое было ввержено в геенну.**

Слыша о глазе и руке, не думай, что это говорится о членах: ибо Он не прибавил бы: «правый» и «правая». Здесь говорится о тех, которые кажутся нашими друзьями и вредят нам. Так, юноша имеет распутных друзей и терпит от них вред. Оставь их, говорит Господь. Этим ты, может быть, спасешь и их, если придут в чувство, если же нет, то, по крайней мере, самого себя. Если же сохранишь любовь к ним, то погибнешь и ты, и они.

Мф.5:31. **Сказано также, что если кто разведется с женою своею, пусть даст ей разводную.**

Моисей повелел, чтобы, если кто возненавидит свою жену, развелся с нею, дабы не случилось худшего, ибо та, которую возненавидели, могла быть и убита, – и дал разведенной разводное письмо, которое называлось отпускным, так чтобы отпущенная никогда не возвращалась к нему и не произошло раздора, когда муж станет жить с другой.

Мф.5:32. **А Я говорю вам: кто разводится с женою своею, кроме вины любодеяния, тот подает ей повод прелюбодействовать; и кто женится на разведенной, тот прелюбодействует.**

Господь не нарушает Моисеева закона, но исправляет его, запрещая мужу по неразумным причинам ненавидеть свою жену. Если он отпустит ее по основательной причине, то есть как прелюбодействовавшую, то не подлежит осуждению, если же помимо прелюбодеяния, то подлежит суду: ибо принуждает ее прелюбодействовать.

Но и тот, кто возьмет ее к себе, прелюбодей – ибо, если бы не взял ее, она, может быть, возвратилась бы и покорилась мужу. Христианину должно быть миротворцем и по отношению к другим, а тем более по отношению к своей жене.

Мф.5:33. Еще слышали вы, что сказано древним: не преступай клятвы, но исполняй пред Богом клятвы твои.

То есть, когда клянешься, будь правдив.

Мф.5:34. А Я говорю вам: не клянись вовсе; ни небом, потому что оно престол Божий;

Мф.5:35. ни землею, потому что она подножие ног Его; ни Иерусалимом, потому что он город великого Царя;

Так как иудеи слышали Бога, говорящего: небо престол Мой, земля же подножие ног Моих, то и клялись этими предметами. Но Господь, запрещая им это, не говорит: так как небо прекрасно и огромно, а земля полезна, поэтому не клянитесь, но не клянитесь этими предметами потому, что небо – трон Божий, земля же подножие, чтобы не дать повода к идолопоклонству. Ибо стихии со стороны клянущихся ими признавались за божества, что прежде и было.

Мф.5:36. ни головою твоею не клянись, потому что не можешь ни одного волоса сделать белым или черным.

Один только Бог клянется Самим Собою, как не зависящий ни от кого. А мы не имеем власти над собою, – как же мы можем клясться своею головою? Мы – достояние другого. Ибо если голова – твоя собственность, то измени, если можешь, один волос.

Мф.5:37. Но да будет слово ваше: да, да; нет, нет;

Чтобы ты не сказал: но как мне поверят? – Он говорит: поверят, если всегда будешь говорить правду и никогда не станешь клясться, ибо никто так не теряет доверия, как тот, кто тотчас клянется.

а что сверх этого, то от лукавого.

Клятва, кроме: ей и ни, излишня и есть дело дьявола. Но ты спросишь: разве и закон Моисеев, повелевая клясться, был худ? Узнай, что в то время клятва не составляла худого дела; но после Христа она – дело худое, подобно тому, как обрезываться и вообще иудействовать. Ведь и сосать грудь прилично младенцу, но не прилично мужу.

Мф.5:38. Вы слышали, что сказано: око за око и зуб за зуб (*Исх. 21, 24*).

Закон из снисхождения допустил равное возмездие, чтобы из-за страха потерпеть равное, не обижать друг друга.

Мф.5:39. А Я говорю вам; не противься злому. Но кто ударит тебя в правую щеку твою, обрати к нему и другую;

Злым Господь называет здесь дьявола, который действует посредством человека. Итак, разве дьяволу не должно противостоять? Да, должно, только не ударом с своей стороны, но терпением, ибо огонь угашают не огнем, а водою. Но не думай, что здесь идет речь только об ударе в щеку, но и о всяком другом ударе, и о всякой вообще обиде.

Мф.5:40. и кто захочет судиться с тобою и взять у тебя рубашку, отдай ему и верхнюю одежду;

Отдай ему и верхнюю одежду, если тебя повлекут в суд и станут досаждать, а не тогда, когда просто будут просить. Рубашкой у нас, собственно, называется исподнее платье, а верхней одеждой – верхнее платье. Но эти названия говорятся и одно вместо другого.

Мф.5:41. и кто принудит тебя идти с ним одно поприще, иди с ним два.

«Что я говорю о рубашке и верхней одежде? – говорит Господь. – И самое тело свое отдай тому, кто насильно тащит тебя, и сделай более, чем он желает».

Мф. 5:42. Просящему у тебя дай и от хотящего занять у тебя не отвращайся.

Враг ли, друг ли или неверный просит у тебя денег или другой помощи. Взаймы же, говорит, не с ростом, но просто для пользы ближнего, ибо и во время закона давали в займы без процентов.

Мф. 5:43. Вы слышали, что сказано: люби ближнего твоего и ненавидь врага твоего.

Мф. 5:44. А Я говорю вам: любите врагов ваших,

Достиг верха добродетелей, ибо что больше этого? Но это не невозможно. Ибо Моисей и Павел враждовавших против них иудеев любили больше себя, и все святые любили врагов своих.

благословляйте проклинающих вас, благотворите ненавидящим вас и молитесь за обижающих вас и гонящих вас,

Ибо их должно почитать, как благодетелей, потому что каждый, кто преследует и искушает нас, уменьшает нам наказание за грехи. С другой стороны, и Бог воздаст нам за это великой наградой. Ибо слушай:

Мф. 5:45. да будете сынами Отца вашего Небесного, ибо Он повелевает солнцу Своему восходить над злыми и добрыми и посылает дождь на праведных и неправедных.

Видишь ли, какое благо дарит тебе тот, кто ненавидит и оскорбляет тебя, если только ты пожелаешь терпеть? Под дождем и солнцем разумеет как знание, так и учение, ибо Бог всех освящает и научает.

Мф. 5:46. Ибо, если вы будете любить любящих вас, какая вам награда? Не то же ли делают и мытари?

Будем трепетать, так как мы не походим и на мытарей, но ненавидим даже и тех, кто любит нас.

Мф. 5:47. И если вы приветствуете только братьев ваших, что особенного делаете? Не так же ли поступают и язычники?

Мф.5:48. Итак, будьте совершенны, как совершен Отец ваш Небесный.

Одних из людей, конечно, друзей, любить, а других ненавидеть есть несовершенство; совершенство же – любить всех.

ГЛАВА ШЕСТАЯ

Мф.6:1. Смотрите, не творите милостыни вашей пред людьми с тем, чтоб они видели вас: иначе не будет вам награды от Отца вашего Небесного.

Возведя к самой высшей добродетели – любви, Господь восстает теперь против тщеславия, которое следует за добрыми делами. Обратите внимание, что говорит: остерегайтесь! говорит как бы о звере лютом. Берегись, чтобы он не растерзал тебя. Но если умеешь ты творить милосердие и пред людьми, однако не для того, чтобы смотрели, не подвергнешься осуждению. Но если имеешь своей целью тщеславие, то хотя бы делал то и в клети своей, будешь осужден. Бог наказывает или увенчивает намерение.

Мф.6:2. Итак, когда творишь милостыню, не труби перед собою, как делают лицемеры в синагогах и на улицах, чтобы прославляли их люди.

Лицемеры не имели труб, но Господь осмеивает здесь их намерение, так как они желали, чтобы об их милостыне трубили. Лицемеры – это те, которые по виду являются другими, чем каковы они в действительности. Так, они кажутся милостивыми, но в действительности иные.

Истинно говорю вам: они уже получают награду свою.

Ибо их хвалят, и они от людей получили все.

Мф.6:3. У тебя же, когда творишь милостыню, пусть левая рука твоя не знает, что делает правая,

Преувеличенно сказал это: если можно, скрой и от себя самого. Или так иначе: левая рука тщеславна, а правая – милосердна. Итак, пусть тщеславие не знает твоей милостыни.

Мф.6:4. чтобы милостыня твоя была втайне; и Отец твой, видящий тайное, воздаст тебе явно.

Когда? Когда все окажется обнаженным и явным, тогда наиболее прославишься и ты.

Мф.6:5. И, когда молишься, не будь, как лицемеры, которые любят в синагогах и на углах улиц, останавливаясь, молиться, чтобы показаться пред людьми. Истинно говорю вам, что они уже получают награду свою.

И этих называет лицемерами, так как они кажутся, что внимают Богу, а в действительности внимают людям, от которых имеют, то есть получают, свою награду.

Мф.6:6. Ты же, когда молишься, войди в комнату твою и, затворив дверь твою, помолись Отцу твоему, Который втайне; и Отец твой, видящий тайное, воздаст тебе явно.

Итак, что же? Не буду молиться в церкви? Совершенно нет. Буду молиться, но с чистым намерением, а не так, чтобы показывать себя: ибо место не вредит, но внутреннее расположение и цель. Многие, втайне молясь, делают это с целью понравиться людям.

Мф.6:7. А, молясь, не говорите лишнего, как язычники...

Многоглаголание есть пустословие: например, молить о чем-либо земном – о власти, богатстве, победе. Многоглаголание есть и нечленораздельная речь, как речь детей. Итак, не будь пустословом. Должно совершать не длинные молитвы, а краткие, но непрестанно пребывать в краткой молитве.

Мф.6:8. не уподобляйтесь им, ибо знает Отец ваш, в чем вы имеете нужду, прежде вашего прошения у Него.

Молимся не для того, чтобы научить Его, но чтобы, отвлекая самих себя от житейских забот, получить пользу, беседуя с Ним.

Мф.6:9. Молитесь же так: Отче наш, сущий на небесах!

Одно дело – обет, другое – молитва. Обет – это обещание Богу, например, когда кто-нибудь обещает воздерживаться от вина или чего-либо другого; молитва же – это прошение благ. Говоря «Отче», показывает тебе, каких благ ты удостоился, сделавшись сыном Божиим, а словом «на небесах» указал тебе на отечество твое и отеческий дом. Поэтому если желаешь Бога иметь своим Отцом, то смотри на небо, а не на землю. Ты не говоришь: «Отче мой», а «Отче наш», потому что ты должен всех считать за братьев своих, детей одного Отца Небесного.

да святится имя Твое;

то есть делай нас святыми, чтобы прославлялось имя Твое, ибо как чрез меня хулится Бог, так чрез меня Он и святится, то есть прославляется, как Святый.

Мф.6:10. да приидет Царствие Твое;

то есть второе пришествие: ибо человек со спокойною совестью молится о наступлении воскрешения и суда.

да будет воля Твоя и на земле, как на небе;

Как ангелы, говорит, исполняют волю Твою на небе, так даруй и нам совершать ее на земле.

Мф.6:11. хлеб наш насущный дай нам на сей день;

Под «насущным» Господь разумеет тот хлеб, который достаточен для нашей природы и состояния, но Он устраняет заботу о завтрашнем дне. И Тело Христа есть насущный хлеб, о неосужденном причастии которого мы должны молиться.

Мф.6:12. и прости нам долги наши, как и мы прощаем должникам нашим;

Так как мы грешим и после крещения, то молим, чтобы Бог простил нам, но простил так, как и мы прощаем. Если мы злопамятствуем, Он не простит нам. Бог имеет меня как бы Своим примером и то делает мне, что я делаю другому.

Мф.6:13. и не введи нас в искушение,

Мы – люди слабые, поэтому не должны подвергать себя искушениям, но если впали, то должны молиться, чтобы искушение не поглотило нас. Только тот вовлекается в бездну испытания, кто поглощён и побеждён, а не тот, кто впал, но потом победил.

но избавь нас от лукавого.

Не сказал: «от лукавых людей», ибо не они делают нам зло, но лукавый.

Ибо Твое есть Царство и сила и слава во веки. Аминь.

Здесь ободряет нас, ибо если Отец наш есть Царь, сильный и славный, то мы, конечно, победим лукавого и в грядущие времена прославимся.

Мф.6:14. Ибо если вы будете прощать людям согрешения их, то простит и вам Отец ваш Небесный,

Снова учит нас не помнить о зле и напоминает нам об Отце, чтобы мы стыдились и не делались подобными зверям, будучи Его детьми.

Мф.6:15. а если не будете прощать людям согрешения их, то и Отец ваш не простит вам согрешений ваших.

Ничего не ненавидит так кроткий Бог, как жестокость.

Мф.6:16. Также, когда поститесь, не будьте унылы, как лицемеры, ибо они принимают на себя мрачные лица, чтобы показаться людям постящимися. Истинно говорю вам, что они уже получают награду свою.

«Помрачение лица» есть бледность. Упрекает, когда кто-либо кажется не тем, каков есть, но притворно принимает мрачный вид.

Мф.6:17. А ты, когда постишься, помажь голову твою и умой лице твое,

Мф.6:18. чтобы явиться постящимся не перед людьми, но пред Отцем твоим, который втайне; и Отец твой, видящий тайное, воздаст тебе явно.

Как древние в знак радости помазывали себя елеем после омовения, так и ты показывай себя радующимся. Но под елеем разумеется и милостыня, а под главой нашей – Христос, Которого должно умащать милостынями. «Умывать лице» – значит омывать чувства слезами.

Мф.6:19. Не собирайте себе сокровищ на земле, где моль и ржа истребляют и где воры подкапывают и крадут,

Мф.6:20. но собирайте себе сокровища на небе, где ни моль, ни ржа не истребляют, и где воры не подкапывают и не крадут,

Изгнавши болезнь тщеславия, Господь далее говорит о нестяжании, ибо люди заботятся о приобретении многих имуществ по причине своего тщеславия, Он показывает бесполезность земного сокровища, потому что червь и тля истребляют пищу и одежды, а воры похищают золото и серебро. Затем, чтобы кто-либо не сказал: «не все же крадут», Он указывает, что хотя бы ничего подобного не было, но разве то самое, что ты пригвожден заботой о богатстве, не есть великое зло? Поэтому Господь и говорит:

Мф.6:21. ибо где сокровище ваше, там будет и сердце ваше.

Мф.6:22. Светильник для тела есть око. Итак, если око твое будет чисто, то все тело твое будет светло;

Мф.6:23. если же око твое будет худо, то все тело твое будет темно. Итак, если свет, который в тебе, тьма, то какова же тьма?

Он говорит это: если ты пригвоздил свой ум заботой об имуществе, то ты погасил свой светильник и омрачил свою душу, ибо как глаз, когда он чист, то есть здоров, освещает тело, а когда худ, то есть не здоров, оставляет его во мраке, так и ум ослепляется заботой. Если же ум омрачен, то душа делается тьмой, а тем более тело.

Мф.6:24. Никто не может служить двум господам:

Под двумя господами разумеет тех, которые дают противоположные приказания. Мы, например, делаем своим господином дьявола, как и свое чрево богом, но наш Бог по природе и истинно есть Господь. Не можем мы работать Богу, когда работаем маммоне. Маммона же есть всякая неправда.

ибо или одного будет ненавидеть, а другого любить; или одному станет усердствовать, а о другом нерадеть. Не можете служить Богу и маммоне.

Видишь ли, что для богатого и неправедного невозможно служить Богу, ибо корыстолюбие отторгает его от Бога?

Мф.6:25. Посему говорю вам: не заботьтесь для души вашей, что вам есть и что пить, ни для тела вашего, во что одеться.

«Посему», то есть почему? Потому, что имуществами отторгаются люди от Бога. Душа, как не имеющая тела, не ест, но Господь сказал это по общему обыкновению, ибо душа, по-видимому, не может оставаться в теле, если плоть не питается. Господь не запрещает трудиться, но запрещает целиком предавать себя заботам и пренебрегать Богом. Должно и земледелием заниматься, но должно заботиться и о душе.

Душа не больше ли пищи, и тело одежды?

То есть Тот, Кто дал большее, образовав душу и тело, разве Он не даст пищи и одежды?

Мф.6:26. Взгляните на птиц небесных: они не сеют, ни жнут, ни собирают в житницы; и Отец ваш Небесный питает их. Вы не гораздо ли лучше их?

Господь мог указать в качестве примера на Илию или Иоанна, но Он напомнил о птицах, чтобы пристыдить нас, что мы неразумнее и их. Бог питает их, вложив в них естественное знание для собирания пищи.

Мф.6:27. Да и кто из вас, заботясь, может прибавить себе росту *хотя* на один локоть?

Господь говорит: «Как бы ты ни заботился, но ты ничего не сделаешь помимо воли Божией. Зачем же утруждаешь себя понапрасну?».

Мф.6:28–29. И об одежде что заботитесь? Посмотрите на полевые лилии, как они растут? Не трудятся, ни прядут. Но говорю вам, что и Соломон во всей славе своей не одевался так, кáк всякая из них;

Не одними только неразумными птицами Он стыдит нас, но и кринами, которые усыхают. Если Бог так украсил их, хотя это не являлось необходимым, то не тем ли более Он удовлетворит нашу нужду в одежде? Показывает также, что хотя бы и много заботился, однако ты не сможешь украсить себя подобно кринам, ибо мудрейший и изнеженный Соломон за все время своего царствования не мог надеть на себя что-либо подобное.

Мф.6:30. если же траву полевую, которая сегодня есть, а завтра будет брошена в печь, Бог так одевает, кольми паче вас, маловеры!

Отсюда научаемся, что не должно заботиться об украшении, как это свойственно тленным цветам, и что всякий, украшающий себя, уподобляется траве. Вы же, говорит, разумные существа, для которых Бог создал тело и душу. Все, погрязшие в заботах, – маловерны: если бы они имели совершенную веру в Бога, то не заботились бы так напряженно.

Мф.6:31. Итак, не заботьтесь и не говорите: что нам есть? или что пить? или во что одеться?

Мф.6:32. Потому что всего этого ищут язычники,

Есть не запрещает, но запрещает говорить: «что будем есть?» Богатые с вечера говорят: «что будем есть завтра?». Видишь, что Он запрещает? Запрещает изнеженность и роскошь.

и потому что Отец ваш Небесный знает, что вы имеете нужду во всем этом.

Мф.6:33. Ищите же прежде Царства Божия и правды Его, и это всё приложится вам.

Царствие Божие есть вкушение благ. Оно дается за жизнь по правде. Итак, кто ищет духовного, тому по щедрости Божией прилагается и телесное.

Мф.6:34. Итак не заботьтесь о завтрашнем дне, ибо завтрашний сам будет заботиться о своем: довольно для каждого дня своей заботы.

Под заботой дня разумеет сокрушение и грусть. Достаточно для тебя, что ты сокрушался о нынешнем дне. Если же станешь заботиться и о завтрашнем, то, непрерывно заботясь о себе самом из-за телесного, когда будешь иметь досуг для Бога?

ГЛАВА СЕДЬМАЯ

Мф.7:1. Не суди́те, да не судимы будете,

Господь запрещает осуждать, а не изобличать, ибо изобличение служит на пользу, а осуждение является обидой и унижением, тем более в том случае, когда кто-либо сам, имея тяжелые грехи, поносит других и осуждает тех, кто имеет гораздо меньшие грехи, за которые может судить только один Бог.

Мф.7:2. ибо, каким судом су́дите, *таким* будете судимы; и какою мерою мерите, *такою* и вам будут мерить.

Мф.7:3. И что ты смотришь на сучок в глазе брата твоего, а бревна в твоем глазе не чувствуешь?

Мф.7:4. Или, как скажешь брату твоему: «дай я выну сучок из глаза твоего», а вот в твоем глазе бревно?

Мф.7:5. Лицемер! вынь прежде бревно из твоего глаза и тогда увидишь, *как* вынуть сучок из глаза брата твоего.

Тому, кто желает укорять других, должно быть безупречным, ибо если он, имея в своем глазу бревно, то есть большой брус, или грех, будет укорять другого, имеющего сучок, то сделает его несовестливым. Но Господь показывает, что тот, кто много грешит, не может хорошо видеть греха брата своего, ибо каким образом сможет увидеть прегрешение другого, легко уязвленного, тот, кто сам имеет бревно в глазу?

Мф.7:6. Не давайте святыни псам и не бросайте жемчуга вашего перед свиньями, чтоб они не попрали его ногами своими и, обратившись, не растерзали вас.

«Псы» – это неверные, а «свиньи» – это те, кто хотя и верует, но, тем не менее, ведет грязную жизнь. Итак, не должно говорить о тайнах веры пред неверными и произносить светлых и жемчужных слов богословия пред нечистыми, потому что свиньи попирают или пренебрегают тем, что им говорят, псы же, обратившись, терзают нас, что делают те, которые называются философами. Когда они услышат, что Бог был распят, они начинают терзать нас своими умствованиями, софизмами доказывая, что это невозможно.

Мф.7:7. Проси́те, и дано будет вам; ищите, и найдете; стучите, и отворят вам;

Мф.7:8. ибо всякий просящий получает, и ищущий находит, и стучащему отворят.

Прежде Господь заповедал нам великое и трудное, здесь же показывает, как это может быть выполнено, а именно – при помощи непрерывной молитвы. Ибо сказал «просите», вместо «просите всегда», но не сказал «просите один раз». Затем подтверждает сказанное примером человеческим.

Мф.7:9. Есть ли между вами такой человек, который, когда сын попросит у него хлеба, подал бы ему камень?

Мф.7:10. и когда попросит рыбы, подал бы ему змею?

Здесь Господь учит нас, что должно и сильно просить полезного. «Ибо вы, – говорит, – видите, как ваши дети просят у вас полезного: хлеба и рыбы, и в том случае, когда они просят такового, даете им, так точно и вы ищите духовного, а не плотского».

Мф.7:11. Итак, если вы, будучи злы, умеете даяния благие давать детям вашим, тем более Отец ваш Небесный даст блага просящим у Него.

Лукавыми называет людей, сравнивая их с Богом: природа наша, как создание Божие, добра, лукавыми же мы делаемся по собственной воле.

Мф.7:12. Итак, во всём, как хотите, чтобы с вами поступали люди, та́к поступайте и вы с ними; ибо в этом закон и пророки.

Показывает краткий путь к добродетели, ибо мы — люди и поэтому уже знаем должное. Если хочешь, чтобы тебе благодетельствовали, благотвори; если хочешь, чтобы тебя любили враги, люби и ты сам врагов. Ибо и закон Божий и пророки говорят то же, что повелевает нам и закон естественный.

Мф.7:13. Входите тесными вратами; потому что широки врата и пространен путь, ведущие в погибель, и многие идут ими;

Под узкими вратами разумеет испытания, как добровольные, например, пост и другие, так и недобровольные, например, узы, гонения. Как человек тучный или обремененный большою ношей не может войти узким местом, так и изнеженный или богатый: таковые идут широким путем. Показывая, что и теснота временна и широта переходима, Он называет их вратами и путем. Ибо кто терпит обиды, тот проходит некоторые ворота или злострадание, равно и изнеженный проходит сластолюбие, как некоторый путь. Но так как то и другое временно, то должно выбирать лучшее.

Мф.7:14. потому что тесны́ врата и узок путь, ведущие в жизнь, и немногие находят их.

Слово «потому что» означает удивление. Господь дивится: какие врата! Почему же в другом месте Он говорит: «бремя Мое легко?» (*Мф.11:30*) По причине будущих воздаяний.

Мф.7:15. Берегитесь лжепророков, которые приходят к вам в овечьей одежде, а внутри суть волки хищные.

Мф.7:16. По плодам их узнаете их.

Обычно еретики бывают хитры и лукавы; поэтому говорит: «берегитесь». Они говорят приятные речи и показывают вид как будто честной жизни, но внутри их – уда. Овечья одежда – это кротость, которой пользуются иные лицемеры с тою целью, чтобы льстить и обманывать. От своего плода они узнаются, то есть по делам и жизни. Хотя бы они на время и скрывались, но внимательными изобличаются.

Собирают ли с терновника виноград, или с репейника смоквы?

Мф.7:17. Та́к всякое дерево доброе приносит и плоды добрые, а худое дерево приносит и плоды худые.

Лицемеры – это терновники и репейники: терновники потому, что они уязвляют тайно, а репейники потому, что они хитры и находчивы. Злое же дерево – это каждый, кого развращает праздная и распутная жизнь.

Мф.7:18. Не может дерево доброе приносить плоды худы, ни дерево худое приносить плоды добрые.

Пока оно худо – не может, если же переменится, то может. Обрати внимание, что Господь не сказал, что никогда не будет в состоянии, но что до тех пор не рождает добрых плодов, пока худо.

Мф.7:19. Всякое дерево, не приносящее плода доброго, срубают и бросают в огонь.

Мф.7:20. Итак, по плодам их узнаете их.

Это направлено против иудеев, ибо и Иоанн говорил им то же. Человека уподобляет дереву потому, что он может быть привит от бесплодного греха к добродетели.

Мф.7:21. Не всякий, говорящий Мне: «Господи! Господи!» войдет в Царство Небесное, но исполняющий волю Отца Моего Небесного.

Здесь словами «не всякий, говорящий Мне: Господи! Господи!» показывает Себя Господом, так как Сам называет Себя Богом и научает нас, что если мы будем иметь веру без дел, то не получим от этого никакой пользы. «Исполняющий волю»; не сказал: «исполнивший один раз», но – «исполняющий» до самой смерти. И не сказал: «волю Мою», чтобы не соблазнить слушателей, но «волю Отца Моего», хотя, конечно, у отца и сына воля одна, если только сын не изменник.

Мф.7:22. Многие скажут Мне в тот день: Господи! Господи! не от Твоего ли имени мы пророчествовали? и не Твоим ли именем бесов изгоняли? и не Твоим ли именем многие чудеса творили?

Мф.7:23. И тогда объявлю им: Я никогда не знал вас; отойдите от Меня, делающие беззаконие.

В начале проповеди многие, будучи даже и недостойными, изгоняли бесов, так как демоны обращались в бегство именем Иисуса. Ибо благодать действует и чрез недостойных, подобно тому, как мы получаем освящение и чрез недостойных священников; и Иуда делал чудеса, и сыновья Скевы. Слова: «Я никогда не знал вас» сказаны вместо: «И тогда, когда вы делали чудеса, Я не любил вас». Под знанием здесь разумеется любовь.

Мф.7:24. Итак всякого, кто слушает слова Мои сии и исполняет их, уподоблю мужу благоразумному, который построил дом свой на камне;

Мф.7:25. и пошел дождь, и разлились реки, и подули ветры, и устремились на дом тот, и он не упал, потому что основан был на камне.

Помимо Бога не может быть добродетели; поэтому Господь говорит: «уподоблю мужу благоразумному». Камень – это Христос, а дом – душа. Итак, кто устрояет душу свою в исполнении заповедей Христа, того не могут разрушить ни дождь – разумею дьявола, спадшего с неба, ни реки – вредные люди, число которых возрастает от этого дождя, ни ветры – духи злобы, ни какие бы то ни было искушения.

Мф.7:26. А всякий, кто слушает сии слова Мои и не исполняет их, уподобится человеку безрассудному, который построил дом свой на песке;

Мф.7:27. и пошел дождь, и разлились реки, и подули ветры, и налегли на дом тот; и он упал, и было падение его великое.

Не сказал: «уподоблю его», но «уподобится», то есть сам собой, неразумному тот, кто имеет веру, а дел не совершает. Итак, такой человек созидает на песке, из гнилого материала, поэтому и падает от искушений дьявола. Когда потерпит неудачу, то есть обрушится на него искушение, он падает падением великим. Из неверных никто не падает, ибо они всегда лежат на земле; верующий, этот падает. Поэтому падение и бывает великим, что падает христианин.

Мф.7:28. И когда Иисус окончил слова сии, народ дивился учению Его,

Мф.7:29. ибо Он учил их, как власть имеющий, а не как книжники и фарисеи.

Удивлялись не начальники, ибо как могли удивляться завидующие Ему? – но незлобивая масса: удивлялись же не оборотам речи, но ее свободе, ибо Господь показывал Себя превыше пророков. Те говорили: «это говорит Господь», а Христос, как Бог, говорил: «Я говорю Вам».

ГЛАВА ВОСЬМАЯ

Мф.8:1. Когда же сошел Он с горы, за Ним последовало множество народа.

Мф.8:2. И вот, подошел прокаженный и, кланяясь Ему, сказал: Господи! если хочешь, можешь меня очистить.

Прокаженный, будучи рассудительным, не поднялся на гору, чтобы не прервать учение. Но когда Христос спустился с горы, он поклонился Ему и, показывая свою многую веру, не сказал: «если помолишься Богу, уврачуешь меня», но «если хочешь». Поэтому-то Христос и поступил таким образом.

Мф.8:3. Иисус, простерши руку, коснулся его и сказал: хочу, очистись. И он тотчас очистился от проказы.

Мф.8:4. И говорит ему Иисус: смотри, никому не сказывай; но пойди, покажи себя священнику и принеси дар, какой повелел Моисей, во свидетельство им.

Господь коснулся прокаженного, показывая, что Он не подлежит закону, который повелевает не касаться прокаженного, но что Он – Владыка его, что для чистого нет ничего нечистого и что Его святая плоть сообщала освящение. Однако, избегая славы, Господь велит никому не говорить, но показаться священнику, ибо если бы священник не сказал, что прокаженный очистился, то он остался бы вне города. Христос повелевает принести дар, во свидетельство иудеям, то есть как бы говоря: «если Меня обвинят, как нарушителя закона», будь свидетелем ты, которому Я приказал принести, что приносится законом».

Мф.8:5. Когда же вошел Иисус в Капернаум, к Нему подошел сотник и просил Его.

И этот не подошел на горе, чтобы не прервать учения. Это тот же сотник, что и у евангелиста Луки. Хотя евангелист Лука говорит, что он других отправил послами к Иисусу, но это не противоречит Матфею, который говорит, что сотник сам пришел. Очевидно, что сначала сотник послал других, а потом, когда опасность увеличилась, пошел сам и сказал:

Мф.8:6. Господи! слуга мой лежит дома в расслаблении и жестоко страдает.

Мф.8:7. Иисус говорит ему: Я приду и исцелю его.

Сотник не принес отрока на постели, веруя, что Господь может уврачевать его и в том случае, когда он отсутствует. И поэтому:

Мф.8:8. Сотник же, отвечая, сказал: Господи! я недостоин, чтобы Ты вошел под кров мой, но скажи только слово, и выздоровеет слуга мой;

Мф.8:9. ибо я и подвластный человек, но, имея у себя в подчинении воинов, говорю одному: пойди, и идет; и другому: приди, и приходит; и слуге моему: сделай то, и делает.

Мф.8:10. Услышав сие, Иисус удивился и сказал идущим за Ним: истинно говорю вам: и в Израиле не нашел Я такой веры.

Если я, говорит, будучи рабом царя, повелеваю подчиненным мне воинам, то Ты тем более можешь приказывать смерти и болезням так, чтобы от одного они удалились, на другого же обратились, ибо телесные болезни суть воины и каратели у Бога. Поэтому Христос удивляется, говоря: «Я и среди Израиля не нашел такой веры, какую нашел в этом язычнике».

Мф.8:11. Говорю же это вам, что многие придут с востока и запада и возлягут с Авраамом, Исааком и Иаковом в Царстве Небесном;

Мф.8:12. а сыны царства извержены будут во тьму внешнюю: там будет плач и скрежет зубов.

Не сказал, что многие язычники возлягут, чтобы не огорчить иудеев, но прикровенно сказал: «с востока и запада». Относительно Авраама упомянул для того, чтобы показать, что Он не противник Ветхого Завета. Говоря о внешней тьме, показал, что есть и внутренняя тьма, более легкая, чем первая, ибо различаются степени и в муках. Иудеев называет сынами царствия, так как им даны были обетования: «Израиль есть Сын Мой, первенец Мой».

Мф.8:13. И сказал Иисус сотнику: иди, и, как ты веровал, да будет тебе. И выздоровел слуга его в тот час.

Исцелив словом, Господь показал, что истину Он сказал и относительно изгнания иудеев.

Мф.8:14. Придя в дом Петров, Иисус увидел тещу его, лежащую в горячке,

Мф.8:15. коснулся руки ее, и горячка оставила ее; и она встала и служила им.

Вошел в дом Петра вкусить пищи; прикоснувшись же к руке, не только утишил горячку, но и возвратил женщине полное здоровье, так что вернулась ее сила, и она в состоянии была служить. И мы действительно знаем, что много нужно времени, чтобы больные снова окрепли. В то время как другие евангелисты говорят, что Господа просили и потому Он уврачевал болящую, Матфей, заботясь о краткости, не сказал об этом. Ибо я говорил тебе и вначале, что один из них опускает то, о чем другой говорит. Но узнай и то, что брак ничуть не препятствует добродетели, ибо верховный из апостолов имел тещу.

Мф. 8:16. Когда же настал вечер, к Нему привели многих бесноватых, и Он изгнал духов словом и исцелил всех больных,

Мф. 8:17. да сбудется реченное чрез пророка Исаию, который говорит: «Он взял на Себя наши немощи и понес болезни» (*Ис. 53:4*).

Вечером и не вовремя привели недужных, но Он, как человеколюбец, уврачевал всех. Затем, чтобы у тебя не возникло сомнения, как Он мог в короткое время уврачевать столько болезней, евангелист приводит как свидетеля Исаию. Правда, пророк говорит это о грехах, но Матфей приложил его слова к болезням, потому что большая часть из них происходит от грехов.

Мф. 8:18. Увидев же Иисус вокруг Себя множество народа, велел *ученикам* отплыть на другую сторону.

Он не был честолюбив, а вместе с тем уклонился и от зависти иудеев.

Мф. 8:19. Тогда один книжник, подойдя, сказал Ему: Учитель! я пойду за Тобою, куда бы Ты ни пошел.

Мф. 8:20. И говорит ему Иисус: лисицы имеют норы и птицы небесные – гнезда, а Сын Человеческий не имеет, где приклонить голову.

Книжником называет знающего книги закона. Этот, видя многие чудеса, подумал, что Иисус получает от них прибыль, поэтому старается следовать за Ним, чтоб и самому собрать богатства. Но Христос, идя навстречу его намерению, почти это сказал: «следуя за Мною, ты надеешься собрать богатства; но разве ты не видишь, что Я не имею даже дома? Таковым же должен быть и Мой последователь». Господь сказал это с той целью, чтобы убедить его последовать за Собою, изменить свое настроение: но книжник удаляется. Некоторые под лисицами и птицами разумеют демонов. Итак, Господь говорит книжнику: «В тебе имеют отдых демоны, поэтому Я не нахожу в душе твоей отдыха для Себя».

Мф.8:21. Другой же из учеников Его сказал Ему: Господи! позволь мне прежде пойти и похоронить отца моего.

Мф.8:22. Но Иисус сказал ему: иди за Мною, и предоставь мертвым погребать своих мертвецов.

После того как кто-либо предал себя Богу, он не должен возвращаться снова к житейскому. Должен почитать и родителей, но Бога должно ставить выше них. Здесь же родитель был еще и неверный, что видно отсюда: «предоставь мертвым, – то есть неверным, – погребать своих мертвецов». Если же этот не получил позволения похоронить отца, то горе тем, которые, приняв монашество, возвращаются к житейским делам.

Мф.8:23. И когда вошел Он в лодку, за Ним последовали ученики Его.

Мф.8:24. И вот, сделалось великое волнение на море, так что лодка покрывалась волнами; а Он спал.

Господь взял с Собою одних только учеников для того, чтобы они видели чудо. Допускает, чтобы они подверглись опасности, с целью подготовить их к искушениям и для того, чтобы, увидев чудо, тем более уверовали. Спит же с той целью, чтобы ученики, испугавшись, сознали свою слабость и обратились к Нему с молитвою. Поэтому сказано:

Мф.8:25. Тогда ученики Его, подойдя к Нему, разбудили Его и сказали: Господи! спаси нас, погибаем.

Мф.8:26. И говорит им: что вы *так* боязливы, маловерные?

Господь не называет их неверными, а маловерными, потому что, когда сказали: «Господи, спаси нас», они показывали свою веру, но слово «погибаем» – не от веры. Им не должно было бояться, когда Господь плыл с ними. Обратите внимание, что, укоряя их как робких, Господь показывает, что боязливость привлекает опасности. Поэтому Он успокоил сначала их душевную бурю, а затем утишил и морское волнение.

Потом, встав, запретил ветрам и морю, и сделалась великая тишина.

Мф.8:27. Люди же, удивляясь, говорили: кто это, что и ветры и море повинуются Ему?

Удивлялись потому, что по виду Он был человек, а по делам – Бог.

Мф.8:28. И когда Он прибыл на другой берег в страну Гергесинскую, Его встретили два бесноватые,

В то время как находящиеся в корабле недоумевают: откуда этот, что и ветры, и море повинуются Ему? – проповедниками являются демоны. Евангелисты Марк и Лука говорят об одном больном, имевшем легион бесов, потому что один из этих больных был страшнее другого. Господь Сам подошел к ним, так как никто не осмеливался привести их.

вышедшие из гробов[2], весьма свирепые, так что никто не смел проходить тем путем.

Демоны жили в гробах, желая внушить людям мысль, что души умерших делаются демонами. Но пусть никто не думает этого, потому что душа, выйдя из тела, не блуждает в этом мире, но души праведных – в руце Божией; что же касается душ грешных, то и они уводятся отсюда, как, например, душа богатого.

Мф.8:29. И вот, они закричали: что Тебе до нас, Иисус, Сын Божий? пришел Ты сюда прежде времени мучить нас.

Вот, провозглашают Его Сыном Божиим после того, как раньше обнаружили вражду к Нему. Мучением они

---

[2] Из пещер, где погребали.

считают то, что им не позволили вредить людям; слова же «прежде времени» понимай в том смысле, что демоны думали, будто Христос, не вынеся слишком сильной злобы их, не выждет времени наказания, чего в действительности нет, ибо им до кончины века позволено бороться с нами.

Мф.8:30. Вдали же от них паслось большое стадо свиней.

Мф.8:31. И бесы просили Его: если выгонишь нас, то пошли нас в стадо свиней.

Мф.8:32. И Он сказал им: идите. И они, выйдя, пошли в стадо свиное.

Демоны стремятся, погубив свиней, опечалить владельцев их, чтоб они не приняли Христа. Христос же уступает демонам, показывая, какую злобу они имеют против людей, и если бы они имели власть и не встречали препятствий, то с нами они поступили бы хуже, чем со свиньями. Он охраняет бесноватых, чтоб они сами не умертвили себя.

И вот, всё стадо свиней бросилось с крутизны в море и погибло в воде.

Мф.8:33. Пастухи же побежали, и, придя в город, рассказали обо всём и о том, что было с бесноватыми.

Мф.8:34. И вот, весь город вышел навстречу Иисусу и, увидев Его, просили, чтобы Он отошел от пределов их.

Опечаленные и думая, что после этого потерпят худшее, они просят Его об этом. Узнай, что где свинская жизнь, там не Христос пребывает, а демоны.

ГЛАВА ДЕВЯТАЯ

Мф.9:1. Тогда Он, войдя в лодку, переправился *обратно* и прибыл в Свой город.

Мф.9:2. И вот, принесли к Нему расслабленного, положенного на постели.

Под «Своим городом» Матфей разумеет Капернаум, потому что Господь жил там. Родился Он в Вифлееме, в Назарете же воспитывался, но Капернаум был Его всегдашним местожительством. Этот расслабленный-другой и не тот, о котором говорится у Иоанна, потому что последний лежал при «овчих воротах» в Иерусалиме, а этот был в Капернауме; тот не имел человека, а этого несли четверо, как говорит Марк, так что и сквозь кровлю спустили, о чем не упомянуто у Матфея.

И, видя Иисус веру их,

– или принесших, так как Он часто чудодействовал и ради веры приносящих или же и самого расслабленного.

сказал расслабленному: дерзай, чадо! прощаются тебе грехи твои.

Называет «чадом» – или как создание Божие, или как уверовавшего. Показав, что расслабление произошло главным образом от грехов, прежде всего отпускает их.

Мф.9:3. При сем некоторые из книжников сказали сами в себе: Он богохульствует.

Мф.9:4. Иисус же, видя помышления их, сказал: для чего вы мыслите худое в сердцах ваших?

Мф.9:5. ибо что легче сказать: прощаются тебе грехи, или сказать: встань и ходи?

Он показывает Себя Богом уже тем одним, что знает их помышления. Обличает же их, как бы это говоря: «Вы думаете, что я богохульствую, так как присваиваю Себе право отпускать грехи, что составляет великое дело. Вы думаете, что Я прибегаю к этому с тою целью, чтобы не быть изобличенным, но, врачуя тела, Я удостоверяю вас, что смогу исцелить и души,– делом, которое гораздо легче, но которое обычно считается более трудным, докажу и отпущение грехов, которое велико, но вам кажется более легким потому, что оно невидимо».

Мф.9:6. Но чтобы вы знали, что Сын Человеческий имеет власть на земле прощать грехи, – тогда говорит расслабленному: встань, возьми постель твою, и иди в дом твой. ...

Мф.9:8. Народ же, видев это, удивился и прославил Бога, давшего такую власть человекам.

Приказал больному нести свою постель, чтобы не подумали, что случившееся было только призрак, а вместе с тем и для того, чтобы народ, который считал Христа простым человеком, хотя и большим всех, видел чудо.

Мф.9:9. Проходя оттуда, Иисус увидел человека, сидящего у сбора пошлин, по имени Матфея, и говорит ему: следуй за Мною. И он встал и последовал за Ним.

Призвал его не вместе с Петром и Иоанном, но когда увидел, что он уверует. Так и Павла призвал после того, когда пришло время. Подивись же евангелисту, как он обличает свою жизнь, хотя другие скрыли имя его, назвав его Левием. Что же касается того, что он был обращен одним только словом, то это дело Божие.

Мф.9:10. И когда Иисус возлежал в доме, многие мытари и грешники пришли и возлегли с Ним и учениками Его.

Мф.9:11. Увидев то, фарисеи сказали ученикам Его: для чего Учитель ваш ест и пьет с мытарями и грешниками?

Очень обрадованный посещением Христа, Матфей призвал мытарей, и Христос, чтобы принести им пользу, ел вместе с ними, несмотря на то, что Его порицали за это. Ибо фарисеи, желая оттолкнуть от Него учеников, осуждали то, что Он общается в пище с мытарями.

Мф.9:12. Иисус же, услышав это, сказал им: не здоровые имеют нужду во враче, но больные,

Мф.9:13. пойдите, научитесь, что́ значит: «милости хочу, а не жертвы» (*Ос.6:6*). Ибо Я пришел призвать не праведников, но грешников к покаянию.

Я пришел теперь, говорит Господь, не как Судья, но как Врач: поэтому и смрад терплю. Словами же «пойдите, научитесь» обличает их и как невежд: так как вы до сих пор не научились, то хоть теперь пойдите и узнайте, что Бог выше жертвы ставит милосердие к грешникам. «Ибо Я пришел призвать не праведников», – говорит, укоряя их, то есть: Я пришел призвать не вас, которые оправдывают самих себя, так как нет ни одного человека праведного; Я пришел призвать грешников, однако не для того, чтобы они оставались грешниками, но чтобы покаялись.

Мф.9:14. Тогда приходят к Нему ученики Иоанновы и говорят: почему мы и фарисеи постимся много, а Твои ученики не постятся?

Ученики Иоанна, завидуя славе Христа, укоряли Его за то, что Он не постится. Может быть, они недоумевали, каким образом без подвига Он побеждает страсти, чего Иоанн не мог. Ибо они не знали, что Иоанн был только человек и праведным стал по причине добродетели, Христос же, как Бог, Сам – добродетель.

Мф.9:15. И сказал им Иисус: могут ли печалиться сыны чертога брачного, пока с ними жених? Но придут дни, когда отнимется у них жених, и тогда будут поститься.

Данное время, говорит Господь, когда Я нахожусь с Моими учениками, есть время радости. Под «женихом» Он разумеет Самого Себя, как обручающего Себе новый сонм людей, так как древний – умер, а под «сынами чертога брачного» – апостолов. Будет, говорит, время, когда и они, после того как Я пострадаю и вознесусь, будут поститься, терпя голод и жажду и подвергаясь гонениям. Показывая же несовершенство учеников, Он прибавляет:

Мф.9:16. И никто к ветхой одежде не приставляет заплаты из небеленной ткани; ибо вновь пришитое отдерёт от старого, и дыра будет ещё хуже.

Мф.9:17. Не вливают также вина молодого в мехи ветхие, а иначе прорываются мехи, и вино вытекает, и мехи пропадают. Но вино молодое вливают в новые мехи, и сберегается то и другое.

Ученики, говорит, еще не сделались крепкими, но нуждаются в снисхождении, и не должно возлагать на них тяжесть заповедей. Но Он сказал это, научая и учеников, чтобы и они, когда будут учить вселенную, были снисходительны. Итак, пост – это новая заплата и новое вино, а старые одежды и меха – слабость учеников.

Мф.9:18. Когда Он говорил им сие, подошел к Нему некоторый начальник и, кланяясь Ему, говорил: дочь моя теперь умирает; но приди, возложи на нее руку Твою, и она будет жива.

Мф.9:19. И встав, Иисус пошел за ним, и ученики Его.

Ясно, что и этот имел веру, хотя и не большую, так как просит Иисуса не слово только одно сказать, но и прийти и возложить руку. Он говорит, что дочь его уже умерла (хотя, по сказанию Луки, она еще не умирала), или гадательно, потому что оставил ее при последнем издыхании, или чтобы, усиливая размеры несчастья, побудить Христа к милосердию.

Мф.9:20. И вот, женщина, двенадцать лет страдавшая кровотечением, подойдя сзади, прикоснулась к краю одежды Его,

Мф.9:21. ибо она говорила сама в себе: если только прикоснусь к одежде Его, выздоровею.

Мф.9:22. Иисус же, обратившись и увидев ее, сказал: дерзай, дщерь! вера твоя спасла тебя. Женщина с того часа стала здорова.

Нечистая по своей болезни, женщина не подошла явно, опасаясь, чтобы не помешали ей. Хотя она считала возможным скрыться, однако верила, что получит здоровье, как только прикоснется к краю одежды. Но Спаситель открывает ее не из любви к славе, а чтобы для нашей пользы показать ее веру и чтобы уверовал начальник синагоги. «Дерзай» говорит Он ей потому, что она испугалась, как похитившая дар; «дщерью» же называет ее как верную. Показывает равно и то, что если бы она не имела веры, то не получила бы и благодати, хотя одежды Его и были святы. Передают, что эта женщина сделала статую Спасителя, у ног которой росла трава, помогавшая кровоточивым женам. Во времена Юлиана нечестивцы разбили ее.

Мф.9:23. И когда пришел Иисус в дом начальника и увидел свирельщиков и народ в смятении,

Мф.9:24. сказал им: выйдите вон; ибо не умерла девица, но спит. И смеялись над Ним.

Так как дочь начальника была незамужняя, то ее оплакивали брачными свирелями, делая это по закону. Господь говорит, что она спит, потому что для Него, который легко мог воскресить, смерть являлась сном. Не удивляйся тому, что над Ним смеялись, ибо этим они более всего свидетельствуют о чуде, именно, что Он воскресил ту, которая действительно умерла. Чтобы никто не мог сказать, что с больной был припадок, для этого всеми была признана ее смерть.

Мф.9:25. Когда же народ был выслан, Он, войдя, взял ее за руку, и девица встала.

Мф.9:26. И разнесся слух о сем по всей земле той.

Где толпа и суета, там Иисус не творит чудес. Он берет девицу за руку, сообщая ей силу. И ты, если будешь умерщвлен грехами, воскреснешь, как только Он возьмет тебя за руку деятельности, изгнав толпу и суету.

Мф.9:27. Когда Иисус шел оттуда, за Ним следовали двое слепых и кричали: помилуй нас, Иисус, сын Давидов!

Слепцы говорили Ему как Богу: «помилуй нас», а как к человеку взывали: «Сын Давидов», потому что среди иудеев много говорили о том, что Мессия произойдет от семени Давида.

Мф.9:28. Когда же Он пришел в дом, слепые приступили к Нему. И говорит им Иисус: веруете ли, что Я могу это сделать? Они говорят Ему: ей, Господи!

Увлекает за Собой слепцов до самого дома с целью показать твердость их веры и изобличить иудеев. Спрашивает их, веруют ли они, показывая этим, что вера все совершает.

Мф.9:29. Тогда Он коснулся глаз их и сказал: по вере вашей да будет вам.

Мф.9:30. И открылись глаза их;

Врачует их в доме, наедине, чуждаясь славы, ибо Он всюду учит смиренномудрию.

и Иисус строго сказал им: смотрите, чтобы никто не узнал.

Мф.9:31. А они, выйдя, разгласили о Нем по всей земле той.

Видишь ли скромность Христа? Но они разгласили, однако, не в силу ослушания, но из благодарности. Если иногда Господь говорит: иди и проповедуй славу Божию, то здесь нет противоречия. Ибо Он хочет, чтоб о Нем ничего не говорили, проповедовали же только славу Божию.

Мф.9:32. Когда же те выходили, то привели к Нему человека немого бесноватого.

Мф.9:33. И когда бес был изгнан, немой стал говорить.

Эта болезнь была не от природы, но от демона: поэтому и приводят его другие. Сам по себе не мог он просить, потому что демон связал ему язык. По этой причине Господь не требует от него веры, но тотчас врачует его, изгнав демона, который препятствовал говорить.

И народ, удивляясь, говорил: никогда не бывало такого явления в Израиле.

Удивленный народ ставит Христа выше пророков и патриархов, потому что Он врачевал со властью, а не так, как те – молясь. Посмотрим же и на фарисеев, что они говорят.

Мф.9:34. А фарисеи говорили: Он изгоняет бесов силою князя бесовского.

Слова крайнего безумия! Ибо ни один демон не изгоняет демона. Допустим, что Он изгонял демонов, как слуга князя демонского или как маг, но болезнь и грехи – как их Он разрешал и как проповедовал царство? Демон поступает совершенно наоборот: он порождает болезни и отлучает от Бога.

Мф.9:35. И ходил Иисус по всем городам и селениям, уча в синагогах их, проповедуя Евангелие Царствия и исцеляя всякую болезнь и всякую немощь в людях.

Человеколюбивый Господь не ожидает, пока придут к Нему, но Сам ходил, чтобы никто не имел оправдания в том, что никто не учил нас. Делом и словом привлекает их, уча и творя чудеса.

Мф.9:36. Видя толпы народа, Он сжалился над ними, что они были изнурены и рассеяны, как овцы, не имеющие пастыря.

Они не имели пастыря, так как начальники их не только не исправляли, но и вредили им. Дело же истинного пастыря – радеть о пастве.

Мф.9:37. Тогда говорит ученикам Своим: жатвы много, а делателей мало;

Мф.9:38. итак молите Господина жатвы, чтобы выслал делателей на жатву Свою.

Под «жатвой» разумеет народ, который нуждался в попечении, а под «делателями» тех, которые должны учить, но которых тогда не было среди Израиля. «Господин жатвы» – это Сам Христос, Господь пророков и апостолов. Это видно из того, что Он поставил двенадцать апостолов без того, чтобы испросить это от Бога. Вот слушай!

ГЛАВА ДЕСЯТАЯ

Мф.10:1. **И призвав двенадцать учеников Своих, Он дал им власть над нечистыми духами, чтобы изгонять их и врачевать всякую болезнь и всякую немощь.**

Избирает двенадцать учеников по числу двенадцати колен. Дав им силу, Он послал их, хотя и мало было их, так как вообще мало таких, которые идут тесным путем. Дал Он им силу чудотворений, чтобы, поражая чудесами, они имели внимательных к своему учению слушателей.

Мф.10:2. **Двенадцати же апостолов имена суть сии: первый Симон, называемый Петром, и Андрей, брат его,**

Матфей перечисляет имена апостолов по причине лжеапостолов. Вперед поставляет Петра и Андрея, потому что они и призваны первыми; затем — сыновей Зеведея, но из них Иакова поставляет прежде Иоанна, ибо он исчисляет их не по достоинству, но просто, как пришлось. Итак, он говорит:

Иаков Зеведеев и Иоанн, брат его,

Мф.10:3. **Филипп и Варфоломей, Фома и Матфей мытарь, Иаков Алфеев и Леввей, прозванный Фаддеем,**

Мф.10:4. **Симон Кананит и Иуда Искариот, который и предал Его.**

Посмотри на смирение Матфея: себя поставил после Фомы, а, дойдя до Иуды, не сказал: «этот мерзкий человек, этот враг Божий», но назвал его Искариотом, по отечеству, потому что был и другой Иуда – Леввей или Фаддей. Итак, были два Иакова: один Зеведеев, другой Алфеев, и два Иуды: Иуда Фаддей и Иуда-предатель, и три Симона: Петр, Кананит и предатель, ибо Иуда Искариотский назывался Симоном.

Мф.10:5. Сих двенадцать послал Иисус и заповедал им, говоря: на путь к язычникам не ходите, и в город Самарянский не входите,

Мф.10:6. а идите наипаче к погибшим овцам дома Израилева;

Мф.10:7. ходя же, проповедуйте, что приблизилось Царство Небесное;

«Сих» – кого? Рыбарей, простых людей, мытарей. Первоначально посылает их к иудеям, чтобы они не могли сказать: апостолы были посланы к язычникам, поэтому мы, иудеи, не уверовали. Итак, Он делает иудеев безответными. Самарян ставит наряду с язычниками, так как они, будучи вавилонянами, населяли Иудею и не принимали пророков, а только пять книг Моисеевых. Под Царством Небесным разумеет блаженство. Господь дает апостолам чудеса, как оружие, говоря им:

Мф.10:8. больных исцеляйте, прокаженных очищайте, мертвых воскрешайте, бесов изгоняйте. Даром получили, даром давайте.

Ничто так не приличествует учителю, как смирение и нестяжательность. Поэтому эти две добродетели показывают здесь, когда говорит «даром получили, даром давайте». Не превозноситесь, имея такие блага и раздавая их, потому что вы получили их даром и по благодати. Но при смиренномудрии будьте и нестяжательны: «даром, – говорит, – давайте». Исторгая же совершенно корень всех зол, говорит:

Мф.10:9. Не берите с собою ни золота, ни серебра, ни меди в поясы свои,

Мф.10:10. ни сумы на дорогу, ни двух одежд, ни обуви, ни посоха, ибо трудящийся достоин пропитания.

Приучает их ко всякой строгости. Поэтому, отвлекая их от всякого излишества и делая их совершенно беспечальными, не позволяет носить и жезлов. Ибо это подлинно нестяжательность, побуждающая верить Тому, кто учит о нестяжательности. Затем, чтобы не сказали: «откуда же будем добывать пропитание»? – говорит: «трудящийся достоин пропитания», то есть будете питаться от своих учеников, ибо они должны доставлять вам это, как делателям. Пропитания, сказал, а не роскоши, ибо учителям не должно жить в роскоши.

Мф.10:11. В какой бы город или селение ни вошли вы, наведывайтесь, кто в нем достоин, и там оставайтесь, пока не выйдете;

Не ко всем велит входить, чтобы, сообщаясь с недостойными, не сделались предметом клеветы, и если будут ходить к одним только достойным, то, конечно, найдут пропитание. Повелевает оставаться, а не переходить из дома в дом, чтобы не порицали их, как чревоугодников, и чтобы те, которые примут их в первый раз, не сочли себя оскорбленными.

Мф.10:12. а, входя в дом, приветствуйте его, говоря: мир дому сему;

Мф.10:13. и если дом будет достоин, то мир ваш придет на него; если же не будет достоин, то мир ваш к вам возвратится.

Под целованием и миром разумей благословение, которое пребывает только с достойными. Узнай же отсюда, что преимущественно наши дела благословляют нас.

Мф.10:14. А если кто не примет вас и не послушает слов ваших, то, выходя из дома или города того, отрясите прах от ног ваших;

Мф.10:15. истинно говорю вам: отраднее будет земле Содомской и Гоморрской в день суда, нежели городу тому.

Господь желает, чтобы они отрясли прах, показывая этим, что они ничего не взяли там по причине неверия их, или же свидетельствуя, что тот путь, который они прошли, был очень длинен, и они совершили его без пользы. Итак, содомлянам отраднее будет, чем этим неверующим, ибо содомляне, будучи наказаны здесь, гораздо легче будут наказаны там.

Мф.10:16. Вот, Я посылаю вас, как овец среди волков:

Господь дал им, как оружие, чудеса и обеспечил их относительно пищи, открыв для них двери достойных; теперь же, показывая Свое предвидение, говорит и об опасностях, которые имеют случиться с ними, и бодрит их словом. «Я, – говорит, – силен, поэтому дерзайте, ибо неприкосновенны будете. Но приготовляет их и к страданиям. Как невозможно овце не страдать среди волков, так и вам среди иудеев; но если и пострадаете, не гневайтесь. Хочу, чтобы вы были кротки, как овцы, и этим главным образом побеждали».

итак, будьте мудры, как змии, и просты, как голуби.

Хочет, чтобы ученики его были и мудры. Чтобы, слыша, что они сравнены с овцами, ты не подумал, что христианин должен быть слабоумным, говорит: он должен быть и мудрым, зная, как надобно жить среди массы врагов. Как змея все свое тело подставляет под удары, а голову охраняет, так и христианин все должен отдавать бьющим его, даже тело свое, а голову, которая есть Христос и вера в Него, должен беречь; как змея, сжимаясь в какой-нибудь скважине и проползая, скидает с себя старую кожу, так и мы, идя тесным путем, должны совлекать с себя ветхого человека. Но так как змея и вредит, то Господь повелевает нам быть простыми, то есть чистыми, незлобивыми и безвредными, как голуби, ибо последние, лишаясь даже детей и будучи преследуемы, тотчас возвращаются к своим хозяевам. Итак, будь мудр, как змея, чтобы не смеялись над тобою в жизни, но чтобы все твое было безукоризненным. Что же касается вреда в отношении к другим, то будь как голубь, то есть не злобив, прост.

Мф.10:17. Остерегайтесь же людей: ибо они будут отдавать вас в судилища и в синагогах своих будут бить вас,

Мф.10:18. и поведут вас к правителям и царям за Меня для свидетельства пред ними и язычниками.

Видишь, что значит быть мудрым: быть осторожным и не давать повода тем, которые желают гнать, но разумно устроять свои дела. Имущества ли захочет гонитель или почести, отдай, чтобы он не имел повода преследовать тебя, но если будет отнимать веру, то береги эту свою голову. Христос намеревался послать Своих учеников не к иудеям только, но и к язычникам, поэтому и говорит: «для свидетельства пред ними и язычниками», то есть для обличения тех, которые не веруют.

Мф.10:19. Когда же будут предавать вас, не заботьтесь, как или что сказать; ибо в тот час дано будет вам, что сказать;

Мф.10:20. ибо не вы будете говорить, но Дух Отца вашего будет говорить в вас.

Чтобы не сказали: «Как же мы, люди простые, сможем убедить мудрых?» – Господь повелевает им быть смелыми и не заботиться об этом. Когда нам предстоит беседовать среди верных, нужно заранее приготовиться к защите, как увещевает Петр; но среди неистовствующих народов и царей Господь обещает Свою силу, чтобы мы не боялись. Исповедовать веру – наше дело, а мудро защищаться – дар Божий. А чтобы ты не стал подозревать, что при защите действует природная способность, говорит: не вы будете говорить, но Дух.

Мф.10:21. Предаст же брат брата на смерть, и отец – сына; и восстанут дети на родителей, и умертвят их;

Заранее говорит им о том, что произойдет, чтобы, когда это случится, не смущались. Показывает и силу проповеди, которая побуждает пренебрегать, ибо таково истинное христианство. Но Христос показывает и неистовство неверных: они не пощадят и домашних своих.

Мф.10:22. И будете ненавидимы всеми за имя Мое; претерпевший же до конца спасется.

«Всеми» вместо «многими», потому что не все ненавидели их, так как были и такие, которые принимали веру. «Претерпевший же до конца», а не в начале только, тот будет участником жизни вечной.

Мф.10:23. Когда же будут гнать вас в одном городе, бегите в другой. Ибо истинно говорю вам: не успеете обойти городов Израилевых, как приидет Сын Человеческий.

Сказанное выше и страшное: «будут предавать вас» и «будете ненавидимы» относилось к тому, что имело случиться после вознесения; то же, о чем говорится теперь, касается событий прежде креста. Вы, терпя гонения, не успеете обойти городов Израиля, и Я уже приду к вам. Когда же наступят гонения, повелевает им бегать, ибо явно бросаться в опасность и служить причиной осуждения убийцам, равно и вредить тем, которые надеялись получить пользу от проповеди, – дело дьявольское. Слова же «как приидет Сын Человеческий» относи не ко второму пришествию, но к тому приходу и утешению, которое было до креста. Ибо после того, как ученики были посланы и проповедовали, они снова возвратились ко Христу и пребывали с Ним.

Мф.10:24. Ученик не выше учителя, и слуга не выше господина своего:

Мф.10:25. довольно для ученика, чтобы он был, как учитель его, и для слуги, чтобы он был, как господин его.

Здесь учит воздерживаться от оскорблений других: если Я, Учитель и Владыка, переносил все, то тем более вы, – ученики и рабы. Но ты спросишь: «Как говорит «ученик не выше учителя», когда мы видим, что много учеников бывает лучше своих учителей?». Узнай же, что пока они ученики, они меньше учителей; но когда становятся лучше их, то они уже не ученики, подобно тому, как и раб, пока остается рабом, не может быть выше своего господина.

Если хозяина дома назвали веельзевулом, не тем ли более домашних его?

Мф.10:26. Итак не бойтесь их: ибо нет ничего сокровенного, что не открылось бы, и тайного, что не было бы узнано.

Утешайтесь, говорит, тем, что переношу Я. Если Меня назвали начальником бесов, то что здесь удивительного, если будут клеветать и на вас, домашних Моих? Назвал их «домашними», а не рабами, показывая тем Свою близость к ним. Но мужайтесь, потому что истина не скроется: время покажет и вашу добродетель, и злобу клевещущих, ибо нет ничего сокровенного, что не открылось бы, так что если и оклевещут, то после узнают вас.

Мф.10:27. Что говорю вам в темноте, говорите при свете; и что на ухо слышите, проповедуйте на кровлях.

Что, говорит, сказал вам одним только и в одном месте, ибо это означают слова: «на ухо» и «в темноте», – об этом учите смело и громко, так, чтобы все слышали вас, но так как за смелостью следуют и опасности, то прибавляет:

Мф.10:28. И не бойтесь убивающих тело, души́ же не могущих убить; а бойтесь более того, кто может и душу и тело погубить в геенне.

Научает пренебрегать и смертью, потому что наказание в геенне, говорит, страшнее. Убийцы доставляют вред одному только телу, душе же, может быть, приносят благо, но Бог, ввергая в геенну, казнит обоих: и душу и тело. Говоря: «в геенне», указывает на вечность наказания, ибо слово «геенна» происходит от греческого слова «вечно рождаться».

Мф.10:29. Не две ли малые птицы продаются за ассарий[3]? И ни одна из них не упадет на землю без *воли* Отца вашего;

Мф.10:30. у вас же и волосы на голове все сочтены;

Мф.10:31. не бойтесь же: вы лучше многих малых птиц.

Чтобы ученики не смущались, как бы оставленные Им, говорит: если и малая птичка не может быть поймана без Моего ведома, то как оставлю вас, которых люблю? Показывая же Свое всеобъемлющее знание и промышление, говорит, что волосы наши сочтены Им. Не думайте, что малые птички ловятся при содействии Бога, но ловля их не неизвестна Ему.

Мф.10:32. Итак всякого, кто исповедает Меня («Мной», как сказано в оригинале) перед людьми, того исповедаю и Я пред Отцом Моим Небесным;

Мф.10:33. а кто отречется от Меня перед людьми, отрекусь от того и Я пред Отцом Моим Небесным.

Побуждает к исповедничеству, ибо не довольствуется верою только в душе, но хочет веры, исповедуемой и устами. Не сказал: «кто исповедает Меня», но «Мной», то есть Моею силою, ибо исповедующий исповедует, опираясь на благодать свыше. Об отрекающемся же не сказал: «Мной», но «от Меня», показывая этим, что отрекается

---

[3] Мелкая монета.

тот, кто не имеет помощи свыше. Каждый, кто исповедует, что Христос – Бог, найдет Христа исповедующим его пред Своим Отцом, что он верный раб. Те же, которые отрекаются, услышат: «не знаю вас».

Мф.10:34. Не думайте, что Я пришел принести мир на землю; не мир Я пришел принести, но меч,

Мф.10:35. ибо Я пришел разделить человека с отцом его, и дочь с матерью ее, и невестку со свекровью ее.

Мф.10:36. И враги человеку домашние его.

Не всегда хорошо согласие: бывают случаи, когда хорошо и разделение. Меч означает слово веры, которое отсекает нас от настроения домашних и родственников, если они мешают нам в деле благочестия. Господь не говорит здесь, что должно удаляться или отделяться от них без особенной причины, – удаляться должно только в том случае, если они не соглашаются с нами, а скорее препятствуют нам в вере.

Мф.10:37. Кто любит отца или мать более, нежели Меня, не достоин Меня; и кто любит сына или дочь более, нежели Меня, не достоин Меня;

Видишь, что возненавидеть родителей и детей только тогда нужно, если они хотят, чтобы их любили больше Христа. Но что говорю об отце и детях? Услышь и больше:

Мф.10:38. и кто не берет креста своего и следует за Мною, тот не достоин Меня.

Кто, говорит, не откажется от настоящей жизни и не предаст себя на позорную смерть (ибо это означал крест у древних), тот не достоин Меня. Но так как распинают многих, как разбойников и воров, то прибавил: «и следует за Мной», то есть живет согласно с Моими законами!

Мф.10:39. Сберегший душу свою потеряет ее; а потерявший душу свою ради Меня сбережет ее.

Кто заботится о плотской жизни, тот думает, что сберегает душу свою, но он губит и ее, подвергая вечному наказанию. Кто же губит душу свою и умирает, но не как разбойник или самоубийца, а ради Христа, тот спасает ее.

Мф.10:40. **Кто принимает вас, принимает Меня, а кто принимает Меня, принимает Пославшего Меня;**

Мф.10:41. **кто принимает пророка, во имя пророка, получит награду пророка;**

Мф.10:42. **и кто принимает праведника, во имя праведника, получит награду праведника.**

Побуждает нас, чтобы мы принимали тех, которые со Христом, ибо кто чтит учеников Его, тот чтит Его, а чрез Него и Отца. Должно принимать праведников и пророков во имя праведника и пророка, то есть потому что они праведники и пророки, а не из-за какого-либо предстательства или заступления у царей. Но если кто-либо носит только вид пророка, на деле же оказывается не таковым, ты и его прими, как пророка, и Бог воздаст тебе так же, как будто ты действительно принял праведника. Ибо это означают слова «приимет награду праведника». Можешь понимать их и иначе: праведным будет признан и тот, кто примет праведника; и он получит ту же награду, что и праведники.

Мф.10:42. **И кто напоит одного из малых сих только чашею холодной воды, во имя ученика, истинно говорю вам, не потеряет награды своей.**

Чтобы кто-либо не стал ссылаться на бедность, Господь говорит: если сможешь дать кому-либо чашу холодной воды, потому что он Мой ученик, получишь его награду. Чашу же холодной воды подает и тот, кто научает кого-либо, пылающего огнем гнева и страстей, и делает его учеником Христовым; и этот не потеряет награды своей.

ГЛАВА ОДИННАДЦАТАЯ

Мф.11:1. И когда окончил Иисус наставления двенадцати ученикам Своим, перешел оттуда учить и проповедовать в городах их.

После того как Господь послал своих учеников на проповедь, Он успокоился, не совершая более чудес, но только уча в синагогах. Если бы Он, оставаясь здесь, врачевал, то к Его ученикам не обращались бы. Поэтому, чтоб и они имели повод врачевать, Он Сам уходит.

Мф.11:2. Иоанн же, услышав в темнице о делах Христовых, послал двоих из учеников своих

Мф.11:3. сказать Ему: Ты ли Тот, Который должен прийти, или ожидать нам другого?

Не потому, что не знает Христа, спрашивает Иоанн, ибо как он мог не знать Того, о котором свидетельствовал: «вот Агнец Божий». Но так как ученики завидовали Христу, то он посылает их, чтобы, видя чудеса, они уверовали, что Христос больше Иоанна. Поэтому и принимает вид, будто не знает и спрашивает: «Ты ли Тот, который должен прийти, Тот, которого ожидают на основании Писаний, что придет во плоти?». Некоторые же говорят, что выражением: «который должен прийти» Иоанн спрашивал о сошествии в ад, будто бы не зная об этом и как бы так говоря: «Ты ли Тот, который должен сойти в ад, или мы будем ждать другого?». Но это неразумно, ибо каким образом Иоанн, больший из пророков, не знал бы о распятии Христа и Его сошествии в ад, и это – после того, как он сам назвал Его Агнцем, потому что Он имел быть закланным за нас? Итак, Иоанн знал, что Господь сойдет с душою в ад, чтобы и там, как говорит *Григорий Богослов*, спасти тех, которые могли уверовать в Него, если бы Он воплотился в их дни, и спрашивает не потому, что не знает, но потому, что желает убедить учеников своих относительно Христа силой чудес Его. Ибо смотри, что Христос говорит в ответ на тот вопрос:

Мф.11:4. И сказал им Иисус в ответ: пойдите, скажите Иоанну, что слышите и видите:

Мф.11:5. слепые прозревают и хромые ходят, прокаженные очищаются и глухие слышат, мертвые воскресают и нищие благовествуют;

Мф.11:6. и блажен, кто не соблазнится о Мне.

Не сказал: «возвестите Иоанну, что Я Тот, который должен прийти», но зная, что Иоанн послал учеников для того, чтобы видели чудеса, говорит: «скажите Иоанну, что видите», и тот, воспользовавшись данным случаем, конечно, еще больше, засвидетельствует обо Мне пред вами. Под благовествующими «нищими» разумей или проповедывающих евангелие, то есть апостолов, ибо они, как рыбари, были нищи и презираемы за свою простоту, или слушающих евангелие и весть относительно вечных благ. Показывая же ученикам Иоанна, что от Него не укрылось то, что они думают, говорит: «блажен, кто не соблазнится о Мне», ибо они имели большое сомнение относительно Него.

Мф.11:7. Когда же они пошли, Иисус начал говорить народу об Иоанне: что́ смотреть ходили вы в пустыню? трость ли, ветром колеблемую?

Возможно, что народ после того, как услышал вопрос Иоанна, соблазнился: не сомневается ли относительно Христа и Иоанн и не переменил ли он легко свое мнение, хотя раньше и свидетельствовал о Христе? Итак, устраняя это подозрение, Христос говорит: Иоанн не трость, то есть не непостоянен; ибо если бы он был таков, то как же вы ходили к нему в пустыню? Вы не пошли бы к трости, то есть человеку, который легко изменяется, но ходили к великому и твердому человеку. Таковым он и остается, каким вы его считали.

Мф.11:8. **Что́ же смотреть ходили вы? человека ли, одетого в мягкие одежды? Носящие мягкие одежды находятся в чертогах царских.**

Чтобы не могли сказать, что Иоанн, сделавшись рабом роскоши, впоследствии стал изнеженным, Господь говорит им: «Нет!» Ибо власяная одежда показывает, что он – враг роскоши. Если бы он носил мягкие одежды, если бы он хотел роскоши, то жил бы в царских палатах, а не в темнице. Узнай же, что истинный христианин не должен носить мягкие одежды.

Мф.11:9. **Что́ же смотреть ходили вы? пророка? Да, говорю вам, и больше пророка.**

Иоанн больше пророка, потому что другие пророки только предсказывали о Христе, этот же сам видел Его, что действительно очень важно. Кроме того, другие пророчествовали после своего рождения, а этот еще во чреве матери познал Христа и взыграл.

Мф.11:10. **Ибо он тот, о котором написано: се, Я посылаю Ангела Моего пред лицом Твоим, который приготовит путь Твой пред Тобою.**

Ангелом назван и по причине ангельской и почти бесплотной жизни и потому, что возвестил и проповедовал Христа. Он приготовил путь Христу, свидетельствуя о Нем и совершая крещение в покаяние, потому что вслед за покаянием идет прощение грехов, каковое прощение дает Христос. После того как ученики Иоанна ушли, Христос говорит это, чтобы не показалось, что Он льстит. Сказанное же пророчество принадлежит Малахии.

Мф.11:11. Истинно говорю вам: из рожденных женами не восставал больший Иоанна Крестителя; но меньший в Царстве Небесном больше его.

С утверждением объявляет то, что нет никого, кто был бы больше Иоанна; говоря же: «женами», исключает Самого Себя, ибо Сам Христос был рожден Девой, а не женой, то есть вступившей в брак. Но меньший в Царстве Небесном больше его. Так как много похвального высказал относительно Иоанна, то чтобы не подумали, что этот больше Его, то здесь с большей ясностью говорит: «Я – меньший по сравнению с Иоанном и по возрасту, и, по вашему мнению, больше его в отношении к духовным и небесным благам, ибо здесь Я меньше его и потому, что он почитается у вас великим, но там Я – больше его».

Мф.11:12. От дней же Иоанна Крестителя доныне Царство Небесное силою берется, и употребляющие усилие восхищают его.

По-видимому, это не стои́т в связи с тем, что сказано раньше, но в действительности не так. Обрати внимание: сказав Своим слушателям о Себе, что Он больше Иоанна, Христос возбуждает в них веру в Себя, показывая, что многие восхищают Царство Небесное, то есть веру в Него. Это дело требует большого напряжения: какие усилия нужны, чтобы оставить отца и мать и пренебречь своей душой!

Мф.11:13. ибо все пророки и закон прорекли до Иоанна.

И здесь та же последовательность, что и выше. Ибо Господь говорит: «Я – Тот Самый, Который идет, потому что все пророки исполнились, но они не исполнились бы, если бы Я не пришел; поэтому больше не ждите ничего».

Мф.11:14. И если хотите принять, он есть Илия, которому должно прийти.

Господь говорит: «если хотите принять», то есть если будете судить здраво, чуждые зависти, то это тот, которого пророк Малахия назвал грядущим Илиею. Ибо и Предтеча, и Илия имеют одно и то же служение: один был предтечей первого пришествия, другой же будет предтечей грядущего. Затем, показывая, что это – притча, что Иоанн есть Илия и что нужно размышление для достижения ее, говорит:

Мф.11:15. Кто имеет уши слышать, да слышит!

Возбуждает этим их к тому, чтобы они спросили Его и узнали.

Мф.11:16. Но кому уподоблю род сей? Он подобен детям, которые сидят на улице и, обращаясь к своим товарищам,

Мф.11:17. говорят: мы играли вам на свирели, и вы не плясали; мы пели вам печальные песни, и вы не рыдали.

Здесь намекается на своенравие иудеев: им, людям своенравным, не нравились ни строгость Иоанна, ни простота Христова, но они подобны были капризным детям, которым не легко угодить: хоть плачь, хоть играй на свирели, – им не нравится.

Мф.11:18. Ибо пришел Иоанн, ни ест, ни пьёт; и говорят: в нём бес.

Мф.11:19. Пришел Сын Человеческий, ест и пьёт; и говорят: вот человек, который любит есть и пить вино, друг мытарям и грешникам.

Плачу уподобляет жизнь Иоанна, ибо Иоанн показывал многую строгость и в словах, и в делах, а жизнь Христа – свирели, так как Господь был очень приветлив ко всем, чтобы всех приобресть: благовествовал Царствие, и у Него ничуть не было той строгости, что у Иоанна.

И оправдана премудрость чадами её.

Господь говорит: так как жизнь Иоанна и Моя не нравится вам, но вы отвергаете все пути ко спасению, то Я, Премудрость, оказываюсь правым. У вас нет уже оправдания, и вы, конечно, будете осуждены, ибо Я все исполнил, и вы неверием своим доказываете, что я прав, так как не опустил ничего.

Мф.11:20. Тогда начал Он укорять города, в которых наиболее явлено было сил Его, за то, что они не покаялись:

После того как показал, что Он сделал все, что должно было сделать, они же остались нераскаянными, Господь далее укоряет иудеев.

Мф.11:21. го́ре тебе, Хоразин! горе тебе, Вифсаида!

Чтобы ты уразумел, что те, кто не уверовали, были злы не по природе, а по собственной воле, Господь упоминает о Вифсаиде, из которой происходили Андрей, Петр, Филипп и сыновья Зеведея, так что злоба зависела не от природы, но от свободного выбора. Ибо если от природы, то и те были бы злы.

ибо если бы в Тире и Сидоне явлены были силы, явленные в вас, то давно бы они во вретище и пепле покаялись;

Мф.11:22. но говорю вам: Тиру и Сидону отраднее будет в день суда, нежели вам.

Господь говорит, что иудеи хуже тирян и сидонян, потому что тиряне преступили закон естественный, а иудеи еще и Моисеев. Те не видели чудес, а эти, видя их, хулили. Вретище – символ покаяния. Прахом и пеплом посыпают голову сетующие, как мы сами это видим.

Мф.11:23–24. И ты, Капернаум, до неба вознесшийся, до ада низвергнешься, ибо если бы в Содоме явлены были силы, явленные в тебе, то он остался бы до сего дня; но говорю вам, что земле Содомской отраднее будет в день суда, нежели тебе.

Капернаум возвысился благодаря тому, что был городом Иисуса: он славился, как Его родина, но не получил от этого пользы, потому что не уверовал. Напротив, он осужден на муки во аде более потому, что, имея такого Обитателя, не получил от Него никакой пользы. Так как Капернаум в переводе означает «место утешения», то обрати внимание на то, что если кто удостоится быть местом Утешителя, то есть Святого Духа, и потом станет гордиться и превозноситься до небес, тот, наконец, ниспадет за свое высокомудрие. Итак, трепещи, человек.

Мф.11:25. В то время, продолжая речь, Иисус сказал: славлю Тебя, Отче, Господи неба и земли, что Ты утаил сие от мудрых и разумных и открыл то младенцам;

То, что говорит Господь, может быть изложено так: «славлю», вместо «благодарю», Тебя, Отче, что кажущиеся мудрыми и знатоками Писаний иудеи не уверовали, а неученые и дети уверовали и познали тайны. Бог скрыл тайны от кажущихся мудрыми не потому, что завидовал или был причиною их невежества, но потому, что они были недостойны, так как считали себя мудрыми. Кто считает себя мудрым и полагается на свой собственный разум, тот не призывает Бога. А Бог, если кто не призывает Его, не помогает тому и не открывается. С другой стороны, Бог многим не открывает Своих тайн более всего по человеколюбию, чтобы они не подверглись большему наказанию, как пренебрегшие тайнами после того, как узнали их.

Мф.11:26. ей, Отче! ибо таково было Твое благоволение.

Здесь показывает человеколюбие Отца в том, что Он открыл младенцам не потому, что другой кто-либо просил Его об этом, но потому, что так было угодно Ему от начала. «Благоволение» – это желание и соизволение.

Мф.11:27. Всё предано Мне Отцом Моим,

Раньше Господь сказал Отцу: Ты открыл, Отче. Поэтому, чтобы ты не подумал, что Христос Сам ничего не делает, а все принадлежит Отцу, говорит: «все предано Мне», и одна власть Моя и Отца. Когда ты слышишь: «предано», не подумай, что Ему «предано», как рабу, как низшему, но как Сыну, ибо Он родился от Отца, поэтому Ему «предано». Если бы Он не родился от Отца и не был одного с Ним естества, то не было бы Ему «предано». Смотри же, что говорит: «Все предано мне» не Владыкой, но «Отцом Моим». Подобно тому, как, например, красивое дитя, родившись от красивого отца, говорит: «Моя красота предана мне отцом моим».

и никто не знает Сына, кроме Отца; и Отца не знает никто, кроме Сына, и кому Сын хочет открыть.

Большее говорит: нет ничего удивительного в том, что Я – Владыка всего, когда имею другое, большее этого – знаю Самого Отца, и притом знаю так, что могу открывать знание о Нем и другим. Обрати внимание: раньше сказал, что Отец открыл тайны младенцам, а здесь говорит, что Сам Он открывает Отца. Итак, ты видишь, что одна мощь у Отца и Сына, потому что открывает и Отец, и Сын.

Мф.11:28. Приидите ко Мне все труждающиеся и обремененные, и Я успокою вас;

Всех призывает: не только иудеев, но и язычников. Под «труждающимися» разумей иудеев, так как они проходят тяжелые постановления закона и трудятся в делании заповедей закона, а под «обремененными» – язычников, которые были обременены тяжестью грехов. Всех этих успокаивает Христос, ибо какой труд – уверовать, исповедать и креститься. Но как не успокоиться, когда здесь ты уже не печалишься о грехах, какие были сделаны до крещения, а там охватит тебя покой?

Мф.11:29. возьмите иго Мое на себя и научитесь от Меня, ибо Я кроток и смирен сердцем, и найдете покой душам вашим;

Мф.11:30. ибо иго Мое благо и бремя Мое легко.

Иго Христа – смирение и кротость. Поэтому кто смиряется пред всяким человеком, тот имеет покой, живя без смятения, тогда как любящий славу и горделивый постоянно находится в беспокойстве, не желая уступить кому-либо, но, рассчитывая, как бы сильнее прославиться, как бы победить врагов. Итак, иго Христа, разумею смирение, легко, потому что для нашей смиренной природы удобнее смиряться, чем гордиться. Но и все заповеди Христа называются игом, и они легки ввиду будущего воздаяния, хотя в настоящее время и кажутся тяжелыми.

ГЛАВА ДВЕНАДЦАТАЯ

Мф.12:1. В то время проходил Иисус в субботу засеянными полями; ученики же Его взалкали и начали срывать колосья и есть.

Желая пояснить постановления закона, Господь ведет учеников засеянным полем, чтобы они ядением нарушили закон о субботе.

Мф.12:2. Фарисеи, увидевши это, сказали Ему: вот, ученики Твои делают, чего не должно делать в субботу.

Мф.12:3. Он же сказал им: разве вы не читали, что сделал Давид, когда взалкал сам и бывшие с ним?

Мф.12:4. как он вошел в дом Божий и ел хлебы предложения, которых не должно было есть ни ему, ни бывшим с ним, а только одним священникам?

Фарисеи снова ставят в вину естественное чувство голода, сами в худшем греша, Господь же стыдит их историей о Давиде. Ибо он, – говорит Господь, – по причине голода пошел на нечто большее. Под хлебами предложения разумеются те хлебы, которые полагались каждый день, ибо на трапезе полагалось двенадцать хлебов: шесть на правой стороне и шесть на левой. Хотя Давид был и пророк, однако он не должен был есть их (это могли сделать только священники), а тем более находящиеся с ними. Однако по причине голода он достоин прощения. Таким же образом и ученики.

Мф.12:5. Или не читали вы в законе, что в субботы священники в храме нарушают субботу, однако невиновны?

Мф.12:6. Но говорю вам, что здесь Тот, Кто больше храма;

Закон возбранял работать в субботу, а священники в субботу и дрова кололи, и огонь разжигали, так что оскверняли субботу, то есть безумствовали, как вы думаете. Но вы говорите Мне, что то были священники, а ученики нет. На это отвечу вам, что здесь Тот, Кто больше храма, то есть, так как Я, Владыка, больше храма и нахожусь с учениками Своими, то они имеют большую власть нарушать субботу, чем священники.

Мф.12:7. если бы вы знали, что значит: «милости хочу, а не жертвы» (*Ос.6:6*), то не осудили бы невиновных,

Мф.12:8. ибо Сын Человеческий есть господин и субботы.

Показывает их и невеждами, так как они не знают писаний пророческих. Не должно ли, говорит, быть милостивым к людям голодающим. Кроме того, Я, Сын Человеческий, господин субботы, как и всего, и творец этих дней; поэтому, как Владыка, Я нарушаю субботу. Понимай это и в переносном смысле: апостолы были делатели; жатва же и колосья – верующие; апостолы срывали их и ели, то есть своей пищей они имели спасение людей. Это они делали в субботу, в тот день, когда должно было уклоняться от злых дел. Фарисеи же негодовали. Так бывает и в церкви. В то время как учители часто поучают и приносят пользу, фарисействующие и завистливые досадуют.

Мф.12:9–10. И, отойдя оттуда, вошел Он в синагогу их. И вот, там был человек, имеющий сухую руку. И спросили Иисуса, чтобы обвинить Его: можно ли исцелять в субботы?

Другие евангелисты говорят, что Иисус спросил фарисеев. Итак, можно сказать, что фарисеи, будучи людьми завистливыми, предупредили и спросили Его, как говорит Матфей; затем Христос, со Своей стороны, спросил их, как бы насмехаясь и осмеивая их бесчувственность, о чем говорят другие евангелисты. Фарисеи спросили Его с тою целью, чтобы иметь повод к клевете.

Мф.12:11. Он же сказал им: кто из вас, имея одну овцу, если она в субботу упадет в яму, не возьмет ее и не вытащит?

Мф.12:12. Сколько же лучше человек овцы! Итак, можно в субботы делать добро.

Показывает, что они для корысти и для того, чтобы не лишиться овцы, нарушают субботу, для уврачевания же человека не допускают этого. Итак, в одном и том же случае показывает их и любостяжательными, и жестокими, и пренебрегающими Богом, ибо они пренебрегают субботой, чтобы не лишиться овцы, и являются немилосердными тогда, когда не желают уврачевания человека.

Мф.12:13. Тогда говорит человеку тому: протяни руку. И он протянул, и стала она здорова, как другая.

Многие и теперь имеют сухие руки, то есть немилостивые и скупые. Но когда слово евангельское громко зазвучит для них, они простирают их для милостыни, хотя фарисеи, гордые демоны, отсеченные от нас, по своей вражде и не хотят того, чтобы наши руки простирались для милостыни.

Мф.12:14. Фарисеи же, выйдя, имели совещание против Него, как бы погубить Его. Но Иисус, узнав, удалился оттуда.

О зависть! когда получают благодеяние, тогда неистовствуют. Иисус же уходит, потому что еще не настало время страдания, а вместе и щадит Своих врагов, чтобы они не впали в грех убийства. Ибо безрассудно подвергаться опасности – небогоугодное дело. Вдумайся в это слово «вышедши». Когда ушли от Бога, тогда стали совещаться о том, чтобы погубить Иисуса, ибо никто из пребывающих в Боге не замышляет подобного.

Мф.12:15. И последовало за Ним множество народа, и Он исцелил их всех

Мф.12:16. и запретил им объявлять о Нем,

Укрощая зависть врагов, не хочет, чтоб объявляли о Нем, но, однако, всеми способами старался уврачевать больных.

Мф.12:17. да сбудется реченное чрез пророка Исаию, который говорит: (*Ис.42:1–2*)

Мф.12:18. Се, Отрок Мой, Которого Я избрал, Возлюбленный Мой, Которому благоволит душа Моя. Положу дух Мой на Него и возвестит народам суд;

Мф.12:19. не воспрекословит, ни возопиет,

Евангелист приводит и пророка, как свидетеля кротости Иисуса. Ибо чего бы, говорит, ни хотели иудеи, Он сделает. Если они хотят, чтобы Он не являлся, Он и это сделает и не станет противиться, подобно честолюбцу, и не будет спорить, но возвестит толпам следующих за Ним, чтобы не объявляли о Нем. Но Он возвестит суд и язычникам, то есть будет учить и язычников, ибо суд – научение, знание и различение добра; или возвестит и о грядущем суде язычникам, которые никогда не слыхали о будущем суде.

и никто не услышит на улицах голоса Его;

Ибо не среди площади, подобно честолюбцам, но в храме и в синагогах, и на горе, и на морском берегу учил Он.

Мф.12:20. трости надломленной не переломит, и льна курящегося не угасит,

Он мог, говорит, сокрушить иудеев, как надломленную трость, и угасить их гнев, как курящийся или горящий лен, но не хотел, пока не исполнит домостроительства и не победит их во всем. Это обозначают и последующие слова.

доколе не доставит суду победы;

Мф.12:21. и на имя Его будут уповать народы.

Чтобы не имели чего-либо в качестве оправдания, все переносил, чтобы впоследствии осудить их и победить не имеющих ничего сказать в ответ. Ибо чего Он не сделал, чтобы приобрести их. Но они не пожелали. Поэтому народы будут уповать на Него, в то время как иудеи не захотели.

Мф.12:22. Тогда привели к Нему бесноватого слепого и немого; и исцелил его, так что слепой и немой стал говорить и видеть.

Мф.12:23. И дивился весь народ и говорил: не это ли Христос, Сын Давидов?

Демон заключил пути к вере: глаза, слух и язык, но Иисус исцеляет, и народ называет Его Сыном Давида, ибо Христа ожидали от семени Давида. И теперь, если увидишь, что иной и сам не постигает добра, и другого слов не принимает, то считай его слепым и немым, которого пусть исцелит Бог, коснувшись сердца Его.

Мф.12:24. Фарисеи же, услышав *сие,* сказали: Он изгоняет бесов не иначе, как *силою* веельзевула, князя бесовского.

Хотя Господь и удалился, но они, и издали, слушая, клевещут именно тогда, когда Он творит благодеяния людям. Таким образом, они были враги по природе, как дьявол.

Мф.12:25. Но Иисус, зная помышления их, сказал им: всякое царство разделившееся само в себе, опустеет; и всякий город или дом, разделившийся сам в себе, не устоит.

Мф.12:26. И если сатана сатану изгоняет, то он разделился сам с собою: как же устоит царство его?

Обнаруживая пред ними их мысли, Господь показывает, что Он – Бог. Он защищается против них ссылкой на обыкновенные примеры и показывает их безумие. Ибо как демоны могут изгонять самих себя, когда они более всего стараются сплотиться? Сатаной называется противник.

Мф.12:27. **И если Я** *силою* **веельзевула изгоняю бесов, то сыновья ваши чьею** *силою* **изгоняют? Посему они будут вам судьями!**

Пусть, говорит, Я таков; но ваши сыны, то есть мои ученики, чьей силой они изгоняют? Неужели и они – силой веельзевула? Если же они Божественной силой, то тем более Я, ибо они творят чудеса Моим именем. Итак, они послужат к осуждению вашему, потому что вы, видя, что они творят чудеса Моим именем, продолжаете клеветать на Меня.

Мф.12:28. **Если же Я Духом Божиим изгоняю бесов, то, конечно, достигло до вас Царствие Божие.**

Говорит: если Я изгоняю бесов Божественною силою, то Я – Сын Божий и пришел ради вас, чтобы благодетельствовать вам, так что «достигло до вас» пришествие Мое, которое есть Царствие Божие. Зачем же вы клевещете на Мое пришествие, которое произошло ради вас?

Мф.12:29. **Или, как может кто войти в дом сильного и расхитить вещи его, если прежде не свяжет сильного? и тогда расхитит дом его.**

Настолько далеко, говорит, отстою от того, чтобы иметь демонов друзьями, что противостою им и связываю их, которые были крепкими до Моего пришествия. Ибо, войдя в дом, то есть в мир, Христос расхитил сосуды демонов, разумею людей.

Мф.12:30. **Кто не со мною, тот против Меня; и кто не собирает со Мною, тот расточает.**

Как, говорит, веельзевул будет содействовать Мне, если он более всех других противостоит Мне? Я учу добродетели, он – злу. Как же он со Мною? Я собираю людей для спасения, а он рассеивает. Указывает и на фарисеев, потому что они, когда Он учил и приносил многим пользу, рассеивали народ, чтобы не приходили к Нему. Итак, Господь показывает, что они действительно подобны демонам.

Мф.12:31. Посему говорю вам: всякий грех и хула простятся человекам, а хула на Духа не простится человекам;

Мф.12:32. если кто скажет слово на Сына Человеческого, простится ему; если же кто скажет на Духа Святаго, не простится ему ни в сем веке, ни в будущем.

Говорит здесь следующее: всякий другой грех имеет хоть малое оправдание, например, блуд, воровство. Ибо мы в таких случаях ссылаемся на человеческую слабость и являемся заслуживающими извинения. Но когда кто-нибудь видит чудеса, совершаемые Духом, и клевещет на них, будто они бывают силою демона, какое оправдание может иметь он? Ясно, он знает, что они происходят от Святого Духа, но намеренно поступает дурно. Каким же образом таковой может получить извинение? Итак, когда иудеи видели, что Господь ест, пьет, обращается с мытарями и блудницами и делает все остальное, как Сын Человеческий, и затем порицали Его, как ядцу и винопийцу, то в этом они достойны извинения, и не потребуется от них покаяния в этом, так как им казалось, что они соблазняются по достаточной причине. Но если они, видя, что Он совершает чудеса, тем не менее, клеветали и поносили Святого Духа, говоря, что это – бесовское дело, то как можно допустить, что этот грех отпустится им, если они не покаются? Итак, знай, что кто поносит Сына Человеческого, видя, что Он живет, как человек, и, называя Его другом блудников, ядцею и винопийцею за то, что Христос так делал, – такой человек, если и не покается, не даст ответа: он заслуживает извинения, потому что не думал, что в Иисусе Христе скрыт Бог. Но кто хулит Святого Духа или духовные дела Христа и называет их бесовскими, тот, если не покается, не будет прощен, ибо он не имел достаточной причины для клеветы, как тот, кто клеветал на Христа, видя Его среди блудников и мытарей. Итак, не простится ему ни здесь, ни там, но он будет наказан и здесь, и там. Ибо многие наказываются здесь, а там совершенно нет, как бедный Лазарь; другие же и здесь, и там, как содомляне и те, кто хулит Святого Духа; третий же ни здесь, ни там, как апостолы и Предтеча. Они, по-видимому, несли наказания, когда подвергались гонениям, тем не менее это не было наказание за грехи, но испытания и венцы.

Мф.12:33. Или признайте дерево хорошим и плод его хорошим; или признайте дерево худым и плод его худым; ибо дерево познается по плоду.

Так как иудеи не могли оклеветать чудеса, как злые дела, Христа же, Который совершил их, хулили, как подобного демонам, то Господь говорит: или и Меня признавайте хорошим деревом, и тогда чудеса Мои, которые суть плод, будут прекрасны, или если вы признаете Меня худым деревом, то и плод, или чудеса Мои, очевидно, будут худыми. Но чудеса, то есть плоды, вы называете добрыми; следовательно, и Я – доброе дерево. Ибо дерево узнается по плодам, подобно этому и Я – по Моим чудесам.

Мф.12:34. Порождения ехиднины! как вы можете говорить доброе, будучи злы?

Вы, говорит, будучи худыми деревьями, приносите и плод худой, когда поносите Меня; так и Я, если бы был худой, приносил бы и плод худой, а не столь великие чудеса. Называет их порождениями ехидны, так как они хвалились Авраамом. Господь показывает, что они происходят не от Авраама, а от предков, достойных их злобы.

Ибо от избытка сердца говорят уста.

Мф.12:35. Добрый человек из доброго сокровища выносит доброе; а злой человек из злого сокровища выносит злое.

Когда видишь, что кто-либо срамословит, то знай, что в сердце своем он имеет не то, что говорит, но много более того. Ибо то, что выходит наружу, это выходит только от избытка, и тот, кто скрывает внутри себя сокровище, открывает только некоторую часть его. Подобно этому и тот, кто говорит доброе, гораздо больше носит в своем сердце.

Мф.12:36. Говорю же вам, что за всякое праздное слово, какое скажут люди, дадут они ответ в день суда:

Мф.12:37. ибо от слов своих оправдаешься и от слов своих осудишься.

Здесь Господь устрашает нас, что и мы дадим ответ за каждое пустое слово, то есть за ложное, клеветническое или бестактное и насмешливое. Затем приводит свидетельство из Писания, чтобы не подумали, что Он говорит нечто Свое: от слов, говорит, своих получишь оправдание и от слов своих будешь осужден.

Мф.12:38. Тогда некоторые из книжников и фарисеев сказали: Учитель! хотелось бы нам видеть от Тебя знамение.

Евангелист с удивлением прибавил – «тогда», ибо когда должно было подчиниться вследствие бывших чудес, тогда они требуют знамения. Они хотят видеть знамение с неба, как говорит другой евангелист. Им казалось, что земные знамения Он совершает силой дьявольской. Ибо дьявол властитель мира. Что же Спаситель?

Мф.12:39. ...Он сказал им в ответ: род лукавый и прелюбодейный ищет знамения; и знамение не дастся ему, кроме знамения Ионы пророка;

Мф.12:40. ибо, как Иона был во чреве кита три дня и три ночи, так и Сын Человеческий будет в сердце земли три дня и три ночи.

«Лукавым родом» называет их, как льстецов и коварных людей, «прелюбодейным» – как отступивших от Бога и соединившихся с демонами. Знамением называет Свое воскресение, как необыкновенное явление. Ибо Он, сойдя в сердце земли – разумею преисподнее место, ад – в третий день восстал из мертвых. Под тремя днями и ночами разумей части, а не полные дни и ночи. Он умер в пятницу – это один день; субботу лежал в гробу мертвым, вот и другой день; ночь на воскресенье застала Его еще мертвым. Так насчитывается трое неполных дней и ночей. Ибо и мы часто имеем обычай так считать время.

Мф.12:41. Ниневитяне восстанут на суд с родом сим и осудят его, ибо они покаялись от проповеди Иониной; и вот, здесь больше Ионы.

Когда говорит, Иона после выхода из чрева кита проповедовал, ему поверили, а Я по воскресении Моем не встречу веры с вашей стороны; поэтому и будете осуждены ниневитянами, которые поверили рабу Моему – Ионе помимо знамений, и это они сделали, несмотря на то, что были варвары. Вы воспитались на пророках, видели знамения и не поверили Мне, Владыке. Ибо это означается в словах: «И вот, здесь больше Ионы».

Мф.12:42. Царица южная восстанет на суд с родом сим и осудит его, ибо она приходила от пределов земли послушать мудрости Соломоновой; и вот, здесь больше Соломона.

Эта царица, говорит, пришла издалека, хотя и была слабая женщина, чтобы послушать о деревьях, лесах и о некоторых естественных предметах. Вы же не приняли Меня, когда Я пришел к вам, говоря и неизреченное.

Мф.12:43. Когда нечистый дух выйдет из человека, то ходит по безводным местам, ища покоя, и не находит;

Мф.12:44. тогда говорит: возвращусь в дом мой, откуда я вышел. И, придя, находит *его* незанятым, выметенным и убранным;

Мф.12:45. тогда идет и берет с собою семь других духов, злейших себя, и, войдя, живут там; и бывает для человека того последнее хуже первого. Так будет и с этим злым родом.

Господь показывает, что они достигли края погибели, не приняв Его. Подобно тому, как освободившиеся от демонов, если не радеют, терпят худшее, так и ваш род находился во власти демона, когда вы поклонялись идолам; но чрез пророков Я изгнал этого демона и Сам пришел, желая очистить вас; но так как вы оттолкнули Меня и более – стремитесь погубить Меня, то, как согрешившие в более худшем, будете и наказаны сильнее, и последний ваш плен будет тяжелее прежних. Ты же пойми и то, что посредством крещения изгоняется нечистый дух и бродит по безводным пустыням и некрещеным душам, но в них не находит отдыха. Ибо отдых для демонов – это смущать крещеных злыми делами, тогда как некрещеных он уже имеет в своей власти. Итак, демон возвращается к крещеному с семью духами. Ибо как семь даров Духа, так в противоположность этому и семь духов злобы. Когда он войдет в крещеного, тогда его несчастье бывает большим, ибо прежде была надежда очиститься крещением, после же нет надежды очиститься, кроме как только крещением покаяния, которое очень трудно.

Мф.12:46. Когда Он еще говорил к народу, Матерь и братья Его стояли вне *дома,* желая говорить с Ним.

По некоторому человеческому свойству Мать желала показать, что имеет власть над Сыном, так как Она еще ничего великого не мыслила о Нем. Поэтому, любя честь видеть Сына послушным себе, желает привлечь Его к Себе в то время, когда Он беседовал. Что же Христос? Так как Он узнал намерение ее, то слушай, что говорит.

Мф.12:47. И некто сказал Ему: вот Матерь Твоя и братья Твои стоят вне, желая говорить с Тобою.

Мф.12:48. Он же сказал говорившему: кто матерь Моя? и кто братья Мои?

Мф.12:49. И, указав рукою Своею на учеников Своих, сказал: вот матерь Моя и братья Мои;

Мф.12:50. ибо, кто будет исполнять волю Отца Моего Небесного, тот Мне брат, и сестра, и матерь.

Не укоряя Мать, говорит это, но исправляя честолюбивую ее и человеческую мысль, ибо не сказал: «это – не Моя Мать», но «если Она не станет исполнять воли Бога, то ничуть не будет полезно для Нее то, что Она родила Меня». Господь не отрекается от естественного родства, но присоединяет родство по добродетели, потому что каждый недостойный не получает пользы от родства. Исправив таким образом болезнь тщеславия, Он снова повинуется зову Своей Матери, как евангелист говорит далее.

ГЛАВА ТРИНАДЦАТАЯ

Мф.13:1–2. Выйдя же в день тот из дома, Иисус сел у моря. И собралось к Нему множество народа, так что Он вошел в лодку и сел; а весь народ стоял на берегу.

Господь сел в лодку, чтобы ко всем слушателям стоять лицом и чтобы все слышали Его. И с моря уловляет Он тех, кто находится на земле.

Мф.13:3. И поучал их много притчами, говоря:

Простому народу на горе говорит без притчей, здесь же, когда перед Ним находились коварные фарисеи, говорит притчами, чтобы они, хотя бы и не понимая, поставили Ему вопрос и научились. С другой стороны, им, как недостойным, и не должно было предлагать учение без покровов, ибо не должно «бросать бисера пред свиньями». Первой притчей говорит такую, которая делает слушателя более внимательным. Поэтому слушай!

вот, вышел сеятель сеять;

Под сеятелем разумеет Самого Себя, а под семенем – Свое слово. Вышел же Он не в определенном месте, ибо был везде; но так как Он приблизился к нам плотью, поэтому и говорится «вышел», разумеется – из недр Отца. Итак, Он вышел к нам, когда сами мы не могли прийти к Нему. И вышел, чтобы что сделать? Зажечь ли землю по причине множества терний или же наказать? Нет, но для того, чтобы сеять. Семя Он называет Своим, потому что и пророки сеяли, но не свое семя, а Божие. Он же, будучи

Богом, сеял собственное семя, ибо не благодатью Божией был умудрен, но Сам был мудрость Божия.

Мф.13:4. **и когда он сеял, иное упало при дороге, и налетели птицы и поклевали то;**

Мф.13:5. **иное упало на места каменистые, где немного было земли, и скоро взошло, потому что земля была неглубока.**

Мф.13:6. **Когда же взошло солнце, увяло и, как не имело корня, засохло;**

Под упавшим «при дороге» разумеются люди беспечные и медлительные, которые совершенно не принимают слов, ибо мысль их – утоптанная и сухая, совершенно невспаханная дорога. Поэтому птицы небесные, или духи воздушные, то есть демоны, похищают у них слово. Упавшие на каменистую землю – это те, которые слушают, но, по причине своей слабости, не противостоят искушениям и скорбям и продают свое спасение. Под воссиявшим солнцем разумей искушения, потому что искушения обнаруживают людей и показывают, подобно солнцу, сокровенное.

Мф.13:7. **иное упало в терние, и выросло терние и заглушило его;**

Это – те, которые заглушают слово заботами. Ибо хотя богатый, по-видимому, и делает доброе дело, однако его дело не растет и не преуспевает, потому что ему препятствуют заботы.

Мф.13:8. **иное упало на добрую землю и принесло плод: одно во сто крат, а другое в шестьдесят, иное же в тридцать.**

Три части посева погибли и только четвертая спаслась, потому что спасаемых вообще немного. О доброй земле говорит после, чтобы открыть нам надежду на покаяние, ибо хотя бы кто был каменистой землей, хотя лежал бы при дороге, хотя был бы тернистой землей, ему можно сделаться доброй землей. Не все из принявших слово приносят плод наравне, но один приносит сто, может быть, тот, кто обладает совершенной нестяжательностью; другой – шестьдесят, может быть, общежительный монах, занятый еще и практической жизнью; третий приносит тридцать – человек, который избрал честный брак и усердно, как только можно, проходит добродетели. Обрати внимание, как благодать Божия принимает всех, великое или среднее, или малое совершили они.

Мф.13:9. Кто имеет уши слышать, да слышит!

Господь показывает, что приобретшие духовные уши должны понимать это духовно. Многие имеют уши, но не для того, чтобы слушать; поэтому и прибавляет: «Кто имеет уши слышать, да слышит».

Мф.13:10. И, приступив, ученики сказали Ему: для чего притчами говоришь им?

Мф.13:11. Он сказал им в ответ: для того, что вам дано знать тайны Царствия Небесного, а им не дано,

Мф.13:12. ибо кто имеет, тому дано будет и приумножится, а кто не имеет, у того отнимется и то, что имеет;

Видя многую неясность в том, что сказал Христос, ученики, как общие попечители народа, приступают к Господу с вопросом. Он же говорит: «вам дано знать тайны», то есть так как вы имеете настроенность и стремление, то вам дано, а тем же, кто не имеет старания, не дано. Ибо получает тот, кто ищет. «Ищите, – сказал, – и дастся вам». Смотри же, как здесь Господь сказал притчу, а приняли ее одни только ученики, потому что они искали. Итак, хорошо, скажем, что тому, кто имеет старание, дается знание и приумножается, а у того, кто не имеет старания и соответственной мысли, взято будет и то, что он думал иметь, то есть если кто и малую искру добра имеет, то и ту погасит, не раздувая ее духом и не зажигая духовными делами.

Мф.13:13. потому говорю им притчами, что они видя не видят, и слыша не слышат, и не разумеют;

Обрати внимание! Ибо здесь разрешается вопрос тех, которые говорят, что злые бывают по природе и от Бога. Они говорят, что Сам Христос сказал: «вам дано знать тайны, иудеям же не дано». Говорим вместе с Богом к говорящим это: Бог дает всем возможность по природе разуметь должное, ибо Он просвещает всякого человека, приходящего в мир, а наша воля омрачает нас. Это и здесь отмечается. Ибо Христос говорит, что видящие естественными глазами, то есть созданные от Бога, чтобы понимать, не видят по своей воле и что слышащие, то есть от Бога созданные, чтобы слышать и разуметь, не слышат и не разумеют по своей воле. Скажи мне: не видели ли они чудес Христа? Да, но сами сделали себя слепыми и обвинили Христа, ибо это и значит: «видя не видят». Поэтому Господь приводит и пророка как свидетеля.

Мф.13:14. и сбывается над ними пророчество Исаии, которое говорит (*Ис. 6, 9–10*): слухом услышите – и не уразумеете, и глазами смотреть будете – и не увидите,

Мф.13:15. ибо огрубело сердце людей сих, и ушами с трудом слышат, и глаза свои сомкнули, да не увидят глазами и не услышат ушами, и не уразумеют сердцем, и да не обратятся, чтобы Я исцелил их.

Видишь, что говорит пророчество! Не потому не разумеете, что Я создал сердце ваше толстым, но потому, что оно утолстело, будучи прежде, конечно, тонким, ибо все, что делается толстым, прежде бывает тонким. Когда же сердце утолстело, они смежили свои глаза. Не сказал, что Бог закрыл глаза их, но что они зажмурили их по доброй воле. Это они сделали с тою целью, чтобы им не обратиться и чтобы Я не исцелил их. Ибо по злой воле они постарались остаться неизлечимыми и необращенными.

Мф.13:16. Ваши же блаженны очи, что видят, и уши ваши, что слышат,

Мф.13:17. ибо истинно говорю вам, что многие пророки и праведники желали видеть, чтó вы видите, и не видели, и слышать, чтó вы слышите, и не слышали.

Блаженны чувственные глаза апостолов и их уши, но тем более достойны ублажания душевные глаза и уши их, потому что они познали Христа. Ставит их выше пророков, потому что они видели Христа телесно, те же только умом созерцали Его; кроме того, еще и потому, что те не удостоились стольких тайн и такого знания, как эти. В двух отношениях превосходят апостолы пророков, именно в том, что видели Господа телесно, и в том, что более духовно были посвящены в божественные тайны. Итак, Господь объясняет ученикам притчу, говоря следующее.

Мф.13:18. Вы же выслушайте *значение* притчи о сеятеле:

Мф.13:19. ко всякому, слушающему слово о Царствии и не разумеющему, приходит лукавый и похищает посеянное в сердце его – вот, кого означает посеянное при дороге.

Увещает нас разуметь то, что говорят учителя, чтобы и мы не уподобились находящимся при дороге. Так как дорога – Христос, то находящиеся при дороге – те, которые вне Христа. Они не на дороге, но вне этой дороги.

Мф.13:20. А посеянное на каменистых местах означает того, кто слышит слово и тотчас с радостью принимает его;

Мф.13:21. но не имеет в себе корня и непостоянен: когда настанет скорбь или гонение за слово, тотчас соблазняется.

О скорбях сказал потому, что многие, подвергаясь скорби от родителей или от каких-либо несчастий, тотчас начинают богохульствовать. Относительно же гонений Господь сказал ради тех, кто делается жертвой мучителей.

Мф.13:22. А посеянное в тернии означает того, кто слышит слово, но забота века сего и обольщение богатства заглушает слово, и оно бывает бесплодно.

Не сказал: «этот век заглушает», но «забота века сего», не «богатство», но «обольщение богатства». Ибо богатство, когда оно бывает раздаваемо бедным, не заглушает, но умножает слово. Под терниями же разумеются заботы и роскошь, потому что они возжигают огонь похоти, равно и геенны. И как терние, будучи остро, впивается в тело и с трудом может быть извлечено оттуда, так и роскошь, если она овладевает душою, впивается в нее и едва может быть искоренена.

Мф.13:23. Посеянное же на доброй земле означает слышащего слово и разумеющего, который и бывает плодоносен, так что иной приносит плод во сто крат, иной в шестьдесят, а иной в тридцать.

Различны виды добродетели, различны и преуспевающие. Обрати внимание на то, что в притче есть порядок. Ибо прежде всего нам должно услышать и уразуметь слово, чтобы мы не были подобны тем, которые находятся при дороге. Затем должно прочно хранить слышанное, потом – быть не любостяжательными. Суди, какая польза, если услышу и сохраню, но любостяжанием заглушу?

Мф.13:24. Другую притчу предложил Он им, говоря: Царство Небесное подобно человеку, посеявшему доброе семя на поле своем;

Мф.13:25. когда же люди спали, пришел враг его и посеял между пшеницею плевелы и ушел;

Мф.13:26. когда взошла зелень и показался плод, тогда явились и плевелы.

Мф.13:27. Придя же, рабы домовладыки сказали ему: господин! не доброе ли семя сеял ты на поле твоем? откуда же на нем плевелы?

Мф.13:28. Он же сказал им: враг человек сделал это. А рабы сказали ему: хочешь ли, мы пойдем, выберем их?

Мф.13:29. Но он сказал: нет – чтобы, выбирая плевелы, вы не выдергали вместе с ними пшеницы,

Мф.13:30. оставьте расти вместе то́ и другое до жатвы; и во время жатвы я скажу жнецам: соберите прежде плевелы и свяжите их в связки, чтобы сжечь их; а пшеницу уберите в житницу мою.

В прежней притче Господь сказал, что четвертая часть семени пала на добрую землю, в настоящей же показывает, что враг и этого самого семени, которое пало на добрую землю, не оставил не испорченным по той причине, что мы спали и не радели. Поле – это мир или душа каждого. Тот, Кто сеял, есть Христос; доброе семя – добрые люди или мысли; плевелы – ереси и худые мысли; тот, кто сеял их, дьявол. Спящие люди – это те, которые по лености дают место еретикам и худым мыслям. Рабы же – это ангелы, которые негодуют на то, что существуют ереси и испорченность в душе, и желают сжечь и исторгнуть из этой жизни и еретиков, и мыслящих дурное. Бог не позволяет истреблять еретиков путем войн, чтобы вместе не пострадали и не были уничтожены и праведные. Бог не хочет умертвить человека из-за злых мыслей, чтобы вместе не была уничтожена и пшеница. Так, если бы Матфей, будучи плевелом, был исторгнут из этой жизни, то вместе была бы уничтожена и имевшая впоследствии произрасти от него и пшеница слова; равным образом и Павел, и разбойник, ибо они, будучи плевелами, не были уничтожены, но им позволено было жить, чтобы после того произросла их добродетель. Поэтому Господь говорит ангелам: при кончине мира, тогда соберите плевелы, то есть еретиков. Как же? «В связки», то есть, связав им руки и ноги, ибо тогда никто уже не может делать, но всякая деятельная сила будет связана. Пшеница же, то есть святые, будет собрана жнецами-ангелами в небесные житницы. Равным образом худые мысли, которые имел Павел, когда преследовал, были сожжены огнем Христа, сбросить который на землю Он и пришел, а пшеница, то есть хорошие мысли, собраны в житницы церкви.

Мф.13:31. Иную притчу предложил Он им, говоря: Царство Небесное подобно зерну горчичному, которое человек взял и посеял на поле своем,

Мф.13:32. которое, хотя меньше всех семян, но, когда вырастет, бывает больше всех злаков и становится деревом, так что прилетают птицы небесные и укрываются в ветвях его.

Горчичное зерно – это проповедь и апостолы. Ибо, хотя их, по-видимому, и немного было, они объяли всю вселенную, так что птицы небесные, то есть те, которые имеют легкую и взлетающую ввысь мысль, отдыхают на них. Итак, будь же и ты горчичным зерном, малым по виду (ибо не должно хвалиться добродетелью), но теплым, ревностным, пылким и обличительным, ибо в таком случае ты делаешься больше «зелени», то есть слабых и несовершенных, сам, будучи совершенным, так что и птицы небесные, то есть ангелы, будут отдыхать на тебе, ведущем ангельскую жизнь. Ибо и они радуются о праведных.

Мф.13:33. Иную притчу сказал Он им: Царство Небесное подобно закваске, которую женщина, взяв, положила в три меры (саты) муки, доколе не вскисло все.

Под закваской, подобно как и под зерном горчичным, Господь разумеет апостолов. Как закваска, будучи малой, изменяет, однако, все тесто, так и вы говорит, преобразуете весь мир, хотя и немного будет вас. Сата – это была у иудеев мера, подобно как и в Греции имеются хиниксы или декалитры. Некоторые под закваскою разумеют проповедь, под тремя сатами три силы души – ум, чувство и волю, под женою же – душу, которая скрыла проповедь во всех ее силах, смешалась с нею, заквасилась и вся освятилась от нее. Нам должно всецело закваситься и совершенно преобразоваться в божественное. Ибо Господь говорит: «доколе не вскисло все».

Мф.13:34. Всё сие Иисус говорил народу притчами, и без притчи не говорил им,

Мф.13:35. да сбудется реченное чрез пророка, который говорит (*Пс. 77,2*) : отверзу в притчах уста Мои; изреку сокровенное от создания мира.

Приведено пророчество, которое заранее говорило о том, как Иисус имел учить, именно, притчами, чтобы ты не подумал, что Христос изобрел некоторый новый способ относительно научения. Слово «да» принимай, что оно употреблено для обозначения не причины, но следствия, вытекающего из известного факта, ибо Христос учил таким образом не для того, чтобы исполнилось пророчество, но так как Он учил в притчах, то из дела оказалось, что пророчество исполнилось на Нем. «Без притчи не говорил им» только в то время, ибо Он не всегда говорил в притчах. «Изрек» же Господь то, что было скрытым от сотворения мира, ибо Он Сам явил нам небесные тайны.

Мф.13:36. Тогда Иисус, отпустив народ, вошел в дом.

Отпустил народ тогда, когда – он не получил никакой пользы от учения. Ибо Он говорил притчами, чтобы Его спросили. Они же не позаботились об этом и не искали научиться чему-либо; поэтому Господь по справедливости отпускает их.

И, приступив к Нему, ученики Его сказали: изъясни нам притчу о плевелах на поле.

Только об одной этой притче спрашивают, потому что другие казались им более ясными. Под плевелами разумеется все вредное, что растет среди пшеницы: куколь, горох, дикий овес и др.

Мф.13:37–38. **Он же сказал им в ответ: сеющий доброе семя есть Сын Человеческий; поле есть мир; доброе семя – это сыны Царствия, а плевелы – сыны лукавого;**

Мф.13:39. **враг, посеявший их, есть дьявол; жатва есть кончина века, а жнецы суть Ангелы.**

Мф.13:40. **Посему как собирают плевелы и огнем сжигают, так будет при кончине века сего;**

Мф.13:41. **пошлет Сын Человеческий Ангелов Своих, и соберут из Царства Его все соблазны и делающих беззаконие,**

Мф.13:42. **и ввергнут их в печь огненную; там будет плач и скрежет зубов;**

Что должно было сказать, то сказано выше. Ибо мы сказали, что здесь идет речь о ересях, которым позволено быть до конца мира. Если мы будем убивать и истреблять еретиков, подымутся раздоры и войны; а при раздорах и многие из верных, может быть, погибнут. Но и Павел, и разбойник были плевелами, прежде чем уверовать, но они не были истреблены в то время ради имеющей произрасти в них пшеницы, ибо в последующее время они принесли Богу плод, а плевелы пожгли огнем Святого Духа и пылом своей души.

Мф.13:43. **тогда праведники воссияют, как солнце, в Царстве Отца их. Кто имеет уши слышать, да слышит!**

Так как солнце кажется нам сияющим более всех звезд, поэтому Господь сравнивает славу праведников с солнцем. Но они будут сиять ярче солнца. Так как Солнце правды есть Христос, то праведники просветятся тогда подобно Христу, ибо они будут, как боги.

Мф.13:44. Еще подобно Царство Небесное сокровищу, скрытому на поле, которое, найдя, человек утаил, и от радости о нём идёт и продаёт всё, что имеет, и покупает поле то.

Поле – мир, сокровище – проповедь и познание Христа. Оно сокрыто в мире. «Проповедуем премудрость, – говорит апостол Павел, – сокровенную» (*1Кор.2:7*) Ищущий познания о Боге находит его и все, что имеет – еллинские ли учения, или худые нравы, или богатства, тотчас бросает и покупает поле, то есть мир. Ибо своим имеет мир тот, кто познал Христа: не имея ничего, он обладает всем. Рабами для него являются стихии, и он повелевает ими, подобно Иисусу или Моисею.

Мф.13:45. Еще подобно Царство Небесное купцу, ищущему хороших жемчужин,

Мф.13:46. который, нашедши одну драгоценную жемчужину, пошёл и продал всё, что имел, и купил её.

Море – это настоящая жизнь, купцы – те, которые провозят чрез это море и ищут приобресть какое-либо знание. Многие жемчужины – это мнения многих мудрецов, но из них одна только многоценна – одна истинна, которая есть Христос. Как о жемчуге повествуют, что он рождается в раковине, которая раскрывает черепицы, и в нее упадает молния, а когда снова затворяет их, то от молнии и от росы зарождается в них жемчуг, и потому он бывает очень белым – так и Христос зачат был в Деве свыше от молнии – Святого Духа. И как тот, кто обладает жемчугом и часто держит его в руке, один только знает, каким он владеет богатством, другие же не знают, так и проповедь бывает скрыта в неизвестных и простецах. Итак, должно приобретать этот жемчуг, отдавая за него все.

Мф.13:47. Еще подобно Царство Небесное неводу, закинутому в море и захватившему рыб всякого рода,

Мф.13:48. который, когда наполнился, вытащили на берег и, сев, хорошее собрали в сосуды, а худое выбросили вон.

Мф.13:49. Так будет при кончине века: изыдут Ангелы и отделят злых из среды праведных,

Мф.13:50. и ввергнут их в печь огненную: там будет плач и скрежет зубов.

Страшна эта притча, ибо она показывает, что если мы и веруем, но не имеем доброй жизни, то брошены будем в огонь. Невод – это учение рыбаков-апостолов, которое соткано из знамений и пророческих свидетельств, ибо о чем ни учили апостолы, они подкрепляли это чудесами и словами пророков. Итак, этот невод собрал от всех родов людей – варваров, еллинов, иудеев, блудников, мытарей, разбойников. Когда же он наполнен, то есть когда мир кончил свое существование, тогда находящиеся в неводе разделяются. Ибо хотя бы мы и веровали, но если окажемся дурными, то будем выброшены вон. Не таковые же будут сложены в сосуды, разумею, вечные жилища. Всякое же действие, доброе ли или злое, говорят, есть пища души, ибо и душа имеет мысленные зубы. Итак, душа будет скрежетать ими тогда, сокрушая свои деятельные силы за то, что делала таковое.

Мф.13:51. И спросил их Иисус: поняли ли вы всё это? Они говорят Ему: та́к, Господи!

Мф.13:52. Он же сказал им: поэтому всякий книжник, наученный Царству Небесному, подобен хозяину, который выносит из сокровищницы своей новое и старое.

Видишь, как притчи сделали их более вдумчивыми. Те, которые в других отношениях не понятливы и не научены, поняли сказанное неясно. Хваля их за это, Спаситель говорит: «поэтому всякий книжник» и далее. Называет их книжниками, как наученных закону. Но хотя они и научены закону, однако не пребыли с законом, но научились царству, то есть познанию Христа, и получили возможность износить сокровища и Ветхого, и Нового закона. Хозяин – Христос, как богатый, ибо в Нем сокровища мудрости. Он, уча новому, затем приводил таким образом свидетельства и из Ветхого Завета. Так, Он сказал: «ответишь и за праздное слово» – это новое; потом привел свидетельство: «словами своими будешь оправдан и осужден» – это ветхое, Ему подобны апостолы, например, Павел, который говорит: «подражайте мне, как я Христу» (*1Кор. 4, 16*).

Мф.13:53. И, когда окончил Иисус притчи сии, пошел оттуда.

Мф.13:54. И, придя в отечество Свое, учил их в синагоге их,

«Сии притчи» сказал, потому что Господь намерен был говорить чрез некоторое время и другие. Переходит же Он для того, чтобы и другим принести пользу Своим присутствием. Под отечеством Его разумей Назарет, ибо в нем Он был вскормлен. В синагоге же учит в публичном месте и свободно с тою целью, чтобы впоследствии не могли сказать, что Он учил чему-то противозаконному.

так что они изумлялись и говорили: откуда у Него такая премудрость и силы?

Мф.13:55. не плотников ли Он сын? не Его ли Мать называется Мария, и братья Его Иаков и Иосий, и Симон и Иуда?

Мф.13:56. и сестры Его не все ли между нами? откуда же у Него все это?

Мф.13:57. И соблазнялись о Нем.

Жители Назарета, будучи неразумными, думали, что неблагородство и незнатность предков мешает угодить Богу. Допустим, что Иисус был простой человек, а не Бог. Что мешало Ему быть великим в чудесах? Итак, они оказываются и несмысленными, и завистливыми, ибо они должны были более радоваться тому, что отечество их дало миру такое благо. Братьями же и сестрами Господь имел детей Иосифа, которых он родил от жены своего брата, Клеопы. Так как Клеопа умер бездетным, то Иосиф по закону взял его жену за себя и родил от нее шестерых детей: четыре мужского пола и двух женского – Марию, которая по закону называется дочерью Клеопы, и Саломию. «Между нами» вместо: «живут здесь с нами». Итак, о Христе соблазнялись и эти; может быть, и они говорили, что Господь изгоняет бесов веельзевулом.

Иисус же сказал им: не бывает пророк без чести, разве только в отечестве своем и в доме своем.

Мф.13:58. И не совершил там многих чудес по неверию их.

Посмотри на Христа: Он не укоряет их, но кротко говорит: «не бывает пророка без чести» и далее. Мы, люди, имеем обыкновение всегда пренебрегать близкими, чужое же любим. «В доме своем» присовокупил потому, что и братья Его, которые были из одного дома, завидовали Ему. Господь не сотворил здесь много чудес по неверию их, щадя их самих, чтобы, оставаясь и после чудес неверными, не подверглись тем большему наказанию. Поэтому многих чудес не сотворил, а только немного, чтобы не могли сказать: если бы вообще сделал что-либо, мы уверовали бы. Ты же понимай это и таким образом, что Иисус и до настоящего дня бесчестится в Своем отечестве, то есть у иудеев, мы же, чужие, чтим Его.

ГЛАВА ЧЕТЫРНАДЦАТАЯ

Мф.14:1. В то время Ирод четвертовластник услышал молву об Иисусе

Мф.14:2. и сказал служащим при нем: это Иоанн Креститель; он воскрес из мертвых, и потому чудеса делаются им.

Этот Ирод был сын Ирода, избившего младенцев в Вифлееме. Отсюда уразумей гордость деспотической жизни. Вот спустя сколько времени Ирод услыхал о деятельности Иисуса! Могущественные лица не скоро узнают об этом, так как они не обращают внимания на сияющих добродетелью. Он, по-видимому, боялся Крестителя; поэтому решился говорить не с кем-либо другим, но с отроками, то есть с рабами. Так как Иоанн при жизни не сотворил чудес, то Ирод подумал, что он по воскресении получил от Бога и этот дар – дар творить чудеса.

Мф.14:3. Ибо Ирод, взяв Иоанна, связал его и посадил в темницу за Иродиаду, жену Филиппа, брата своего,

Мф.14:4. потому что Иоанн говорил ему: не должно тебе иметь ее.

Мф.14:5. И хотел убить его, но боялся народа, потому что его считали за пророка.

В предыдущих повествованиях относительно жизни Иоанна Матфей не упоминал об этом, потому что его целью было описать только относящееся ко Христу. Он и теперь не упомянул бы, если бы это не относилось ко Христу. Иоанн изобличал Ирода, как имевшего противозаконно жену своего брата. Закон повелевал брату взять жену брата в том случае, если тот умирал бездетным. Здесь же Филипп умер не бездетным, ибо у него была дочь, которая плясала. Некоторые говорят, что Ирод отнял и жену, и тетрархию, когда Филипп был еще жив. Но так или иначе, сделанное им было противозаконно. Ирод, не боясь Бога, боялся народа, потому и удерживался от убийства, но дьявол представил ему удобный случай.

Мф.14:6. Во время же *празднования* дня рождения Ирода дочь Иродиады плясала пред собранием и угодила Ироду,

Мф.14:7. посему он с клятвою обещал ей дать, чего она ни попросит.

Мф.14:8. Она же, по наущению матери своей, сказала: дай мне здесь на блюде голову Иоанна Крестителя.

Смотри, какое бесстыдство! Царевна пляшет! И чем лучше пляшет, тем хуже, ибо стыдно царевне делать что-либо непристойное с хитростью. Смотри и на другое безрассудство Ирода. Он поклялся дать царевне, чего бы она ни попросила, если хорошо пропляшет. Но если бы голову твою попросила, дал бы ли ты ее? «Дай мне здесь на блюде голову Иоанна». Для чего прибавила «здесь»? Опасалась, чтобы Ирод, одумавшись, не раскаялся впоследствии. Поэтому торопит Ирода, говоря: «дай мне здесь».

Мф.14:9. И опечалился царь, но, ради клятвы и возлежащих с ним, повелел дать ей,

Мф.14:10. и послал отсечь Иоанну голову в темнице.

Мф.14:11. И принесли голову его на блюде и дали девице, а она отнесла матери своей.

Мф.14:12. Ученики же его, придя, взяли тело его и погребли его;

Опечалился по причине добродетели, ибо и враг удивляется добродетели. Однако в силу своей клятвы дает бесчеловечный дар. Узнаем же отсюда, что лучше преступить клятву, чем по причине клятвы сделать что-либо нечестивое. Тело Крестителя погребено было в Севастии Кесарийской, а честная его глава сначала положена была в Емесе.

и пошли, возвестили Иисусу.

О чем возвестили Иисусу? Не о том, что Иоанн умер, ибо повествование относительно Иоанна распространилось всюду, но что Ирод Его считает за Иоанна.

Мф.14:13. И, услышав, Иисус удалился оттуда на лодке в пустынное место один;

Иисус уходит по причине убийства Ирода, научая и нас не подвергаться опасностям; уходит также и для того, чтобы не думали, что Он воплотился призрачно. Ибо если бы Ирод овладел Им, то он сделал бы попытку погубить Его, и если бы Иисус в этом случае исхитил Себя из среды опасностей, потому что не пришло время смерти, то сочли бы, что Он – привидение. Итак, вот почему Он уходит. «Уходит в пустынное место», чтобы сделать там чудо над хлебами.

а народ, услышав о том, пошел за Ним из городов пешком.

Мф.14:14. И, выйдя, Иисус увидел множество людей и сжалился над ними, и исцелил больных их.

Народ показывает веру, в силу которой он идет за удаляющимся Иисусом. Поэтому, как награду за веру, получает исцеления. Следуют за Ним пешком и без пищи. Это все – от веры.

Мф.14:15. Когда же настал вечер, приступили к Нему ученики Его и сказали: место здесь пустынное, и время уже по́зднее; отпусти народ, чтобы они пошли в селения и купили себе пищи.

Мф.14:16. Но Иисус сказал им: не нужно им идти; вы дайте им есть.

Человеколюбивы ученики, ибо они заботятся о народе и поэтому не желают, чтобы он был голодным. Что же Спаситель? «Дайте, – говорит, – им вы есть». Говорит это не потому, что не знал, какую бедность испытывали апостолы, но для того, чтобы, когда они скажут «не имеем», оказалось, что Он приступает к совершению чуда по нужде, а не из любви к славе.

Мф.14:17. Они же говорят Ему: у нас здесь только пять хлебов и две рыбы.

Мф.14:18. Он сказал: принесите их Мне сюда.

Мф.14:19. И велел народу возлечь на траву и, взяв пять хлебов и две рыбы, воззрел на небо, благословил

Принесите Мне хлебы сюда, ибо хотя поздно, но Я – Творец времени; хотя место пустынно, но Я Тот, Кто дает пищу всякой плоти. Отсюда научаемся тому, что если и немногое имеем, мы должны употреблять его на гостеприимство, ибо и апостолы, имея немногое, отдали народу. Но как это немногое умножилось, так умножится и твое немногое. Размещает народ на траве, научая простоте, чтобы и ты не покоился на многоценных постелях и коврах. Подымает взоры к небу и благословляет хлебы, может быть, и для того, чтобы уверовали, что Он не противник Богу, но пришел от Отца и с неба, а также и для того, чтобы научить нас, чтобы мы, прикасаясь трапезы, благодарили и таким образом вкушали пищу.

и, преломив, дал хлебы ученикам, а ученики народу.

Мф.14:20–21. И ели все, и насытились; и набрали оставшихся кусков двенадцать коробов полных; а евших было около пяти тысяч человек, кроме женщин и детей.

Ученикам дает хлебы, чтобы они всегда помнили о чуде и чтобы оно не выходило из их мысли, хотя они и скоро позабыли о нем. Чтобы ты не подумал, будто

Господь совершил чудо только призрачно, с этой целью хлебы умножаются. Двенадцать коробов оказывается для того, чтобы и Иуда понес и не был увлекаем на предательство, раздумывая о чуде. И хлебы умножает, и рыбы, чтобы показать, что Он – Творец земли и моря и что все, что мы едим каждый день, едим потому, что Он подает и пища Им умножается. В пустыне было чудо, чтобы кто-либо не подумал, будто из ближнего города купил Он хлебы и разделил народу; ибо была пустыня. Это сообразно с рассказом. По наведению же узнай, что когда Ирод, плотский грубый ум иудейский (ибо это означает в переводе слово Ирод), обезглавил Иоанна, главу пророков, то есть не поверил пророчествовавшим о Христе, Иисус на будущее время отходит в пустынное место, к язычникам, пустыне по отношению к Богу, и врачует недужных душою, затем и питает их. Если Он не отпустит нам согрешений и не уврачует болезней посредством крещения, то не напитает нас и причащением Пречистых Тайн, так как никто из некрестившихся не причащается. Пять тысяч – это пять чувств, которые находятся в худом состоянии и врачуются пятью хлебами. Ибо так как пять чувств болело, то сколько ран, столько и пластырей. Две рыбы – это слова рыбарей: одна рыба – Евангелие, другая – Апостол. Но некоторые под пятью хлебами разумеют пятокнижие Моисея, то есть книгу Бытия, Исход, Левит, Чисел и Второзаконие. Двенадцать коробов было взято апостолами и понесено. Ибо то, чего не могли мы, простой народ, съесть, то есть понять, то понесли и вместили апостолы. «Кроме жен и детей», ибо христианин не должен иметь что-либо детское или женоподобное и немужественное.

Мф.14:22. И тотчас понудил Иисус учеников Своих войти в лодку и отправиться прежде Его на другую сторону, пока Он отпустит народ.

Указывая на неразлучность учеников, Матфей сказал «понудил», ибо они хотели всегда быть с Ним. Господь отпускает народ, потому что не желал, чтобы они сопровождали Его, чтобы не показаться честолюбивым.

Мф.14:23. И отпустив народ, Он взошел на гору помолиться наедине; и вечером оставался там один.

Мф.14:24. А лодка была уже на средине моря, и ее било волнами, потому что ветер был противный.

Показывая нам, что должно молиться сосредоточенно, Господь подымается на гору. Ибо все делает ради нас, Сам же Он не нуждался в молитве. Молится допоздна, научая нас не скоро оставлять молитву, но ночью особенно совершать ее, ибо тогда бывает многая тишина. Допускает, чтобы ученики подверглись опасности, чтобы они научились мужественно переносить искушения и познали Его силу. Лодка на средине моря – это показывает, что страх был велик.

Мф.14:25. В четвертую стражу ночи пошел к ним Иисус, идя по морю.

Мф.14:26. И ученики, увидев Его идущего по морю, встревожились и говорили: это призрак; и от страха вскричали.

Мф.14:27. Но Иисус тотчас заговорил с ними и сказал: ободритесь: это Я, не бойтесь.

Не тотчас явился пред ними с целью укротить бурю, научая не скоро просить об удалении бед и переносить их мужественно, но около четвертой стражи, ибо на четыре части разделялась ночь у воинов, стерегущих поочередно, так что каждая стража продолжалась три часа. Итак, Господь явился после девятого часа ночи, идя по поверхности воды, как Бог. Ученики же, ввиду необыкновенности и странности дела, подумали, что пред ними привидение, ибо не узнали Его по виду как по тому, что была ночь, так и по причине страха. Господь же прежде всего ободряет их, говоря: «это Я», Который все может, «не бойтесь».

Мф.14:28. Петр сказал Ему в ответ: Господи! если это Ты, повели мне прийти к Тебе по воде.

По чувству самой горячей любви ко Христу Петр хочет тотчас и прежде других приблизиться к Нему. Он верует, что Иисус не только Сам ходит по водам, но и ему даст это: не сказал «повели мне ходить», но «прийти к Тебе». Первое было бы знаком бахвальства, второе же есть признак любви ко Христу.

Мф.14:29. Он же сказал: иди. И, выйдя из лодки, Петр пошел по воде, чтобы подойти к Иисусу;

Мф.14:30. но, видя сильный ветер, испугался и, начав утопать, закричал: Господи! спаси меня.

Господь подостлал Петру море, показывая Свою силу. Но смотри: Петр, победив большее, разумею море, испугался ветра. Так слаба природа человека! И тотчас, как испугался, начал тонуть. Ибо когда ослабела вера, тогда Петр начал тонуть. Это побудило и его не высоко думать о себе, и успокоило других учеников, ибо они, может быть, позавидовали ему, Петру. Но это показало и то, насколько Христос превосходит его.

Мф.14:31. Иисус тотчас простер руку, поддержал его и говорит ему: маловерный! зачем ты усомнился?

Мф.14:32. И, когда вошли они в лодку, ветер утих.

Мф.14:33. Бывшие же в лодке подошли, поклонились Ему и сказали: истинно Ты Сын Божий.

Показывая, что не ветер – причина потопления, но малодушие, Христос упрекает не ветер, но малодушного Петра. Поэтому, подняв его, поставил на воду, позволяя ветру дуть. Не совершенно усомнился Петр, а несколько, то есть отчасти. Ибо насколько он испугался, настолько и не веровал. Когда же закричал: «Господи! спаси меня», то этим уврачевал свое неверие. Почему и слышит: «маловерный», а не «неверный». Итак, и бывшие в лодке отрешились от страха, ибо ветер утих. Познав чрез это Иисуса, они исповедуют Его Божество. Ибо ходить по морю свойственно не человеку, но Богу, как и Давид говорит: «Путь Твой в море, и стезя Твоя в водах великих» (*Псал. 76, 20*). По наведению корабль – это земля, волнение – жизнь, возмущаемая злыми духами, ночь – неведение. «В четвертую стражу», то есть к концу веков, явился Христос. Первая стража – завет с Авраамом, вторая – закон Моисея, третья – пророки, четвертая – пришествие Господа. Ибо Он спас обуреваемых, когда пришел и жил с нами, чтобы мы, познав Его как Бога, поклонились Ему. Обрати внимание и на то, что то, что случилось с Петром на море, предзнаменовало его отречение, затем обращение и раскаяние. Как там говорил смело: «не отрекусь от Тебя», так и здесь говорит: «повели мне прийти к Тебе по воде»: и как там Господь допустил, чтобы он отрекся, так и здесь допускает, чтобы он утопал; здесь Господь дал ему руку и не допустил утонуть, и там чрез покаяние извлек его из глубины отречения.

Мф.14:34. И, переправившись, прибыли в землю Геннисаретскую.

Мф.14:35. Жители того места, узнавши Его, послали во всю окрестность ту и принесли к Нему всех больных,

Мф.14:36. и просили Его, чтобы только прикоснуться к краю одежды Его; и которые прикасались, исцелялись.

Так как Иисус в течение долгого времени жил в земле Геннисаретской, то люди, узнав Его не только по виду, но и по чудесам, показали горячую веру, так что хотели прикоснуться к краю одежды, и те, которые делали это, получали исцеление. Так и ты прикоснись к краю одежды Христа, то есть к концу Его жительства во плоти, ибо если уверуешь, что Христос вознесся, спасешься, так как плоть Его – одежда, а край ее – конец Его жизни на земле.

ГЛАВА ПЯТНАДЦАТАЯ

Мф.15:1. Тогда приходят к Иисусу Иерусалимские книжники и фарисеи и говорят:

Мф.15:2. зачем ученики Твои преступают предание старцев? ибо не умывают рук своих, когда едят хлеб.

Хотя и все страны имели книжников и фарисеев, но большей честью пользовались иерусалимские. Поэтому они более всего завидовали, как люди более честолюбивые. Иудеи имели обычай, идущий от древнего предания, – не есть неумытыми руками. Видя, что ученики пренебрегают этим преданием, они подумали, что они ни во что ставят старцев. Что же Спаситель? Ничего не отвечает им на это, но с Своей стороны спрашивает их.

Мф.15:3. Он же сказал им в ответ: зачем и вы преступаете заповедь Божию ради предания вашего?

Мф.15:4. Ибо Бог заповедал: почитай отца и мать; и: злословящий отца или мать смертью да умрет.

Мф.15:5. А вы говорите: если кто скажет отцу или матери; дар *Богу* то, чем бы ты от меня пользовался,

Мф.15:6. тот может и не почтить отца своего или мать свою; таким образом вы устранили заповедь Божию преданием вашим.

Фарисеи обвиняли учеников в том, что они преступают заповедь старцев; Христос же показывает, что они преступают Закон Божий. Ибо они учили, чтобы дети ничего не давали родителям, но полагали то, что имеют, в сокровищницу храма, так как в храме находилась сокровищница, в которую бросал желающий и называлась «газа». Сокровище раздавалось бедным. Итак, фарисеи, убеждая детей ничего не давать родителям, а полагать, что имеют, в сокровищницу в храме, учили их говорить: отец! то, чем ищешь ты воспользоваться от меня, дар есть, то есть посвящено Богу. Таким образом они, книжники, делили с детьми имущество их, а родители, удрученные старостью, оставались без пропитания. Это делали также и заимодавцы. Если кто-нибудь из них давал в займы деньги, а затем оказывалось, что должник не исправен и не отдает долга, то заимодавец говорил: «корван», то есть то, что ты мне должен, есть дар, посвященный Богу. Таким образом, должник делался как бы должником Божиим и против своей воли отдавал долг. Это же делать учили детей и фарисеи.

Мф.15:7. Лицемеры! хорошо пророчествовал о вас Исаия, говоря (*Ис.29:13*):

Мф.15:8. приближаются ко Мне люди сии устами своими и чтут Меня языком, сердце же их далеко отстоит от Меня;

Мф.15:9. но тщетно чтут Меня, уча учениям, заповедям человеческим.

Словами Исайи Господь показывает, что и в отношении к Отцу Его они такие же, какими оказываются и в отношении к Нему. Будучи лукавы и чрез лукавые дела удаляя себя от Бога, они только устами говорили слова Божии. Ибо напрасно чтут и делают вид, что чтут Бога те, которые делами своими бесславят Его.

Мф.15:10. И, призвав народ, сказал им: слушайте и разумейте!

Мф.15:11. не то́, что́ входит в уста, оскверняет человека, но то́, что́ выходит из уст, оскверняет человека.

Не с фарисеями говорит Господь, – ибо они неисцелимы, – но с народом. Призыванием же их Он показывает, что чтит их, чтобы они приняли Его учение, и говорит «слушайте и разумейте», побуждая их ко вниманию. Так как фарисеи обвиняли учеников за то, что они ели неумытыми руками, то Господь говорит относительно пищи, что никакая пища не делает человека нечистым, то есть не оскверняет. Если же пища не оскверняет, то тем более ядение пищи неумытыми руками. Внутренний человек оскверняется только в том случае, если он говорит, чего не должно. Этим указывает на фарисеев, которые оскверняют себя тем, что говорили слова из зависти. Обрати внимание на Его мудрость: Он и не устанавливает явно вкушать пищу неумытыми руками, и не запрещает, но другому научает; не выносить из сердца злых речей.

Мф.15:12. Тогда ученики Его, приступив, сказали Ему: знаешь ли, что фарисеи, услышав слово сие, соблазнились?

Ученики относительно фарисеев говорят, что они соблазнились. Кроме того, они и сами находились в смущении. Это видно из того, что Петр подошел и спросил относительно этого. Итак, услышав, что фарисеи соблазнились, Иисус говорит следующее.

Мф.15:13. Он же сказал в ответ: всякое растение, которое не Отец Мой Небесный насадил, искоренится;

Мф.15:14. оставьте их: они – слепые вожди слепых; а если слепой ведет слепого, то оба упадут в яму.

Говорит, что должны быть искоренены предания старцев и заповеди иудейские, а не закон, как думают манихеи, ибо закон есть растение Божие. Итак, не этот должен быть искоренен. Ибо остается корень его, то есть сокровенный дух. Листья же, то есть видимая буква, отпадают: мы понимаем закон уже не по букве, но по духу. Так как фарисеи были вне себя и неизлечимы, то Он сказал: «оставьте их». Отсюда научаемся, что если кто-нибудь добровольно соблазняется и бывает неизлечимым, то это нам не приносит вреда. Господь называет их слепыми учителями слепых. Это Он делает с тою целью, чтобы отвлечь от них народ.

Мф.15:15. Петр же, отвечая, сказал Ему: изъясни нам притчу сию.

Петр хотя знал, что закон запрещает есть все, но, боясь сказать Иисусу: «я соблазняюсь тем, что Ты сказал, так как Твои слова кажутся противозаконными», кажется непонимающим Его и спрашивает.

Мф.15:16. Иисус сказал: неужели и вы еще не разумеете?

Мф.15:17. еще ли не понимаете, что всё, входящее в уста, проходит в чрево и извергается вон?

Мф.15:18. а исходящее из уст – из сердца исходит – сие оскверняет человека,

Мф.15:19. ибо из сердца исходят злые помыслы, убийства, прелюбодеяния, любодеяния, кражи, лжесвидетельства, хуления –

Мф.15:20. это оскверняет человека; а есть неумытыми руками – не оскверняет человека.

Спаситель обличает учеников и укоряет их неразумие или потому, что они соблазнялись, или потому, что не поняли ясного. Итак, Он говорит: разве вы не уразумели того, что для всех понятно и более чем ясно? того, что пища не остается внутри, но выходит, нисколько не оскверняя души человека, ибо не остается внутри? Помыслы же рождаются внутри и остаются там, выходя же, то есть переходя в дело и действие, оскверняют человека. Ибо помысел о блуде, оставаясь внутри, неистовствует, а, переходя в дело и действие, оскверняет человека.

Мф.15:21. И, выйдя оттуда, Иисус удалился в страны Тирские и Сидонские.

Мф.15:22. И вот, женщина Хананеянка, выйдя из тех мест, кричала Ему: помилуй меня, Господи, Сын Давидов, дочь моя жестоко беснуется.

Мф.15:23. Но Он не отвечал ей ни слова.

Почему, запрещая ученикам идти на путь язычников, Сам идет в Тир и Сидон, языческие города? Узнай, что не с проповедью Он пришел туда, потому то, как говорит Марк, «и скрыл Себя». Иначе: так как Он видел, что фарисеи не принимают Его учения относительно пищи, то переходит к язычникам. «Помилуй меня», говорит хананеянка, а не «дочь мою», ибо та была бесчувственная. Помилуй меня, которая терпит и чувствует ужасное. И не говорит: «приди и исцели», но «помилуй». Господь же не отвечает ей, не потому, что презирал ее, а потому, что пришел, главным образом, для иудеев и для того, чтобы не дать места их клеветам, чтобы впоследствии они не могли сказать, что Он благодетельствовал язычникам; вместе с тем и для того, чтобы показать твердую веру этой женщины.

И ученики Его, приступив, просили Его: отпусти ее, потому что кричит за нами.

Мф.15:24. Он же сказал в ответ: Я послан только к погибшим овцам дома Израилева.

Ученики, тяготясь криком женщины, просили, чтобы Господь отпустил ее, то есть убеждали отослать ее. Это они делали не потому, что были чужды сожаления, но скорее потому, что хотели убедить Господа помиловать ее. Он же говорит: Я послан не к кому-либо другому, но только к иудеям, овцам, которые погибли от порочности тех, кому они вверены. Этим еще более показывает всем веру женщины.

Мф.15:25. А она, подойдя, кланялась Ему и говорила: Господи! помоги мне.

Мф.15:26. Он же сказал в ответ: нехорошо взять хлеб у детей и бросить псам.

Мф.15:27. Она сказала: так, Господи! но и псы едят крохи, которые падают со стола господ их.

Когда женщина увидела, что ее ходатаи – апостолы – не имели успеха, она снова с жаром приступает и называет Иисуса Господом. Когда же Христос назвал ее псом, потому что язычники имели нечистую жизнь и питались кровью идоложертвенною, иудеев же назвал чадами, то она разумно отвечает и очень мудро: хотя я и пес, и недостойна получить хлеб, то есть какую-либо силу и великое знамение, но дай мне это для Твоей силы малое, для меня же великое, ибо те, кто ест хлеб, не считают крох чем-то важным, для псов же они – большое, и ими они питаются.

Мф.15:28. Тогда Иисус сказал ей в ответ: о, женщина! велика́ вера твоя; да будет тебе по желанию твоему. И исцелилась дочь ее в тот час.

Теперь Иисус открыл причину, по которой Он вначале отказывал женщине в исцелении: это сделано было для того, чтобы ясно открылась вера и благоразумие этой жены. Поэтому Христос не тотчас согласился, но и отсылал ее. Теперь же, когда открылась ее вера и благоразумие, она слышит похвалу: «велика вера твоя». «Да будет тебе по желанию твоему» – эти слова показывают, что если бы она не имела веры, то не достигла бы просимого. Так и нам, если пожелаем, ничто не препятствует достичь того, чего мы желаем, если только имеем веру. Обрати внимание, что хотя и святые просят за нас, как за эту хананеянку апостолы, однако мы достигаем желаемого более тогда, когда сами за себя просим. Хананеянка – символ церкви из язычников, ибо и язычники, которые прежде были отвергнутыми, после вступили в число сыновей и удостоились хлеба, разумею, Тела Господня. Иудеи же сделались псами, начав питаться, по-видимому, крохами, то есть малыми, скудными крохами буквы. Тир означает страх, Сидон – ловцов, Хананея же – это «уготованная смирением». Итак, язычники, которые заражены были злобою и в которых жили ловцы душ, демоны, уготованы были смирением, тогда как праведные уготованы высотою Царства Божия.

Мф.15:29–30. Перейдя оттуда, пришел Иисус к морю Галилейскому и, взойдя на гору, сел там. И приступило к Нему множество народа, имея с собою хромых, слепых, немых, увечных и иных многих, и повергли их к ногам Иисусовым; и Он исцелил их;

Мф.15:31. так что народ дивился, видя немых говорящими, увечных здоровыми, хромых ходящими и слепых видящими; и прославлял Бога Израилева.

Не в Иудее Он живет постоянно, но в Галилее, по причине большого неверия иудеев, ибо жители Галилеи были более расположены к вере, чем те. Вот их вера: они подымаются на гору, хотя были хромые и слепые, и не устают, но бросаются к ногам Иисуса, считая Его выше человека, почему и достигают исцеления. Итак, и ты взойди на гору заповедей, где сидит Господь. Слепой ли ты и не в состоянии сам собою видеть хорошее, хромой ли ты и, видя хорошее, не в состоянии прийти к нему, нем ли ты, так что не способен ни слушать другого, когда он увещевает, ни сам увещевать другого, калека ли ты, то есть не можешь протянуть руку для милостыни, другим ли чем болен ты, – припав к ногам Иисуса и коснувшись следов Его жизни, будешь уврачеван.

Мф.15:32. Иисус же, призвав учеников Своих, сказал им: жаль Мне народа, что уже три дня находятся при Мне, и нечего им есть; отпустить же их неевшими не хочу, чтобы не ослабели в дороге.

Народ не осмеливается просить хлеба, потому что пришел за исцелением. Он же, будучи человеколюбив, Сам заботится. Чтобы кто-нибудь не мог сказать: они имеют съестные припасы, Господь говорит: если и имели, то истратили, ибо три дня уже, как они находятся при Мне. Словами: «чтобы не ослабели в дороге» показывает, что они пришли издалека. Это говорит Он ученикам, желая побудить их сказать Ему: Ты можешь напитать и этих, как и пять тысяч. Но те были еще неразумны.

Мф.15:33. И говорят Ему ученики Его: откуда нам взять в пустыне столько хлебов, чтобы накормить столько народа?

Хотя им должно было знать, что Господь и прежде накормил в пустыне большое число людей, но они были бесчувственны. Поэтому ты, когда после увидишь их исполненными столь великой мудрости, подивись благодати Христа.

Мф.15:34. Говорит им Иисус: сколько у вас хлебов? Они же сказали: семь, и немного рыбок.

Мф.15:35. Тогда велел народу возлечь на землю.

Мф.15:36. И, взяв семь хлебов и рыбы, воздал благодарение, преломил и дал ученикам Своим, а ученики народу.

Мф.15:37. И ели все и насытились; и набрали оставшихся кусков семь корзин полных,

Мф.15:38. а евших было четыре тысячи человек, кроме женщин и детей.

Научая смирению, размещает народ на земле. Научая же прежде пищи благодарить Бога, Он и Сам благодарит. Ты спросишь, каким образом там, хотя пять хлебов было и пять тысяч насытившихся, осталось двенадцать корзин, здесь же, хотя количество хлебов было большее, а число насытившихся меньшее, осталось только семь? Можно сказать, что эти корзины были больше коробов или что это сделано для того, чтобы одинаковость чуда не побудила их, учеников, забыть, потому что если бы и теперь осталось двенадцать корзин, то они могли бы, вследствие равенства чуда, забыть, что Господь в другой раз совершил чудо над хлебами. Ты же знай и то, что четыре тысячи, то есть имеющие вполне четыре добродетели, семью хлебами, то есть духовными и совершенными изречениями, питаются, ибо число семь – символ семи духовных даров. Они лежат на земле, полагая ниже себя все земное и презирая его, как и те пять тысяч легли на траве, то есть поставили ниже себя плоть и славу. Ибо всякая плоть – трава, и всякая слава человеческая – цветок полевой. Семь корзин осталось здесь в остатке, ибо духовное и совершенное было то, чего не могли съесть. Осталось то, что поместилось в семи корзинах, то есть то, что один Святой Дух знает; «ибо Дух все проницает и глубины Божии» (*1Кор. 2, 10*).

Мф.15:39. И, отпустив народ, Он вошел в лодку и прибыл в пределы Магдалинские.

Иисус удаляется, потому что ни одно чудо не дало Ему больше последователей, как чудо над хлебами, так что Его намеревались сделать и царем, как говорит Иоанн. Итак, Он уходит, чтобы избежать подозрения в стремлении к царской власти.

ГЛАВА ШЕСТНАДЦАТАЯ

Мф.16:1. И приступили фарисеи и саддукеи и, искушая Его, просили показать им знамение с неба.

Хотя фарисеи и саддукеи отличались друг от друга догматами, однако против Христа действовали согласно. Они просят знамения с неба, например, чтобы остановилось солнце или луна. Ибо они думали, что знамения на земле совершаются дьявольскою силою и Веельзевулом. Не знали неразумные, что и Моисей в Египте сделал много знамений на земле; огонь же, сошедший с неба на имущество Иова, был от дьявола. Поэтому не все, что с неба, от Бога и не все, что бывает на земле, от демонов.

Мф.16:2. Он же сказал им в ответ: вечером вы говорите: будет вёдро, потому что небо красно;

Мф.16:3. и поутру: сегодня ненастье, потому что небо багрово. Лицемеры! различать лицо неба вы умеете, а знамений времён не можете.

Обличает их искусительный вопрос, называя их лицемерами, и говорит: как из явлений на небе одно служит признаком ненастья, а другое – ведра, и нет никого, кто бы, видя признак ненастья, ожидал бы ведра, и нет никого, кто бы, видя признак ведра, ожидал ненастья, так должно думать и относительно Меня: одно – это время Моего первого пришествия, а другое – грядущего. Теперь нужны знамения на земле, небесные же сберегаются для того времени, когда солнце померкнет, луна помрачится и небо изменится.

Мф.16:4. Род лукавый и прелюбодейный знамения ищет, и знамение не дастся ему, кроме знамения Ионы пророка. И оставив их, отошел.

Род лукавый потому, что они искушают Его, а прелюбодейный потому, что отступают от Бога и прилепляются к дьяволу. Хотя они просят знамения с неба, но Он не дает им, кроме знамения Ионы, то есть что, пробыв три дня во чреве великого кита – смерти, воскреснет. Относительно этого знамения ты можешь сказать, что оно с неба, ибо при смерти Его солнце помрачилось и вся тварь изменилась. Обрати внимание на возражение: «знамение не дастся ему, кроме знамения Ионы пророка». Знамения давались им, то есть они бывали ради них, хотя иудеи и не веровали. Поэтому, оставив их, как неизлечимых, Господь ушел.

Мф.16:5. Переправившись на другую сторону, ученики Его забыли взять хлебов.

Мф.16:6. Иисус сказал им: смотрите, берегитесь закваски фарисейской и саддукейской.

Как закваска бывает кисла и стара, так и учение фарисеев и саддукеев, окисшее и вводившее древние предания старцев, уязвляло души. И как закваска есть смесь воды и муки, так и учение фарисеев есть смесь слова и жизни испорченной. Не сказал же им ясно: остерегайтесь учения фарисеев – с целью напомнить им чудеса над хлебами.

Мф.16:7. Они же помышляли в себе и говорили: *это значит*, что хлебов мы не взяли.

Мф.16:8. Уразумев то, Иисус сказал им: что помышляете в себе, маловерные, что хлебов не взяли?

Мф.16:9. Еще ли не понимаете и не помните о пяти хлебах на пять тысяч *человек*, и сколько коробов вы набрали?

Мф.16:10. ни о семи хлебах на четыре тысячи, и сколько корзин вы набрали?

Мф.16:11. Как не разумеете, что не о хлебе сказал Я вам: берегитесь закваски фарисейской и саддукейской?

Мф.16:12. Тогда они поняли, что Он говорил им беречься не закваски хлебной, но учения фарисейского и саддукейского.

Они думали, что это Он сказал им, чтобы они остерегались осквернения пищей иудейской, почему и рассуждали между собою о том, что не взяли хлебов. Господь укоряет их, как неразумных и маловерных. Они неразумны потому, что не вспомнили, сколькими хлебами и скольких напитал Он. Так как они не поверили, что хотя они и не купили хлебов у иудеев, Он мог идти дальше, то они и названы маловерными. Когда же Господь более сильно изобличил (ибо не всюду хороша кротость), то они тотчас поняли, что закваской Он называл учение. Столь великую силу имеет всюду благоразумный укор.

Мф.16:13. Придя же в страны Кесарии Филипповой, Иисус спрашивал учеников Своих: за кого люди почитают Меня, Сына Человеческого?

Апостол Матфей упоминает о построившем город потому, что есть и другая Кесария – Стратона, но не в этой, а в той спрашивает их Господь. Он далеко от иудеев уводит учеников, чтобы, никого не боясь, они смело могли сказать. Прежде же всего спрашивает о мнении народа, чтобы поднять учеников к большему разумению и чтобы не впали они в ту же скудость понимания, что замечается у многих. И не спрашивает, кем называют Меня фарисеи, но люди. Разумеет искренний народ.

Мф.16:14. Они сказали: одни за Иоанна Крестителя, другие за Илию, а иные за Иеремию, или за одного из пророков.

Те, которые называли Его Иоанном, были из числа тех, кои подобно Ироду думали, что Иоанн после воскресения и этот дар (дар чудотворения) получил. Другие называли Илиею, потому что Он обличал и потому что ожидали, что он придет; третьи – Иеремиею, потому что Его мудрость была от природы и без научения, а Иеремия определен был на пророческое служение еще дитятей.

Мф.16:15. Он говорит им: а вы за кого почитаете Меня?

Мф.16:16. Симон же Петр отвечая сказал: Ты – Христос, Сын Бога Живого.

И снова Петр, как пылкий, предупреждает и истинно исповедует Его Сыном Божиим.

Мф.16:17. Тогда Иисус сказал ему в ответ: блажен ты, Симон, сын Ионин, потому что не плоть и не кровь открыли тебе это, но Отец Мой, сущий на небесах;

Ублажает Петра, как получившего знание по Божией благодати; соглашаясь же с ним, показывает, с другой стороны, что мнения других людей ложны. Сказал ему «сын Ионин», как бы так говоря: как ты – сын Ионин, так Я – Сын Отца Моего Небесного, Единородный Ему. Знание называет откровением, так как тайное и неизвестное было открыто Отцом.

Мф.16:18. и Я говорю тебе: ты – Петр[4], и на сем камне Я создам *церковь* Мою, и врата ада не одолеют ее.

Со Своей стороны Господь дает Петру великую награду, именно на нем будет основана *церковь*. Так как Петр исповедал Его Сыном Божиим, то Он говорит: это исповедание, которое ты исповедал, будет основанием верующих, так что каждый, кто намеревается строить здание веры, положит в основание это исповедание. Если

---

[4] Петр (греч., лат.) – камень.

мы приобрели тысячи добродетелей, но не имеем в основании правого исповедания, то мы гнилое созидаем. Говоря «*церковь* Мою», указывает, что Он – Владыка всего, ибо Богу служит все. Врата ада – это гонители, которые низводили христиан в ад. И еретики также врата, ведущие в ад. Итак, многих гонителей и еретиков победила церковь. И каждый из нас есть церковь, являясь домом Божиим. Итак, если мы твердо стоим на исповедании Христа, то врата адовы, то есть грехи, не одолеют нас. Будучи возведен от этих врат, Давид сказал: возводящий Меня от врат смерти. От каких врат, Давид? От двояких: от убийства и прелюбодеяния.

Мф.16:19. И дам тебе ключи Царства Небесного: и чтó свяжешь на земле, тó будет связано на небесах, и чтó разрешишь на земле, тó будет разрешено на небесах.

Как Бог, Христос со властью говорит: «дам тебе»; как Отец дал тебе откровение, так Я – ключи. Под ключами же разумей разрешающие или связывающие грехи прощения или запрещения, ибо те, которые, подобно Петру, удостоились епископской благодати, имеют власть прощать и вязать. Хотя к одному, ибо только Петру сказано: «дам тебе», но всем апостолам дано. Когда? Когда Господь сказал им: «кому отпустите грехи, отпустятся им», ибо и «дам» обозначает грядущее время, то есть время после воскресения. Небесами называются и добродетели, ключами же их – труды, так как чрез делание, как бы при помощи некоторых отпирающих ключей, мы входим в каждую из добродетелей. Если же я не делаю, но только знаю доброе, то имею только ключ ведения и остаюсь вне. Связан же на небесах, в добродетелях, тот, кто не ходит в них, ибо прилежный разрешен в них. Не будем грешить, чтобы мы не оказались связанными узами собственных грехов.

Мф.16:20. Тогда *Иисус* запретил ученикам Своим, чтобы они никому не сказывали, что Он есть Иисус Христос.

Христос желал до креста скрывать в тени Свою славу. Если бы люди услыхали до страдания, что Он – Бог, затем увидели бы Его страждущим, то каким образом они не соблазнились бы? Итак, Он скрывает Себя от многих для того, чтобы без соблазна быть познану после воскресения, когда Дух посредством чудес сгладит все.

Мф.16:21. С того времени Иисус начал открывать ученикам Своим, что Ему должно идти в Иерусалим и много пострадать от старейшин и первосвященников и книжников, и быть убиту, и в третий день воскреснуть.

Заранее говорит Господь ученикам о Своем страдании, чтобы, когда оно наступит неожиданно, они не соблазнились, думая, что Он не предвидел и пострадал против Своей воли. Когда они узнали, благодаря исповеданию Петра, что Он – Сын Божий, тогда открывает им о страданиях Своих. Но к печальному присоединяет и радостное, что в третий день пробудится от смерти.

Мф.16:22. И, отозвав Его, Петр начал прекословить Ему: будь милостив к Себе, Господи! да не будет этого с Тобою!

Что было открыто, это Петр исповедал верно, относительно же того, что не было открыто, ошибся, чтобы мы поняли, что помимо Бога он не изрек бы того великого. Итак, не желая, чтобы Христос пострадал, и не зная тайны воскресения, апостол говорит: «Будь милостив к Себе, Господи! да не будет этого с Тобою».

Мф.16:23. Он же, обратившись, сказал Петру: отойди от Меня, сатана! ты Мне соблазн! потому что думаешь не о том, что́ Божие, но что́ человеческое.

За то, что верно сказал Петр, Христос ублажает его, а за то, что он неразумно опасался и желал, чтобы Он не страдал, укоряет, говоря: «отойди от Меня, сатана!

Под «сатаной» разумеется противник. Итак, «отойди от Меня», то есть не противостой, но следуй Моему хотению. Называет же Петра так потому, что и сатана не желал, чтобы Христос пострадал. Говорит: ты по человеческому соображению думаешь, что страдание неприлично для Меня. Но ты не понимаешь того, что Бог чрез это совершает спасение и что это более всего приличествует Мне.

Мф.16:24. Тогда Иисус сказал ученикам Своим: если кто хочет идти за Мною, отвергнись себя, и возьми крест свой, и следуй за Мною,

Тогда. Когда? Когда обличил Петра. Желая показать, что Петр, удерживая Его от страданий, погрешил, говорит: ты удерживаешь Меня, Я же говорю тебе, что не только то, что Я не пострадаю, вредно для тебя; но и ты не можешь спастись, если и сам не умрешь, как и всякий другой: мужчина или женщина, бедный или богатый. «Если кто хочет» – эти слова Господь сказал, чтобы показать, что добродетель есть дело свободного выбора, а не принуждения. Следует же за Иисусом не тот, кто только исповедует Его Сыном Божиим, но и проходит чрез все ужасы и переносит их. «Отвергнись себя» – сказал, означая предлогом «от» совершенное отречение. Например, пусть не имеет он ничего общего с телом, но презирает самого себя, как мы привыкли говорить: такой-то человек отказывается от такого-то, вместо – не имеет его ни другом, ни знакомым. Итак, каждый должен не иметь никакой любви к телу, чтобы взять крест, то есть избрать смерть и прилежно искать смерти, и смерти позорной. Ибо таковой смертью был крест у древних. Но говорит: «и следуй за Мною», – ибо многие разбойники и воры распинаются на кресте, но те не Мои ученики. Итак, пусть последует, то есть пусть покажет и всякую иную добродетель. Отвергается же самого себя тот, кто вчера был распутным, а сегодня сделался воздержным. Таков был Павел, отвергшийся самого себя по слову: «и уже не я живу, но живет во мне Христос». Он избирает крест, умерши и распяв самого себя для мира.

Мф.16:25. Ибо, кто хочет душу свою сберечь, тот потеряет ее; а кто потеряет душу свою ради Меня, тот обретет ее;

Увещевает нас к мученичеству. Кто отрицается Господа, тот приобретает душу для настоящего, то есть спасает, но он губит ее для будущего. Погубит душу ради Христа тот, кто пострадает ради Него; но он найдет ее в нетлении и жизни вечной.

Мф.16:26. какая польза человеку, если он приобретет весь мир, а душе своей повредит? или какой выкуп даст человек за душу свою?

Мф.16:27. ибо придет Сын Человеческий во славе Отца Своего с Ангелами Своими и тогда воздаст каждому по делам его.

Предположим, говорит, что ты приобрел весь мир, но какая польза от того, что тело благоденствует, если душа находится в худом состоянии? Это подобно тому, что госпожа дома носит разорванные рубища, а служанка блестящие одежды. Ибо и в будущей жизни никто не может дать выкупа за душу свою. Здесь можно дать слезы, стенания, милостыни, там нет. Там придет Судья неподкупный, ибо Он судит каждого по делам, но и страшный, так как Он идет во славе Своей и со ангелами, а не уничиженный.

Мф.16:28. Истинно говорю вам: есть некоторые из стоящих здесь, которые не вкусят смерти, как уже увидят Сына Человеческого, грядущего в Царствии Своем.

Сказал, что придет Сын Человеческий во славе Своей, и чтобы они поверили, говорит, что некоторые из стоящих здесь увидят, насколько это возможно для них, в преображении славу второго пришествия. Вместе с тем показывает, в какой славе будут те, которые пострадают за Него. Как просияла тогда Его плоть, так по аналогии просветятся в то время и праведники. Разумеет здесь Петра, Иакова и Иоанна, которых Он взял на гору и показал им Царство Свое, то есть грядущее состояние, когда и Он придет, и праведники просветятся. Поэтому говорит: некоторые из стоящих здесь не умрут до тех пор, пока не увидят Меня преобразившимся. Обрати внимание, что те, которые стоят в добре и тверды, видят светлейшее преображение Иисуса и постоянно преуспевают в вере и заповедях.

ГЛАВА СЕМНАДЦАТАЯ

Мф.17:1. По прошествии дней шести, взял Иисус Петра, Иакова и Иоанна, брата его, и возвел их на гору высокую одних,

Мф.17:2. и преобразился пред ними: и просияло лице Его, как солнце, одежды же Его сделались белыми, как свет.

На высокую гору возводит их, показывая, что кто не возвысится, тот не достоин таковых созерцаний. Делает это Христос особенно потому, что Он имел обыкновение величайшие Свои чудеса совершать втайне, чтобы, видимый многими, как Бог, не считался ими человеком, как привидение. Когда же слышишь о преображении, не думай, что Он отверг тогда Свое тело: тело Его оставалось в своем виде, ибо ты слышишь и о Его лице, и об одеждах. Он сделался светлее, когда Божество Его показало несколько свои лучи, и это настолько, насколько можно было видеть. Поэтому и назвал раньше преображение Царством Божиим, так как оно явило неизреченность Его власти и научило, что Он есть истинный Сын Отца, и показало славу Его второго пришествия неизреченным просветлением лица Иисуса.

Мф.17:3. И вот, явились им Моисей и Илия, с Ним беседующие.

О чем говорили? «Об исходе», – говорит Лука, который Ему предстояло совершить в Иерусалиме, то есть о кресте. Для чего Моисей и Илия сделались видимыми? Чтобы показать, что Он есть Господь закона и пророков, живых и мертвых, ибо Илия был пророк, пророчество его жило еще, Моисей же – законодатель и умер. Кроме того, и для того, чтобы показать, что Иисус Христос не противник закона и не враг Божий. В противном случае Моисей не беседовал бы с ним, как не стал бы беседовать с тем, кто противодействует ему, и Илия, ревнитель, не перенес бы Его присутствия, если бы Он был врагом Божиим. Еще и для того, чтобы уничтожить подозрение тех, которые считали Его Илиею или одним из пророков. Откуда же ученики узнали, что это были Моисей и Илия? Не по изображениям, ибо делать изображения людей тогда считалось делом беззаконным. По-видимому, они их узнали по словам, которые они говорили. Моисей, может быть, говорил: Ты Тот, страдание которого я заранее изобразил, заклав агнца и совершив пасху; Илия же: Ты Тот, воскресение Которого я заранее изобразил, воскресив сына вдовы, и так далее. Показывая же их ученикам, Господь научает их подражать им, то есть подобно Моисею быть кротким и доступным для всех и подобно Илии быть ревностными и непреклонными, когда нужно, и подобно им готовыми подвергаться опасностям за истину.

Мф.17:4. При сем Петр сказал Иисусу: Господи! хорошо нам здесь быть; если хочешь, сделаем здесь три кущи: Тебе одну и Моисею одну, и одну Илии.

Петр, по многой любви ко Христу, желая, чтобы Он не пострадал, говорит: «хорошо здесь быть», не уходить и не быть убиту, ибо если бы кто и пришел сюда, мы имеем Моисея и Илию помощниками нам; Моисей победил египтян, Илия же огнь свел с неба; таковыми же они будут и тогда, когда придут сюда враги. Это он говорил от великого страха, по замечанию Луки, не зная, что говорит. Ибо необычайность поразила его или он действительно не знал, что говорит, желая, чтобы Иисус оставался на горе и не уходил, и не пострадал за нас. Но, боясь показаться своенравным, говорит: «если хочешь».

Мф.17:5. Когда он еще говорил, се, облако светлое осенило их; и се, глас из облака глаголющий: Сей есть Сын Мой Возлюбленный, в котором Мое благоволение; Его слушайте.

Ты, Петр, желаешь, чтобы были рукотворенные кущи; Отец же, окружив Меня другой кущей, нерукотворенным облаком, показывает, что как Он, Бог, являлся древним в облаке, так и Сын Его. Здесь облако светлое, а не темное, как в древности; потому что Он хотел не устрашить, а научить. Из облака же голос для того, чтобы показать, что Он был от Бога. Слова «в котором Мое благоволение» – вместо слов: «в котором Я почиваю и который Мне угоден». Словами же: «Его слушайте» научает: не противьтесь Ему, хотя бы Он желал быть распятым.

Мф.17:6. И, услышав, ученики пали на лица свои и очень испугались.

Мф.17:7. Но Иисус, приступив, коснулся их и сказал: встаньте и не бойтесь.

Мф.17:8. Возведя же очи свои, они никого не увидели, кроме одного Иисуса.

Не вынеся облачного света и голоса, ученики пали ниц. Глаза их были отягчены сном. Под сном разумеется обморок от видения. Чтобы страх, оставаясь долго, не уничтожил памяти о виденном, Иисус пробуждает их и ободряет, но оказывается один только, чтобы ты не подумал, что голос был относительно Моисея и Илии, а не относительно Его: ибо Он есть Сын.

Мф.17:9. И когда сходили они с горы, Иисус запретил им, говоря: никому не сказывайте о сем видении, доколе Сын Человеческий не воскреснет из мертвых.

По смирению заповедует никому не говорить, а вместе с тем и для того, чтобы, услышавши об этом, не соблазнились, когда позже увидят Его распятым. Ибо они могли принять Его за обманщика, который призрачно совершал приличное Богу. Обрати внимание на то, что созерцание Бога произошло после шести дней, то есть после того, как мир был сотворен в шесть дней. Ибо если не выйдешь за пределы мира и не подымешься на гору, не увидишь света: ни лица Иисуса, разумею Его Божество, ни одежды – плоти. Ты сможешь увидеть тогда Моисея и Илию, беседующих с Иисусом, ибо и закон, и пророки, и Иисус одно говорят и согласны между собою. Когда найдешь того, кто ясно истолковывал бы мысль Писания, то узнай, что он ясно видит лице Иисуса; если же он объясняет и обороты речи, то видит и белые одежды Иисуса, ибо выражения мысли – ее одежды. Но не говори подобно Петру: «хорошо нам здесь быть», потому что нужно всегда преуспевать и не останавливаться на одной степени добродетели и созерцания, но переходить к другим.

Мф.17:10. И спросили Его ученики Его: как же книжники говорят, что Илии надлежит прийти прежде?

Обманывая народ, книжники говорили, что Он не Христос, ибо если бы Он был таковой, то Илия заранее пришел бы. Они не различали двух пришествий Христа: первого из них предтеча Иоанн, второго же – Илия. Это и Христос объясняет ученикам. Ибо слушай!

Мф.17:11. Иисус сказал им в ответ: правда, Илия должен прийти прежде и устроить всё;

Мф.17:12. но говорю вам, что Илия уже пришел, и не узнали его, а поступили с ним, как хотели, та́к и Сын Человеческий пострадает от них.

Мф.17:13. Тогда ученики поняли, что Он говорил им об Иоанне Крестителе.

Говоря: «правда, Илия должен прийти прежде», показывает, что он еще не пришел, придет же, как предтеча второго пришествия, и устроит в вере во Христа всех евреев, которые окажутся послушными, устрояя их как бы в отеческое наследие, которого они давно лишились. Говоря же: «Илия уже пришел», намекает на Иоанна Предтечу. Они сделали с ним, что и хотели, убив его, ибо, позволив Ироду убить его, хотя имели возможность воспрепятствовать, они сами убили. Тогда ученики, став вдумчивее, поняли, что Господь назвал Иоанна Илиею, потому что он был предтеча первого, как Илия будет предтечей второго пришествия Его.

Мф.17:14. Когда они пришли к народу, то подошел к Нему человек и, преклоняя пред Ним колени,

Мф.17:15. сказал: Господи! помилуй сына моего; он в новолуния *беснуется* и тяжко страдает, ибо часто бросается в огонь, и часто в воду,

Этот человек, по-видимому, был весьма неверующий, судя по тому, что Христос говорит ему: «о, род неверный», как и по тому, что он обвиняет учеников. Причиной же болезни его сына была не луна, но демон; он подстерегал полнолуние и тогда нападал на больного для того, чтобы творение Божие хулилось, как зловредное. Ты же пойми, что каждый безумный изменяется, по Писанию, как луна, являясь то великим в добродетели, то малым и ничтожным. Итак, он делается лунатиком и бросается то в огонь гнева и страсти, то в воду – в волны многочисленных житейских забот, в которых обитает левиафан – дьявол, то есть царь над водами. Разве не волны – постоянные заботы богачей?

Мф.17:16. я приводил его к ученикам Твоим, и они не могли исцелить его.

Мф.17:17. Иисус же, отвечая, сказал: о, род неверный и развращенный! доколе буду с вами! доколе буду терпеть вас? приведите его ко Мне сюда.

Мф.17:18. И запретил ему Иисус, и бес вышел из него; и отрок исцелился в тот час.

Ты видишь, что этот человек возлагает грех своего неверия на учеников, потому что они не были в состоянии исцелить. И так, Господь, посрамляя его за то, что он обвиняет учеников, говорит: «о, род неверный», то есть не так велик грех их слабости, как грех твоего неверия, ибо оно, будучи велико, победило соответственную их силу. Укоряя же этого человека, Господь укоряет вообще всех неверующих и присутствующих. Говоря: «доколе буду с вами», указывает, что Он сильно желает крестного страдания и удаления от них. Доколе буду жить с оскорбителями и неверами? «И запретил ему Иисус». Кому? Лунатику. Из этого же видно, что он, будучи неверующим, сам, благодаря своему неверию, дал возможность войти в него демону.

Мф.17:19. Тогда ученики, приступив к Иисусу наедине, сказали: почему мы не могли изгнать его?

Мф.17:20. Иисус же сказал им: по неверию вашему; ибо истинно говорю вам: если вы будете иметь веру с горчичное зерно и скажете горе сей: «перейди отсюда туда», и она перейдет; и ничего не будет невозможного для вас;

Мф.17:21. сей же род изгоняется только молитвою и постом.

Апостолы убоялись, не утратили ли они дарованной им силы над демонами? Поэтому наедине, волнуясь, спросили. Господь, укоряя их, как далеких еще от совершенства, говорит: «по неверию вашему»; если бы вы имели теплую, горячую веру, то она, хотя бы и казалась малой, совершила бы великое. Где апостолы переставляли горы, об этом ничего не написано. Но вероятно, что они переставляли, хотя и не написано, так как не все записано. Иначе: обстоятельства не требовали, поэтому апостолы и не переставляли, но делали гораздо большее. Обрати внимание, что сказал Господь: «скажете горе сей: перейди отсюда», то есть когда скажете, тогда и перейдет. Но апостолы не говорили этого, потому что время не требовало и не было нужды, и поэтому горы не переходили. Скажи, они и перешли бы. «Сей же род», то есть род демонов, «изгоняется только молитвою и постом». Ибо должно особенно поститься тем, кто находится во власти демонов, и тем, кто имеет намерение исцелять от них. Молитва же бывает истинною тогда, когда она соединена не с пьянством, а с постом. Обрати внимание и на то, что каждая вера есть зерно горчичное. Оно считается ничтожным, по причине буйства проповеди, но если случается добрая земля, оно развивается в дерево, на котором вьют гнезда птицы небесные, то есть мысли, парящие ввысь. Поэтому кто имеет теплую веру, тот может сказать этой горе: перейди, то есть демону. Ибо Господь показал демона исходящего.

Мф.17:22. Во время пребывания их в Галилее, Иисус сказал им: Сын Человеческий предан будет в руки человеческие,

Мф.17:23. и убьют Его, и в третий день воскреснет. И они весьма опечалились.

Часто заранее говорит им о страданиях, чтобы не подумали, что Он против воли страдает, а вместе с тем для того, чтобы они приучились и не смутились неожиданным событием, когда оно наступит. Однако к прискорбному присоединяет и радостное, именно что Он воскреснет.

Мф.17:24. Когда же пришли они в Капернаум, то подошли к Петру собиратели дидрахм[5] и сказали: Учитель ваш не даст ли дидрахмы?

Мф.17:25. Он говорит: да.

Богу было угодно, чтобы вместо первенцев еврейских было посвящено Ему колено Левиино. Колено Левиино исчислено было в двадцать две тысячи, первенцев же оказалось двадцать две тысячи семьдесят три человека. Вместо этих первенцев, которые оказались свыше колена Левиина, Бог определил давать священникам дидрахму. Отсюда и возник обычай всем вообще первенцам платить дидрахму, то есть пять сиклей или двести оволов. Но так как и Господь был первенец, то и Он платил эту подать священникам. Стыдясь, может быть, Христа из-за его чудес, не спрашивают Его, но Петра, или делают это скорее с коварною целью, то есть как бы говоря: «Учитель ваш – противник закона; разве захочет Он платить дидрахмы?».

И когда вошел он в дом, то Иисус, предупредив его, сказал: как тебе кажется, Симон? цари земные с кого берут пошлины или подати? с сынов ли своих, или с посторонних?

Мф.17:26. Петр говорит Ему; с посторонних. Иисус сказал ему: итак, сыны свободны;

Как Бог, Он хотя и не слыхал, но знал, о чем они говорили с Петром. Поэтому и предупредил его, говоря: если цари земли не берут подати с своих сыновей, а с чужих, то как Царь Небесный возьмет дидрахму с Меня, Своего Сына? Ибо эта дидрахма, как сказано уже раньше, предназначалась для храма и священников. Итак, если сыновья земных царей свободны, то есть ничего не платят, то тем более Я.

---

[5] Две драхмы – определенная дань на храм.

Мф.17:27. но чтобы нам не соблазнить их, пойди на море, брось уду и первую рыбу, которая попадется, возьми, и, открыв у ней рот, найдешь статир[6]; возьми его, и отдай им за Меня и за себя.

Чтобы, говорит, нас не считали гордыми и склонными к презрению и чтобы мы не соблазняли их, дай подать, ибо Я даю ее не потому, что должен дать, но для того, чтобы исправить их немощь. Отсюда научаемся, что не должно служить соблазном там, где нет вреда для нас. Где есть вред для нас от какого-либо действия, там не должно заботиться о тех, которые неразумно соблазняются. Чтобы показать, что Он есть Бог и владеет морем, Христос посылает Петра добыть статир из рыбы, а вместе с тем мы научаемся и некоторому таинству. Ибо и наша природа – это рыба, погруженная в глубину неверия, но апостольское слово извлекло нас и нашло в наших устах статир, то есть слова Господа и исповедание Христа. Ибо кто исповедует Христа, тот имеет в своих устах статир, состоящий из двух дидрахм. И Христос, как Бог и как человек, имеет два естества. Итак, этот статир, Христос, предан на смерть за людей двух родов – за язычников и иудеев, за праведников и грешников. Если же увидишь какого-либо сребролюбца, ничего не имеющего во рту, кроме серебра и золота, считай, что и он рыба, которая плавает в житейском море. Но если бы нашелся какой-нибудь учитель, подобный Петру, то он уловляет его и извлекает из уст его золото и серебро. Под статиром некоторые разумеют многоценный камень, который находят в Сирии, другие же – четвертую долю златницы.

---

[6] Статир 4 драхмы.

ГЛАВА ВОСЕМНАДЦАТАЯ

Мф.18:1. В то время ученики приступили к Иисусу и сказали: кто больше в Царстве Небесном?

Так как они видели, что Петр был почтен Христом (он же почтен тем, что получил повеление дать статир за Христа и за самого себя), то поэтому испытали нечто человеческое и, снедаемые завистью, подходят стороною, спрашивая Господа: «кто больше?».

Мф.18:2. Иисус, призвав дитя, поставил его посреди них

Мф.18:3. и сказал: истинно говорю вам, если не обратитесь и не будете как дети, не войдете в Царство Небесное.

Мф.18:4. итак, кто умалится, как это дитя, тот и больше в Царстве Небесном.

Видя, что учениками овладевает страсть честолюбия, Господь удерживает их, показывая им чрез скромное дитя путь смирения. Ибо нам должно быть детьми по смирению духа, но не по детству мышления, по незлобию, но не по неразумию. Говоря: «если не обратитесь», показал, что от смиренномудрия они перешли к честолюбию. Итак, должно возвратиться опять туда, то есть к смиренномудрию, от которого вы уклонились.

Мф.18:5. и кто примет одно такое дитя во имя Мое, тот Меня принимает;

Мф.18:6. а кто соблазнит одного из малых сих, верующих в Меня, тому лучше было бы, если бы повесили ему мельничный жернов на шею и потопили в глубине морской.

Вам, говорит, не только должно быть смиренными, но если ради Меня почтите и других смиренных, то получите награду, ибо Меня примете, когда детей, то есть смиренных, примете. Затем и наоборот говорит: «кто соблазнит, – то есть обидит, – одного из малых сих», то есть из тех, которые уничижают и смиряют себя, хотя бы и велики были, «тому лучше было бы, если бы повесили ему мельничный жернов на шею». Ясно указывает чувствительное наказание, желая показать, что многое мучение перенесут те, кто обижает смиренных во Христе и соблазняет их. Но ты пойми, что если кто соблазнит действительно малого, то есть слабого, и не поднимет его всячески, тот будет наказан, ибо взрослый не так легко соблазняется, как малый.

Мф.18:7. Го́ре миру от соблазнов: ибо надобно прийти соблазнам; но го́ре тому человеку, чрез которого соблазн приходит.

Как человеколюбец, Господь оплакивает мир, потому что он будет терпеть вред от соблазнов. Но кто-нибудь скажет: зачем нужно оплакивать, когда необходимо помочь и протянуть руку? Мы скажем, что и оплакивать кого-либо есть тоже помощь. Ибо часто можно видеть, что тем, которым наше увещание не принесло никакой пользы, мы доставляем пользу, оплакивая их, и они приходят в чувство. И если Господь говорит, что соблазны необходимо должны прийти, то как мы можем их избежать? Нужно им прийти, но нет необходимости нам погибнуть, так как есть возможность противостоять соблазнам. Под соблазнами разумей людей, препятствующих в добре, под миром же – людей дольних и пресмыкающихся по земле, которых именно и легко удержать от делания добра.

Мф.18:8. Если же рука твоя или нога твоя соблазняет тебя, отсеки их и брось от себя: лучше тебе войти в жизнь без руки или без ноги, нежели с двумя руками и с двумя ногами быть ввержену в огонь вечный;

Мф.18:9. и если глаз твой соблазняет тебя, вырви его и брось от себя: лучше тебе с одним глазом войти в жизнь, нежели с двумя глазами быть ввержену в геенну огненную.

Под рукою, ногою и глазом разумей друзей, которых мы имеем в числе членов. Итак, если бы и таковые, то есть близкие друзья, оказались вредными для нас, то должно презирать их, как гнилые члены, и отсекать, чтобы они не повредили и других. Так что из этого ясно, что если и есть нужда, чтобы пришли соблазны, то есть вредные люди, то нет необходимости, чтобы мы портились. Ибо если будем поступать так, как сказал Господь, и будем отсекать от себя тех, кто причиняет нам вред, хотя бы они и друзьями были, то не потерпим вреда.

Мф.18:10. Смотрите, не презирайте ни одного из малых сих; ибо говорю вам, что Ангелы их на небесах всегда видят лице Отца Моего Небесного.

Мф.18:11. Ибо Сын Человеческий пришел взыскать и спасти погибшее.

Заповедует не унижать тех, которые считаются малыми, то есть нищих духом, но великих у Бога. Ибо они, говорит, настолько любимы Богом, что имеют ангелов своими защитниками, чтобы демоны не вредили им. Каждый из верующих, вернее и все мы, люди, имеем ангелов. Но ангелы малых и смиренных во Христе настолько близки к Богу, что постоянно созерцают лице Его, предстоя Ему. Отсюда ясно, что хотя все мы имеем ангелов, но ангелы грешников, как бы стыдясь за наше недерзновение, и сами не имеют смелости созерцать лицо Божие и даже молиться за нас; ангелы же смиренных созерцают лицо

Божие, потому что имеют дерзновение. «И что говорю, – говорит Господь, – что таковые имеют ангелов? Я пришел для того, чтобы спасти погибшее и стать близким к тем, которые многими считаются ничтожными».

Мф.18:12. Как вам кажется? Если бы у кого было сто овец, и одна из них заблудилась, то не оставит ли он девяносто девять в горах и не пойдет ли искать заблудившуюся?

Мф.18:13. И если случится найти ее, то истинно говорю вам, он радуется о ней более, нежели о девяносто девяти незаблудившихся.

Мф.18:14. Та́к, нет воли Отца вашего Небесного, чтобы погиб один из малых сих.

У какого человека было сто овец? У Христа. Ибо всякое разумное творение – ангелы, равно и люди, это сто овец, пастырь которых есть Христос; Он не овца, ибо Он не создание, но Сын Божий. Итак, Он оставил девяносто девять из Своих ста овец на небе, принял вид раба, пошел искать одну овцу, то есть человеческую природу, и радуется ей более, чем твердости ангелов. Вместе взятое, это указывает, что Бог заботится об обращении грешников и радуется им более, чем тем, кто имеет твердость в добродетели.

Мф.18:15. Если же согрешит против тебя брат твой, пойди и обличи его между тобою и им одним; если послушает тебя, то приобрел ты брата твоего;

Мф.18:16. если же не послушает, возьми с собою еще одного или двух, дабы устами двух или трех свидетелей подтвердилось всякое слово;

Мф.18:17. если же не послушает их, скажи церкви; а если и церкви не послушает, то да будет он тебе, как язычник и мыта́рь.

Направив сильное слово против тех, кто соблазняет, Господь исправляет теперь и соблазняемых. Чтобы ты, говорит, будучи соблазняем, не пал совершенно по причине того, что соблазняющий имеет наказание, Я хочу, чтобы ты, когда тебя соблазняют, то есть вредят тебе, изобличал тех, кто поступает с тобой несправедливо и вредит, если он христианин. Смотри, что говорит: «если согрешит против тебя брат твой», то есть христианин. Если неверный поступает несправедливо, откажись и от того, что принадлежит тебе; если же брат, изобличи его, ибо не сказано «оскорби», но «обличи». «Если же послушает», то есть если придет в себя, ибо Господь желает, чтобы согрешающие были обличаемы прежде наедине, чтобы, будучи обличаемы пред лицем многих, они не сделались бесстыднее. Если же, и обличаемый при двух или трех свидетелях, он не устыдится, поведай падение его предстоятелям церкви. Ибо если он не послушал двух или трех, хотя закон говорит, что при двух или трех свидетелях стоит, то есть пребывает твердым, всякое слово, то пусть он, наконец, будет вразумлен церковью. Если же не послушает и ея, тогда пусть будет извержен, чтобы не передал своего зла и другим. Господь уподобляет таковых братьев мытарям, ибо мытарь был неким презираемым предметом. Утешением для обиженного является то, что обидевший его считается мытарем и язычником, грешником и неверным. Итак, это только и есть наказание для того, кто поступает несправедливо? Нет! Послушай и последующее.

Мф.18:18. Истинно говорю вам: что́ вы свяжете на земле, то́ будет связано на небе; и что́ разрешите на земле, то́ будет разрешено на небе.

Если, говорит, ты, обиженный, будешь иметь как мытаря и язычника того, кто поступил с тобой несправедливо, то таковым он будет и на небе. Если же ты разрешишь его, то есть простишь, то он будет прощен и на небе. Ибо не только то, что разрешают священники, бывает разрешаемо, но и то, что мы, когда с нами поступают несправедливо, связываем или разрешаем, бывает связываемо или разрешаемо и на небе.

Мф.18:19. Истинно также говорю вам, что если двое из вас согласятся на земле просить о всяком деле, то, чего бы ни попросили, будет им от Отца Моего Небесного,

Мф.18:20. ибо, где двое или трое собраны во имя Мое, там Я посреди их.

Вводит нас этими изречениями в любовь. Запретив нам соблазнять друг друга, вредить и терпеть вред, теперь говорит и о согласии друг с другом. Под соглашающимися разумеются содействующие друг другу не во зле, но в добре, ибо смотри, что сказал: «если двое из вас», то есть верующих, добродетельных. И Анна, и Каиафа согласны были, но в том, что достойно порицания. Ведь часто бывает, что прося не получаем этого, потому что не имеем согласия друг с другом. Не сказал: «буду», ибо Он не намеревается и не медлит, но «есмь», то есть тотчас оказываюсь там. Можешь думать, что и в том случае, если плоть и дух приходят в согласие и плоть не похотствует на дух, тогда Господь находится посреди. Соглашаются и три силы души – ум, чувство и воля. Но Ветхий и Новый Заветы, они оба согласны между собой; и среди них оказывается Христос, будучи проповедуем обоими.

Мф.18:21. Тогда Петр приступил к Нему и сказал: Господи! сколько раз прощать брату моему, согрешающему против меня? до семи ли раз?

Мф.18:22. Иисус говорит ему: не говорю тебе: до семи, но до седмижды семидесяти раз.

Это есть то, о чем спрашивает Петр: если брат согрешит, потом придет и, раскаявшись, будет просить прощения, то сколько раз я должен простить его? Он присовокупил: если согрешит против меня. Ибо в том случае, когда кто-либо согрешит против Бога, я, простой человек, не могу простить его, если только я не священник, имеющий божественный чин. Если же брат согрешит против меня, затем я прощу его, то он будет прощен, хотя бы я и был частный человек, а не священник. Сказал: «до седмижды семидесяти раз» не для того, чтобы числом ограничить прощение, – странно было бы, если бы кто-нибудь сидел, высчитывая, пока не составится четыреста девяносто (ибо столь велико седмижды семьдесят), но обозначает здесь бесконечное число. Господь как бы так говорил: сколько бы раз кто-либо согрешая ни каялся, прощай ему. Об этом говорит и следующей притчей, что мы должны быть сострадательны.

Мф.18:23. Посему Царство Небесное подобно царю, который захотел сосчитаться с рабами своими;

Мысль этой притчи учит нас прощать сорабам их грехи против нас, а тем более тогда, когда они падают ниц, прося прощения. Исследовать по частям эту притчу доступно только тому, кто имеет ум Христов. Но отважимся и мы. Царство – Слово Божие, и царство не малых каких-либо, но небесных. Оно уподобилось человеку-царю, воплотившись ради нас и быв в подобии человеческом. Он берет отчет от своих рабов, как добрый судья для них. Без суда Он не наказывает. Это было бы жестокостью.

Мф.18:24. когда начал он считаться, приведен был к нему некто, который должен был ему десять тысяч талантов[7];

Мф.18:25. а как он не имел, чем заплатить, то государь его приказал продать его, и жену его, и детей, и всё, что он имел, и заплатить.

---

[7] Вес серебра.

Десять тысяч талантов должны мы, как ежедневно благодетельствуемые, но не воздающие Богу ничего доброго. Десять тысяч талантов должны и те, кто принял начальство над народом или над многими людьми (ибо каждый человек – талант, по слову: великое дело человек) и затем нехорошо пользуется своею властью. Продажа должника с женою и детьми его обозначает отчуждение от Бога, ибо тот, кого продают, принадлежит другому господину. Разве жена не плоть и супружница души, а дети не действия ли, зло совершаемые душой и телом. Итак, Господь повелевает, чтобы плоть была предана сатане на погибель, то есть была предана болезням и мучению демона. Но и дети, разумею силы зла, должны быть связаны. Так, если чья-либо рука крадет, то Бог иссушает ее или связывает чрез какого-нибудь демона. Итак, жена, плоть и дети, силы зла, преданы истязанию, чтобы спасся дух, ибо такой человек не может уже действовать воровски.

Мф.18:26. тогда раб тот пал и, кланяясь ему, говорил: государь! потерпи на мне, и всё тебе заплачу́.

Мф.18:27. Государь, умилосердившись над рабом тем, отпустил его и долг простил ему.

Обрати внимание на силу покаяния и человеколюбие Господа. Покаяние сделало то, что раб упал в зле. Кто стоит в зле твердо, тот не получает прощения. Человеколюбие Божие совершенно простило и долг, хотя раб просил не совершенного прощения, но отсрочки. Научись отсюда, что Бог дает и более того, что мы просим. Столь велико человеколюбие Его, так что и это, по-видимому, жестокое повеление – продать раба Он сказал не по жестокости, но для того, чтобы устрашить раба и убедить его обратиться к молитве и утешению.

Мф.18:28. Раб же тот, выйдя, нашел одного из товарищей своих, который должен был ему сто динариев, и, схватив его, душил, говоря: отдай мне, что́ должен.

Мф.18:29. Тогда товарищ его пал к ногам его, умолял его и говорил: потерпи на мне, и всё отдам тебе.

Мф.18:30. Но тот не захотел, а пошел и посадил его в темницу, пока не отдаст долга.

Получивший прощение, выйдя, давит сораба. Никто из тех, кто пребывает в Боге, не бывает несострадательным, но только тот, кто удаляется от Бога и делается чуждым Ему. Столь велико бесчеловечие в том, что получивший прощение в большем (десять тысяч талантов) не только не прощает совершенно меньшего (ста динариев), но и не дает отсрочки, хотя сораб говорит его же словами, напоминая ему, благодаря чему он сам спасся: «потерпи на мне, и все отдам тебе».

Мф.18:31. Товарищи его, видев происшедшее, очень огорчились и, придя, рассказали государю своему всё бывшее.

Ангелы являются здесь как ненавидящие зло и любящие добро, ибо они сослужители Бога. Не как незнающему они говорят это Господу, но для того, чтобы ты научился, что ангелы – это наши защитники и что они негодуют на бесчеловечных.

Мф.18:32. Тогда государь его призывает его и говорит: злой раб! весь долг тот я простил тебе, потому что ты упросил меня;

Мф.18:33. не надлежало ли и тебе помиловать товарища твоего, ка́к и я помиловал тебя?

Мф.18:34. И, разгневавшись, государь его отдал его истязателям, пока не отдаст ему всего долга.

Владыка судит раба по причине человеколюбия, чтобы показать, что не он, а жестокость раба и его неразумие отвращают дар. Каким мучителям предает? Может быть, карающим силам, так чтобы он вечно наказывался. Ибо «пока не отдаст всего долга» это обозначает: до тех пор пусть будет наказываем, пока не отдаст. Но он никогда не отдаст должного, то есть должного и заслуженного наказания, и он всегда будет наказываем.

Мф.18:35. Та́к и Отец Мой Небесный поступит с вами, если не простит каждый из вас от сердца своего брату своему согрешений его.

Не сказал: «Отец ваш», но «Отец Мой», ибо таковые недостойны иметь отцом Бога. Желает, чтоб отпускали сердцем, а не одними устами. Подумай же и о том, какое великое зло памятозлобие, если оно отвращает дар Бога. Хотя дары Бога не переменчивы, тем не менее и они отвращаются.

ГЛАВА ДЕВЯТНАДЦАТАЯ

Мф.19:1. Когда Иисус окончил слова сии, то вышел из Галилеи и пришел в пределы Иудейские, Заиорданскою стороною.

Мф.19:2. За Ним последовало много людей, и Он исцелил их там.

Господь снова приходит в Иудею, чтобы неверующие из жителей Иудеи не имели предлога оправдывать себя тем, что Он чаще посещал галилеян, чем их. Итак, за учением, по окончании беседы, опять следуют чудеса. Ибо нам должно и учить, и делать. Однако безрассудные фарисеи, в то время как им, при виде чудес, следовало бы уверовать, искушают Его. Выслушай:

Мф.19:3. И приступили к Нему фарисеи и, искушая Его, говорили Ему: по всякой ли причине позволительно человеку разводиться с женою своею?

Мф.19:4. Он сказал им в ответ: не читали ли вы, что Сотворивший в начале мужчину и женщину сотворил их (*Быт. 1, 27*)?

Мф.19:5. И сказал: посему оставит человек отца и мать и прилепится к жене своей, и будут два одною плотью,

Мф.19:6. так что они уже не двое, но одна плоть. Итак, что Бог сочетал, того человек да не разлучает.

О, безумие фарисеев! Такими вопросами думали они заградить уста Христу. Именно, если бы Он сказал: по всякой причине позволительно разводиться с женой, они бы могли Ему возразить: как же прежде говорил Ты, что никто не должен разводиться, разве только с прелюбодейною женою? А если бы Он сказал: совсем непозволительно разводиться с женой, то они думали обвинить Его в противоречии с Моисеем, ибо этот последний дозволил удалять ненавистную жену и без благовидной причины. Что же Христос? Он показывает, что единобрачие с самого начала установлено нашим Создателем. «В начале, – говорит Христос, – Бог сочетал одного мужа с одною же женой, потому не должно одному мужу сочетаваться со многими женами, равно как и одной жене со многими мужьями, но как они сопряжены от начала, так и должны оставаться, не расторгая сожительства без причины». Чтобы не изумить фарисеев, Христос не говорит: «Я» сотворил мужчину и женщину, а говорит неопределенно: «Сотворивший». Итак, по словам Его, Богу так угодно супружество, что ради онаго Он позволил даже родителей оставлять, чтобы прилепляться к супругу. Как же, теперь в книге Бытия написано, что слова: «посему оставит человек отца своего и мать» сказал Адам, а здесь Христос говорит, что Сам Бог сказал: «посему оставит» и т. д. Утверждаем: то, что сказал Адам, сказал он по внушению Божию, так что слово Адамово – слово Божие. Но если Адам и Ева вследствие естественной любви и совокупления стали одною плотью, то насколько преступно рассекать собственную плоть, настолько же беззаконно разлучать супругов. Господь не сказал: «да не разлучает Моисей», чтобы не возмутить фарисеев, а сказал вообще: «да не разлучает человек», выражая великое расстояние между сочетавшим Богом и разлучающим человеком.

Мф.19:7. Они говорят Ему: как же Моисей заповедал давать разводное письмо и разводиться с нею?

Мф.19:8. Он говорит им: Моисей, по жестокосердию вашему позволил вам разводиться с женами вашими, а сначала не было так;

Мф.19:9. но Я говорю вам: кто разведется с женою своею не за прелюбодеяние и женится на другой, *тот* прелюбодействует; и женившийся на разведенной прелюбодействует.

Фарисеи, видя, что Господь заградил их уста, были вынуждены сослаться на Моисея который в своих предписаниях как будто бы противоречит Христу. Они говорят: как же Моисей заповедал давать разводное письмо и разводиться? Но Господь, всякое обвинение обращающий на их голову, защищает Моисея и говорит: Моисей, давая такой закон, не противоречит Богу; такое постановление сделал он по причине вашего жестокосердия, чтобы вы, по своей распущенности нравственной, вознамерившись вступить в брак с другими женами, не стали погублять первых жен. Действительно, будучи жестоки, евреи доходили бы до убийства своих жен, если бы закон принуждал их непременно жить с ними. Ввиду этого Моисей постановил: пусть жены ненавистные для их супругов, получают документ о разводе. Но Я, – продолжает Господь,– говорю вам: хорошо разводиться только с женой преступной, прелюбодейной; когда же кто-либо прогонит жену, не впадшую в блуд, тот будет виновен, если она начнет прелюбодействовать. Можно понимать и так: «соединяющийся с Господом есть один дух с Господом» (*1Кор. 6, 17*). В этом отношении происходит некое сочетание верующего со Христом, так как все мы стали одно тело с Ним и составляем члены Христовы. В самом деле, сего союза никто не может расторгнуть, как и Павел говорит: «кто разлучит нас от любви Христовой?» (*Рим.8:35*). Ибо, что Бог сочетал, того не могут разлучить «ни человек, ни иная какая-либо тварь, ни ангелы, ни начала, ни власти», как говорит Павел (*Рим.8:38–39*).

Мф.19:10. **Говорят Ему ученики Его: если такова обязанность человека к жене, то лучше не жениться.**

Ученики смутились и говорили: если муж и жена соединены для того, чтобы оставаться нерасторгнутыми на всю жизнь, так что муж не должен прогонять жену, хотя бы она и была злая, то лучше не жениться. Легче не жениться и бороться с естественными похотями, нежели терпеть злую жену. «Обязанностью человека» Христос называет неразрывный супружеский союз. Некоторые толкователи, впрочем, понимают это так: если такова вина человека, то есть если муж, незаконно прогоняя жену, подлежит порицанию и осуждению, то лучше не жениться.

Мф.19:11. **Он же сказал им: не все вмещают слово сие, но кому дано,**

Так как ученики сказали, что лучше не вступать в брак, то Господь говорит, что хотя девство и великое дело, но не все могут сохранить оное, а только те, кому содействует Бог. Слово «дано» здесь стоит вместо «кому содействует Бог». Даруется же тем, которые просят, так как сказано: «просите, и дано будет вам. Всякий просящий получает».

Мф.19:12. **ибо есть скопцы, которые из чрева матернего родились так; и есть скопцы, которые оскоплены от людей; и есть скопцы, которые сделали сами себя скопцами для Царства Небесного. Кто может вместить, да вместит.**

Господь говорит: добродетель девства доступна немногим. «Есть скопцы от чрева матери их», то есть есть люди, которые, по самому устройству их природы, не испытывают влечения к женщинам: целомудрие таковых не имеет ценности. Есть, далее, такие, которые оскоплены людьми. Себя же оскопляют для Царства Небесного не те, которые отрезывают свои уды, – нет, это проклято, – но те, которые имеют воздержание. Понимай и так: бывает скопец от природы – человек, по природному устройству невозбуждаемый к любострастию. Людьми оскопляется тот, кто, вследствие наставления других людей, удалил, как бы вырезал, разжжение плотской похоти; оскопляющий же сам себя – это человек, склонившийся к целомудрию не по наставлению других, а по собственному расположению. Совершеннейшим является этот последний: он не другим кем-либо приведен к Царству Небесному, но сам пришел к нему. Господь, желая, чтобы мы добровольно осуществляли добродетель девства, говорит: «кто может вместить, да вместит». Он не принуждает соблюдать девство и не уничижает брак; Он только предпочитает девство.

Мф.19:13. Тогда приведены были к Нему дети, чтобы Он возложил на них руки и помолился; ученики же возбраняли им.

Мф.19:14. Но Иисус сказал: пустите детей и не препятствуйте им приходить ко Мне, ибо таковых есть Царство Небесное.

Матери приносили детей, чтобы дети их получили благословение чрез прикосновение рук Его. Но женщины с детьми подходили в беспорядке и с шумом, а потому ученики и не допускали их. Кроме того, ученики полагали, что достоинство их Учителя может унижаться, если будут подносить детей. Но Христос, показывая, что для Него приятнее тот, в ком нет лукавства, говорит: «пустите детей, ибо таковых есть Царство Небесное». Он не сказал: «этих», но «таковых», то есть простых, невинных, незлобных. Посему если и ныне к какому-либо учителю приходят христиане, предлагая детские вопросы, то учитель не должен удалять их от себя, но должен принять их.

Мф.19:15. И возложив на них руки, пошел оттуда.

Мф.19:16. И вот, некто, подойдя, сказал Ему: Учитель благий! что сделать мне доброго, чтобы иметь жизнь вечную?

Мф.19:17. Он же сказал ему: что ты называешь Меня благим? Никто не благ, как только один Бог.

Этот человек подошел не с целью искушать Христа, но с целью получить наставление, так как жаждал жизни вечной. Только он подошел к Христу, как простому человеку, а не как к Богу. Потому Господь и говорит ему: «что ты называешь Меня благим? Никто не благ, как только один Бог», то есть, если ты называешь Меня благим, считая в то же время за обыкновенного учителя, то ты ошибаешься: в действительности никто из людей не благ. Во-первых, мы очень легко уклоняемся от добра, во-вторых, самая доброта человеческая в сравнении с благостью Бога – не более как злоба.

Если же хочешь войти в жизнь *вечную*, соблюди заповеди.

Мф.19:18. Говорит Ему: какие? Иисус же сказал: не убивай; не прелюбодействуй; не кради; не лжесвидетельствуй;

Мф.19:19. почитай отца и мать; и: люби ближнего твоего, как самого себя.

Господь отсылает вопросившего к заповедям закона, дабы иудеи не могли сказать, что Он презирает закон. Что же?

Мф.19:20. Юноша говорит Ему: всё это сохранил я от юности моей; чего еще недостает мне?

Некоторые осуждают этого юношу, как человека хвастливого и тщеславного. Как же, говорят, он в совершенстве любил ближнего, когда оставался богатым? Кто любит ближнего, как самого себя, тот не может быть богаче ближнего. Ближний же – всякий человек. Иные понимают это так: допустим, что я бы сохранил все это: тогда чего бы мне еще недоставало?

Мф.19:21. Иисус сказал ему: если хочешь быть совершенным, пойди, продай имение твое и раздай нищим; и будешь иметь сокровище на небесах; и приходи и следуй за Мною.

Мф.19:22. Услышав слово сие, юноша отошел с печалью, потому что у него было большое имение.

Что, говорит, ты исполнил по твоим словам, то исполнил только по-иудейски. Если же хочешь быть совершенным, то есть Моим учеником и христианином, то пойди, продай свое имение и тотчас же все раздай, не оставляя у себя ничего под предлогом, что хочешь постоянно подавать милостыню. Не сказал: «давай нищим», но «все отдай и стань неимущим». Потом, так как иные хотя и милостивы, но ведут жизнь, полную всякой нечистоты, Христос говорит: «и приходи, и следуй за Мною», то есть имей и все прочие добродетели. Но юноша опечалился. Хотя он и желал, хотя почва сердца его была глубока и тучна, однако семя слова Господня было подавлено тернием богатства, «ибо, – замечает евангелист, – у него было большое имение». Кто немного имеет, тот менее и опутан узами имущества, но чем больше богатство, тем крепче оковы налагает оно. Еще: так как Господь разговаривал с богатым, то и сказал: «ты будешь иметь сокровище на небесах», если уже ты любитель богатства.

Мф.19:23. Иисус же сказал ученикам Своим: истинно говорю вам, что трудно богатому войти в Царство Небесное;

Мф.19:24. ещё говорю вам: удобнее верблюду пройти сквозь игольные уши, нежели богатому войти в Царство Божие.

Богач не войдет в Царство Небесное, пока он богат и имеет излишнее, в то время как другие не имеют необходимого. Но когда богатый отрясет все и таким войдет в Царство Небесное, то он уже войдет отнюдь не богатым. Имеющему же многое так же невозможно войти, как невозможно верблюду пройти сквозь игольные уши. Смотри же, как Христос выше сказал: «трудно войти», а здесь говорит, что совершенно невозможно. Некоторые под верблюдом разумеют не животное, а толстый канат, который употребляют моряки при бросании якорей.

Мф.19:25. Услышав это, ученики Его весьма изумились и сказали: так кто же может спастись?

Мф.19:26. А Иисус, воззрев, сказал им: человекам это невозможно, Богу же всё возможно.

Человеколюбивые ученики спрашивают не для себя, ибо сами были бедны, но для всех людей. Господь же учит измерять дело спасения не немощью человеческою, но силою Божиею. Если кто-либо станет избегать корыстолюбия, то он, при помощи Божией, сперва успеет в том, что отсечет излишнее, а потом дойдет до того, что истратит на бедных и необходимое; так помощь Божия добрым путем приведет его к Царству Небесному.

Мф.19:27. Тогда Петр, отвечая, сказал Ему: вот, мы оставили всё и последовали за Тобою; что же будет нам?

Хотя Петр, будучи беден, по-видимому, не оставил чего-либо большого, однако знай, что на самом деле и он оставил многое. Мы, люди, бываем крепко привязаны и к немногому. Петр же пренебрег всем приятным в мире, подавил даже и естественную любовь к родителям. Эти страсти воюют не только против богатых, но и против бедных. Что же Господь?

Мф.19:28. Иисус же сказал им: истинно говорю вам, что вы, последовавшие за Мною, в пакибытии, когда сядет Сын Человеческий на престоле славы Своей, сядете и вы на двенадцати престолах судить двенадцать колен Израилевых.

Ужели в самом деле сядут? Нет: под образом сидения Господь обозначил особенную честь. Но ужели сядет и Иуда? Опять нет: это сказано о тех, которые последовали, то есть остались верными Христу до конца, а Иуда не остался таковым. Бог обещает блага достойным, но когда эти люди изменятся и станут недостойными, блага эти отнимаются. Подобным образом бывает и с бедствиями: Бог иногда угрожает нам бедами, но не насылает, если мы переменимся. Под «пакибытием» разумей воскресение.

Мф.19:29. И всякий, кто оставит до́мы или братьев, или сестер, или отца, или мать, или жену, или детей, или зе́мли, ради имени Моего, получит во сто крат и наследует жизнь вечную.

Чтобы кто-нибудь не подумал, что сказанное выше касается одних только учеников, Господь распространил обетование на всех, поступающих подобно ученикам Его. И они, вместо родственников по плоти, будут иметь свойство и братство во Христе, вместо полей – рай, вместо каменных домов – горний Иерусалим, вместо отца – старцев в церкви, вместо матери – стариц, вместо жены – всех верных жен, не по браку – нет, но по духовной любви и попечению о них. Но Господь не повелевает непременно разлучаться с домашними, а только тогда, когда они препятствуют благочестивой жизни. Подобным образом Он повелевает пренебрегать душой и телом, а не в том смысле, что надо убивать самого себя. Смотри, как Бог, будучи благ, не только возвращает нам покинутое нами, но сверх того дает еще и вечную жизнь. Постарайся же и ты продать имение свое и раздать нищим. А имение это у гневливого – его гнев, у прелюбодея – его прелюбодейная склонность, у злопамятного – памятозлобие и т. д. Продай же это и отдай бедным, то есть демонам, у которых нет ничего доброго. Возврати свои страсти виновникам страстей и тогда будешь иметь сокровище, то есть Христа, на небе, то есть в своем уме, поднявшемся на высоту. Ты можешь иметь внутри себя небо, если станешь таким, каков Тот, Кто превыше всех небес.

Мф.19:30. Многие же будут первые последними, и последние первыми.

Здесь Христос указывает на иудеев и язычников. Те, будучи первыми, сделались последними, а язычники, которые были последними, стали первыми. Чтобы ты ясно уразумел о том, что говорится, Он приспособляет к этому и следующую притчу.

ГЛАВА ДВАДЦАТАЯ

Мф.20:1. Ибо Царство Небесное подобно хозяину дома, который вышел рано поутру нанять работников в виноградник свой

Мф.20:2. и, договорившись с работниками по динарию на день, послал их в виноградник свой;

Мф.20:3. выйдя около третьего часа, он увидел других, стоящих на торжище праздно,

Мф.20:4. и им сказал: идите и вы в виноградник мой, и что́ следовать будет, дам вам. Они пошли.

Мф.20:5. Опять выйдя около шестого и девятого часа, сделал то́ же.

Мф.20:6. Наконец, выйдя около одиннадцатого часа, он нашел других, стоящих праздно, и говорит им: что́ вы стоите здесь целый день праздно?

Мф.20:7. Они говорят ему: никто нас не нанял. Он говорит им: идите и вы в виноградник мой, и что следовать будет, полу́чите.

Царство Небесное есть Христос. Он уподобляется человеку, потому что принял наш образ. Он домовладыка, так как господствует над домом, то есть церковью. Сей-то Христос исшел из недр Отца и нанимает работников в виноградник, то есть для изучения Писаний и исполнения заповедей, содержащихся там. Можно и так понимать: Он нанимает всякого человека возделывать виноградник, то есть совершенствовать во благом собственную душу. Он нанимает одного утром, то есть в детском возрасте, другого – около третьего часа, то есть в отроческом возрасте, иного около шестого и девятого часа, на двадцать пятом или тридцатом году, вообще, в мужском возрасте, и около одиннадцатого часа – старцев, ибо многие уверовали, будучи уже старцами. Или иначе: под днем разумеется настоящий век, ибо в течение его мы работаем, как в течение дня. В первом часу дня Господь призвал Эноха, Ноя и их современников, в третьем – Авраама, в шестом – Моисея и живших вместе с ним, в девятом – пророков, а в одиннадцатом, под конец веков, – язычников, у которых не было ни одного доброго дела: их «никто не нанимал», то есть ни один пророк не был послан к язычникам.

Мф.20:8. Когда же наступил вечер, говорит господин виноградника управителю своему: позови работников и отдай им плату, начав с последних до первых.

Мф.20:9. И пришедшие около одиннадцатого часа получили по динарию.

Мф.20:10. Пришедшие же первыми думали, что они получат больше, но получили и они по динарию;

Мф.20:11. и, получив, стали роптать на хозяина дома

Мф.20:12. и говорили: эти последние работали один час, и ты сравнял их с нами, перенесшими тягость дня и зной.

Мф.20:13. Он же в ответ сказал одному из них: друг! я не обижаю тебя; не за динарий ли ты договорился со мною?

Мф.20:14. возьми свое, и пойди; я же хочу дать этому последнему *то́ же*, что́ и тебе;

Мф.20:15. разве я не властен в своем делать, что́ хочу? или глаз твой завистлив от того, что я добр?

Мф.20:16. Так будут последние первыми и первые последними; ибо много званных, а мало избранных.

Вечер есть кончина века; при кончине все получают по динарию; динарий – это благодать Святого Духа, которая преобразует человека по образу Божию, делает его причастником Божеского естества. Более понесли труда жившие до пришествия Христова, так как тогда еще не была разрушена смерть, не был сокрушен дьявол, и был жив грех. Мы же, благодатью Христовой оправдавшись в крещении, получаем силу побеждать своего врага, уже прежде низложенного и умерщвленного Христом. По первому толкованию, те, которые в юности уверовали, несут более труда, чем пришедшие ко Христу в старости. Юноша переносит «тяготу» гнева и зной похоти, а старик спокоен от этого. Тем не менее, все сподобляются одинакового дара Святого Духа. Притча научает нас, что можно и в старости чрез покаяние получить Царство Небесное, ибо старость и обозначается одиннадцатым часом. Но, согласно притче, не будут ли святые завидовать получившим равные с ними награды? Никоим образом. Здесь показывается только то, что блага, уготованные праведным, так обильны и высоки, что могли бы возбудить зависть.

Мф.20:17. И, восходя в Иерусалим, Иисус доро́гою отозвал двенадцать учеников одних и сказал им:

Мф.20:18. Вот, мы восходим в Иерусалим, и Сын Человеческий предан будет первосвященникам и книжникам, и осудят Его на смерть;

Мф.20:19. и предадут Его язычникам на поругание и биение и распятие; и в третий день воскреснет.

Мф.20:20. Тогда приступила к Нему мать сыновей Зеведеевых с сыновьями своими, кланяясь и чего-то прося у Него.

Мф.20:21. Он сказал ей: чего ты хочешь? Она говорит Ему: скажи, чтобы сии два сына мои сели у Тебя один по правую сторону, а другой по левую в Царстве Твоем.

Сыны Зеведеевы думали, что если Господь пойдет в Иерусалим, то станет земным царем, так как часто слышали Его слова: восходим в Иерусалим. Посему они допустили человеческий помысл и заставили мать подойти, сами стыдясь явно подступить к Нему, хотя незаметно и они подошли, как сообщает Марк; он говорит: «подходят к Нему Иаков и Иоанн», значит, и они незаметно и тайком подошли.

Мф.20:22. Иисус сказал в ответ: не знаете, чего просите[8]. Можете ли пить чашу, которую Я буду пить, или креститься крещением, которым Я крещусь? Они говорят Ему: можем.

Оставивши мать, Господь вступает в разговор с сыновьями, чтобы показать, что Ему известно, что они заставили мать так говорить. Он говорит им: «не знаете, чего просите», не знаете, что это велико и изумительно даже и для ангельских сил. Потом, отклоняя их от таких помыслов, направляет их ум к скорбям. Спрашивает же не потому, что не знал, но чтобы заставить их ответом открыть внутреннюю болезнь духовную, то есть честолюбие, и чтобы они постарались исполнить обещание. Он говорит как бы так: поскольку никто не может стать участником в Царстве Моем, если не будет участником и в Моих страданиях, то скажите Мне, можете ли вы вынести таковые страдания? «Чашею» он называет Свои страдания и смерть, показывая, с одной стороны, что эти страдания так легки, как легко выпить чашу, а потому и нам должно с готовностью идти на страдания, а с другой стороны – названием «чаша» показывая, что и Сам Он добровольно идет на смерть. Далее, как выпивший чашу, будучи отягчен, тотчас засыпает, так и испивший чашу

---

[8] «не вјь́ста, чесо́ про́сита» – обращение в двойственном числе..

страдания погружается в сон смерти. Смерть Свою Он называет крещением, потому что Его смерть имеет для всех нас очищающее значение. Они дали обещание, не понимая, о чем идет речь, и с готовностью обещая все, чтобы только получить желаемое.

Мф.20:23. **И говорит им: чашу Мою будете пить, и крещением, которым Я крещусь, будете креститься; но дать сесть у Меня по правую сторону и по левую – не от Меня** *зависит***, но кому уготовано Отцем Моим.**

Я знаю, что вы понесете страдания. Так действительно и было. Иакова умертвил Ирод, а Иоанна осудил Траян за свидетельство о Слове истины. Слова «дать сесть у Меня по правую сторону и по левую – не от Меня зависит, но кому уготовано» означает: если окажется, что потерпевший мучения вместе с тем имеет и все прочие добродетели, такой человек получит дар. Представим себе, что предложено состязание на ристалище; награды победителям раздает сам царь. Если бы к царю подошел кто-либо, не участвовавший в состязании, и сказал ему: «раздаятель наград, даруй мне венец без подвига с моей стороны», то царь ответил бы таковому: я не имею права дать венок даром, – он назначен для того, кто состязался и победил. Так и здесь говорит Христос: Я не могу даром дать вам правое место возле Себя, оно уготовано для подвизавшихся и принадлежит им. Ты спросишь: что же, некоторые и воссядут? Узнай, что никто там не сядет. Это свойственно единому только Божественному естеству. «Кому когда из ангелов сказал Бог: седи одесную Меня?» Так сказал Господь, применяясь к их понятию. Они, не понявши, что прежде сказанные слова Господа о сидении на двенадцати престолах – образное выражение относительно славы, ожидающей их, просили такого сидения в буквальном смысле.

Мф.20:24. Услышав *сие, прочие* десять *учеников* вознегодовали на двух братьев.

Мф.20:25. Иисус же, подозвав их, сказал; вы знаете, что князья народов господствуют над ними, и вельможи властвуют ими;

Мф.20:26. но между вами да не будет так: а кто хочет между вами быть бо́льшим, да будет вам слугою;

Мф.20:27. и кто хочет между вами быть первым, да будет вам рабом;

Мф.20:28. так как Сын Человеческий не *для того* пришел, чтобы Ему служили, но чтобы послужить и отдать душу Свою для искупления многих.

Когда десять учеников увидели, что двое получили от Христа упрек, то и они стали негодовать и этим обнаружили, что и они стремятся к такой же чести. Так несовершенны были ученики, что двое стремились возвыситься над десятью, а те десять завидовали двоим. Так как десять, услышав слова Господа, пришли в смущение, то Господь призывает их к Себе и уже одним призывом еще до беседы успокаивает их. До того сыны Зеведеевы, беседуя с Ним, отделились от прочих, теперь же Он вступает в беседу со всеми вообще. Зная, что страсть к первенству сильна и потому ей надо нанести решительный удар, Он говорит самое неприятное для учеников, причисляя их к язычникам и неверным, коль скоро они ищут славы. Обличая их, Он говорит так: прочие люди величаются своей властью, но любить власть – это страсть языческая; для Моих же учеников вся честь в смирении; посему кто хочет быть большим, тот должен служить слабейшим: в этом и состоит самое великое смирение; пример этого являю Я на Себе Самом: будучи Владыкою и Царем Небесным, Я смирил Самого Себя, чтобы послужить вашему спасению, и настолько, что душу Свою отдаю для избавления многих, – ибо все суть многие.

Мф.20:29. И когда выходили они из Иерихона, за Ним следовало множество народа.

Мф.20:30. И вот, двое слепых, сидевшие у дороги, услышав, что Иисус идет мимо, начали кричать: помилуй нас, Господи, Сын Давидов!

Мф.20:31. Народ же заставлял их молчать; но они еще громче стали кричать: помилуй нас, Господи, Сын Давидов!

Мф.20:32. Иисус, остановившись, подозвал их и сказал: чего вы хотите от Меня?

Мф.20:33. Они говорят Ему: Господи! чтобы открылись глаза наши.

Мф.20:34. Иисус же умилосердившись, прикоснулся к глазам их; и тотчас прозрели глаза их, и они пошли за Ним.

Слепые по молве узнали о Господе и, узнавши, что Он проходит мимо, воспользовались удобным временем. Они уверовали, что Иисус, происшедший от семени Давидова по плоти, может исцелить их. Имея такую пламенную веру, они не молчали, а когда их заставляли умолкнуть, еще громче кричали. Посему Господь и не спрашивает их, имеют ли они веру в Него, но спрашивает только, чего они хотят, чтобы кто-либо не подумал, что слепцы хотели одного, а Он им дал другое. Вопросом обнаруживает и то, что они кричали не для получения серебра, а для исцеления. Он исцеляет их прикосновением, дабы мы знали, что каждый член Его Святой плоти есть член животворящий и божественный. Далее, хотя Лука и Марк говорят об одном слепце, однако в этом нет разногласия с Матфеем: они упомянули о более известном. Объясняется и иначе: Лука говорит, что Господь исцелил слепого до входа в Иерихон, а Марк – что по выходе из Иерихона, Матфей же, предпочитая краткость, о том и другом повествует одновременно. Под слепыми разумей уверовавших во Христа из язычников: они исцелены Христом, так сказать, по пути. Христос пришел главным образом не ради язычников, а ради потомков Израиля. Как слепцы узнали о Христе по слуху, так и язычники от слышания уверовали и познали Христа. Заставлявшие слепых замолчать и не произносить имени Иисусова – это гонители христиан. Они силились заградить уста церкви, но она еще явственнее исповедовала имя Христово. За то она и исцелена: она ясно узрела свет истины и стала следовать Христу, подражая Ему в своей жизни.

ГЛАВА ДВАДЦАТЬ ПЕРВАЯ

Мф.21:1. И когда приблизились к Иерусалиму и пришли в Виффагию к горе Елеонской, тогда Иисус послал двух учеников,

Мф.21:2. сказав им: пойдите в селение, которое прямо пред вами; и тотчас найдете ослицу привязанную и молодого осла с нею; отвязав, приведите ко Мне;

Мф.21:3. и если кто скажет вам что-нибудь, отвечайте, что они надобны Господу; и тотчас пошлет их.

Мф.21:4. Всё же сие было, да сбудется реченное чрез пророка (*Ис.62:11*; *Зах.9:9*), который говорит:

Мф.21:5. скажите дщери Сионовой: се, Царь твой грядет к тебе кроткий, сидя на ослице и молодом осле, сыне подъяремной.

Господь воссел на осла не по какой-либо другой нужде, а единственно для того, чтобы исполнить пророчество и вместе чтобы показать нам, как скромно нужно ездить, ибо Он ехал не на лошади, а скромно на осленке. Пророчество Он исполняет и в историческом, и в таинственном смысле: в историческом через то, что видимым образом воссел на ослицу, в иносказательном же — воссевши на осленка, то есть на новый, необузданный и непокорный народ, язычников. Осел и ослица были привязаны узами своих грехов. Разрешить были посланы двое — Павел к язычникам, а Петр к обрезанным, то есть иудеям. И доныне двое разрешают нас от грехов — Апостол и Евангелие. Христос шествует кротко, ибо в первое пришествие Свое Он явился не судить мир, но спасти. Другие цари евреев были хищны и несправедливы, Христос же – Царь кроткий.

Мф.21:6. Ученики пошли и поступили так, как повелел им Иисус:

Мф.21:7. привели ослицу и молодого осла и положили на них одежды свои, и Он сел поверх их.

Лука и Марк говорят только об осленке, а Матфей – об ослице и осленке. Между ними нет противоречия, ибо когда повели осленка, за ним последовала и мать его. Иисус воссел на них, то есть не на двух животных, но на одежды. Или: сначала Он сидел на осле, а потом на осленке, так как сперва Он пребывал в иудейской синагоге, а потом избрал народ верный из язычников.

Мф.21:8. Множество же народа постилали свои одежды по дороге; а другие резали ветви с дерев и постилали по дороге;

Мф.21:9. народ же, предшествовавший и сопровождавший, восклицал: осанна[9] Сыну Давидову! благословен Грядущий во имя Господне! осанна в вышних!

Что касается прямого, исторического смысла, то постилание одежд выражает великую честь, а ношение срезанных ветвей – проявление торжества. В смысле же таинственном так понимай: Господь воссел, когда апостолы подостлали Ему одежды свои, то есть добродетели. Если душа не украшена апостольскими добродетелями, Господь не воссядет на нее. Предшествовавшие – это пророки, жившие до воплощения Христова, а сопровождающие – это жившие после воплощения мученики и учители. Они подстилают Христу свои

---

[9] Спасение.

одежды, то есть плоть покоряют духу, так как тело и есть одежда, покров души. Они разостлали тела свои на пути, то есть во Христе. «Я есмь путь», – говорит Он (*Ин.14:6*). Кто не постелет плоть свою, то есть не уничижит ея, пребывая на пути, во Христе, а уклонится в ересь, на того не воссядет Господь. «Осанна» – по словам одних, означает «песнь» или «псалом», а, по словам других, что вернее, – «спаси» нас. Господь называется Грядущим, ибо Его пришествия ожидали евреи. Так и Иоанн говорит: «Ты ли Грядущий?» (*Лк.7:20*), то есть Тот, пришествия Которого ожидают. Кроме того, Господь называется Грядущим и потому, что каждый день можно ожидать Его второго пришествия. Посему каждый из нас должен ожидать кончины века, пришествия Господня, и приготовляться к этому.

Мф.21:10. И когда вошел Он в Иерусалим, весь город пришел в движение и говорил: Кто Сей?

Мф.21:11. Народ же говорил: Сей есть Иисус, Пророк из Назарета Галилейского.

Бесхитростный и простой народ не завидовал Христу, но вместе с тем не имел о Нем и надлежащего понятия. Потому-то народ и в данном случае называет Его Пророком. Народ не говорил: это – Пророк, но: Пророк, то есть именно Тот, ожидаемый.

Мф.21:12. И вошел Иисус в храм Божий и выгнал всех продающих и покупающих в храме, и опрокинул столы меновщиков и скамьи продающих голубей,

Мф.21:13. и говорил им; написано, – дом Мой домом молитвы наречется; а вы сделали его вертепом разбойников.

Как господин дома, то есть храма, Господь изгнал торгующих, показывая, что принадлежащее Отцу принадлежит и Ему. Он так поступил, с одной стороны, имея попечение о благолепии в храме, а с другой – обозначая отмену жертв, ибо, изгнав быков и голубей, выразил, что нужно не такое жертвоприношение, которое состоит в заклании животных, а нужна молитва. Он говорит: «дом Мой – домом молитвы наречется, а вы сделали его вертепом разбойников», ибо в вертепах разбойников происходят убийства и кровопролития. Или же Он назвал храм вертепом разбойников потому, что там продавали и покупали; а любостяжание и есть страсть разбойников. Торжники – то же, что у нас меняльщики. Голубей продают торгующие степенями церковными: они продают благодать Святого Духа, явившегося некогда в виде голубя. Они изгоняются из храма, ибо недостойны священства. Смотри и ты, как бы не сделать храм Божий, то есть свои помыслы, вертепом разбойников, то есть демонов. Ум наш будет вертепом, если мы допустим склонные к вещественному помыслы о продаже, купле, о корысти, так что станем собирать и самые малые монеты. Равным образом мы сделаем себя вертепом разбойников, если будем продавать и покупать голубей, то есть утратим духовное наставление и рассуждение, какое в нас есть.

Мф. 21:14. И приступили к Нему в храме хромые и слепые, и Он исцелил их.

Исцелением больных показывает, что Он Бог и что Он хорошо сделал, изгнавши из храма недостойных. Здесь указывается и то, что по изгнании иудеев, привязанных к закону и закланию животных, приняты и исцелены Им хромые и слепые из язычников.

Мф. 21:15. Видев же первосвященники и книжники чудеса, которые Он сотворил, и детей, восклицающих в храме и говорящих: осанна Сыну Давидову! вознегодовали

Мф. 21:16. и сказали Ему: слышишь ли, что они говорят? Иисус же говорит им: да! разве вы никогда не читали: из уст младенцев и грудных детей Ты устроил хвалу?

Фарисеи, увидев, как дети восхваляют Христа песнью Давидовой, которую пророк, по-видимому, относит к Богу, терзаются от зависти и укоряют Его за то, что Он дозволяет применять к Нему то, что относится к Богу. Но Господь, защищая детей, говорит: да! мало того, что Я им не повелеваю замолчать, но еще привожу пророка свидетелем, а в вас изобличаю или невежество, или зависть; разве вы не читали: «из уст младенцев и грудных детей Ты устроил хвалу»? «Устроил» означает: Ты сделал стройную и совершенную хвалу. Хотя, по своему возрасту, дети считаются несовершенными, но они не от себя говорили это: нет, свои уста они вручили Духу Святому, они были орудиями Его. Потому и сказано: «из уст младенцев», ибо указывается, что слова вытекали не из разума детей, а только из уст, движимых Божественною благодатию. Это знаменовало, что Христа будут восхвалять младенцы и неразумные, то есть язычники. В этом давалось и для апостолов утешение; хотя они и простецы, но им дано будет слово. Так и ты, если будешь незлобив, как младенец, и если будешь питаться молоком духовным – словом Божиим, и ты окажешься достойным восхвалять Бога.

Мф. 21:17. И оставив их, вышел вон из города в Вифанию и провел там ночь.

Господь удаляется от них, как от недостойных, и идет в Вифанию. Слово это значит «дом послушания». Это означает, что от непокорных Он переходит к послушным Ему и водворяется у них, как сказано: «вселюсь в них и буду ходить *в них*» (*2Кор. 6, 16*).

Мф. 21:18. Поутру же, возвращаясь в город, взалкал;

Мф. 21:19. и увидев при дороге одну смоковницу, подошел к ней и, ничего не найдя на ней, кроме одних листьев, говорит ей: да не будет же впредь от тебя плода во век. И смоковница тотчас засохла.

Мф.21:20. Увидев это, ученики удивились и говорили: как это тотчас засохла смоковница?

Господь часто творил чудеса, и чудеса Его всегда были благодетельны. Он не сотворил ранее ни одного чуда для наказания кого-либо. В виду этого, дабы кто не подумал, что Он и не может наказывать, Господь проявляет здесь таковую карающую силу, но как человеколюбивый являет не на людях, а на дереве, подобно тому как прежде на стаде свиней. Он иссушает дерево, дабы вразумить людей. Ученики дивятся, – и основательно. Это дерево очень сочное; чудо же тем более обнаруживается, что дерево засохло мгновенно. Смоковница означает иудейскую синагогу, которая имеет только листья, то есть показную букву, но не имеет плода духовного. Так и всякий человек, преданный удовольствиям настоящей жизни, подобен этой смоковнице: он не имеет плода духовного для алчущего Иисуса, но только листья, временную и преходящую видимость. Таковой человек услышит на себя проклятие; ибо сказано: «Идите от Меня, проклятые, в огонь». Он будет и иссушен: во время мучений его в пламени у него будет сохнуть даже язык, как у евангельского богача.

Мф.21:21. Иисус же сказал им в ответ: истинно говорю вам, если будете иметь веру и не усомнитесь, не только сделаете то́, что́ *сделано* со смоковницею, но если и горе́ сей скажете: поднимись и ввергнись в море, – будет;

Мф.21:22. и всё, что ни попросите в молитве с верою, полу́чите.

Велико сие обетование Христа, данное ученикам: мы можем даже горы переставлять, если не будем раздумывать, то есть усомнимся, и все, чего только ни попросим, без всякого сомнения, веруя в силу Божию, получим. Кто-нибудь спросит: что же, если я буду просить чего-либо вредного и при этом неразумно буду веровать, что Бог даст мне это, то ужели получу и это вредное? И как человеколюбивый Бог может исполнить прошение о том, что вредно для меня? Слушай. Во-первых, когда слышишь о вере, то должен разуметь не неразумную, но истинную, равно и молитва, разумеется, испрашивающая полезного, как научил и Господь нас в словах: «не введи нас в искушение, но избавь нас от лукавого» и прочее (*Мф.6:13*). А потом обрати внимание на выражение «не усомнитесь». Кто соединен с Богом, так что составляет едино с Ним и никогда от Него не удаляется, как тот может попросить вредного? Таким образом, если мы будем неразлучны с Богом и от Него неотделимы, то будем просить только полезного и получим.

Мф.21:23. И когда пришел Он в храм и учил, приступили к Нему первосвященники и старейшины народа и сказали: какою властью Ты это делаешь? и кто Тебе дал такую власть?

Мф.21:24. Иисус сказал им в ответ: спрошу и Я вас об одном; если о том скажете Мне, то и Я вам скажу, какою властью это делаю;

Мф.21:25. крещение Иоанново откуда было: с небес или от человеков? Они же рассуждали между собою: если скажем: с небес, то Он скажет нам: почему же вы не поверили ему?

Мф.21:26. А если сказать: от человеков, – боимся народа, ибо все почитают Иоанна за пророка.

Мф.21:27. И сказали в ответ Иисусу: не знаем. Сказал им и Он: и Я вам не скажу, какою властью это делаю.

Учители закона, завидуя Его власти, с какою Он изгнал из храма торгующих, подходят к Нему с таким вопросом: кто такой Ты, что изгоняешь из храма торгующих? Ты сделал это по полномочию священника? Но ты не имеешь священнического сана. Или Ты поступаешь, как царь? Но Ты не царь. Да если бы Ты и был царем, то и тогда бы не мог так поступать: и цари в храме не имеют власти распоряжаться. Так спрашивали Господа враги Его со следующей целью: если Он скажет: «Я делаю это Своей властью», они могут оклеветать Его, как мятежника, присваивающего себе власть; если же Он скажет: «так поступаю Я по власти, данной Богом Мне», они отклонят от Него народ, который прославлял Его, как Бога,– они обнаружат пред народом, что Он не Бог и поступает так, как раб, в силу власти Божией. Как же отвечает им Христос, Сама Премудрость? Он «уловляет мудрых в коварстве их» (*1Кор.3:19*). Он подобным же образом спрашивает их об Иоанне, чтобы, если они скажут: «проповедь Иоанна была с неба», уличить их в богоборчестве, как не принявших оную, а если скажут: «от человеков», то чтобы подверглись опасности от народа, так как все почитали Иоанна за пророка. Этим Господь научает, что не должно отвечать на вопросы со злым умыслом. Он и Сам не дал ответа на коварный вопрос иудеев, хотя и не затруднился бы в ответе. Здесь же научаемся из примера Христа, что не должно и хвалиться. Господь хотя и мог бы сказать, по какой власти Он так поступает, все же не сказал, дабы не показалось, что Он прославляет Сам Себя.

Мф.21:28. А ка́к вам кажется? У одного человека было два сына; и он, подойдя к первому, сказал: сын! пойди сегодня, работай в винограднике моем.

Мф.21:29. Но он сказал в ответ: не хочу; а после, раскаявшись, пошел.

Мф.21:30. И подойдя к другому, он сказал то́ же. Этот сказал в ответ: иду, государь; и не пошел.

Мф.21:31. Который из двух исполнил волю отца? Говорят ему: первый. Иисус говорит им: истинно говорю вам, что мытари и блудницы вперед вас идут в Царствие Божие,

Мф.21:32. ибо пришел к вам Иоанн путем праведности, и вы не поверили ему, а мытари и блудницы поверили ему; вы же, и видев это, не раскаялись после, чтобы поверить ему.

Господь приводит здесь два рода людей, из которых одни сначала дали обещание, – таковы были иудеи, говорившие некогда: «все, что сказал Бог, сделаем и будем послушны», а другие – люди, первоначально не покорявшиеся, каковы блудницы и мытари, равно и язычники; все эти люди сначала не слушались воли Божией, а, в конце концов, покаялись и послушались. Заметь здесь премудрость Христа: Он не сказал фарисеям сначала: «мытари и грешники лучше всех вас», нет, Он сперва уловил их. Они сами признали, что из двух сыновей более покорный тот, который на деле исполнил волю отца. Когда же они признали это, Господь прибавил: «пришел Иоанн путем праведности», то есть жил безупречно; вы не можете сказать, что его жизнь в чем-нибудь была предосудительна. Однако же в то время как блудницы послушали его, вы – нет; потому они и предваряют вас, то есть вперед входят в Царство Божие. Постарайтесь же и вы, уверовав, войти хотя бы после них. Если же не уверуете, то и вовсе не войдете. И ныне многие дают обет Богу и отцу стать иноками или священниками, но после обета не хранят усердия, а другие не давали обета об иноческой или иерейской жизни, но проводят жизнь, как иноки или иереи; так что послушными чадами оказываются они, так как исполняют волю отца, хотя и ничего не обещали.

Мф.21:33. Выслушайте другую притчу. Был некоторый хозяин дома, который насадил виноградник, обнес его оградою, выкопал в нем точило, построил башню и, отдав его виноградарям, отлучился.

Господь говорит им и другую притчу, дабы показать, что они, сподобившись безмерного попечения о себе, все же не исправились. Человек «хозяин дома» есть Господь, называемый человеком по Своему человеколюбию. Виноградник – народ иудейский, насажденный Богом в земле обетованной, как сказано: «введ я, насади их в гору Святую Свою» (*Исх.15:17*). Ограда означает или закон, не позволявший иудеям сливаться с язычниками посредством браков, или же – святых ангелов, которые охраняли Израиля. Точило – жертвенник; башня – храм; виноградари – учители народа, фарисеи и книжники. Отлучился Домовладыка Бог, когда перестал говорить с евреями в столпе облачном; или удаление означает долготерпение Божие. Бог как бы предается сну или удаляется, когда долго терпит и не взыскивает немедленно за наши неправедные дела.

Мф.21:34. Когда же приблизилось время плодов, он послал своих слуг к виноградарям взять свои плоды;

Мф.21:35. виноградари, схватив слуг его, иного прибили, иного убили, а иного побили камнями.

Мф.21:36–37. Опять послал он других слуг, больше прежнего; и с ними поступили так же. Наконец, послал он к ним своего сына, говоря: постыдятся сына моего.

Мф.21:38. Но виноградари, увидев сына, сказали друг другу: это наследник; пойдем, убьем его и завладеем наследством его.

Мф.21:39. И, схватив его, вывели вон из виноградника и убили.

Время плодов наступило во времена пророков. Посланные рабы – это пророки, которых различно оскорбляли виноградари, то есть современные пророкам лжепророки и лжеучители, недостойные вожди народа. Одних они били, как, например, пророка Михея царь Седекия ударил по ланите; других убивали: так, Захарию убили между храмом и жертвенником; иных побивали камнями, как, например, Захарию, сына Иодая, первосвященника. Наконец, послан был Сын Божий, явившийся во плоти. Бог сказал: «постыдятся Сына Моего» не потому, чтобы не предвидел убийства Сына, но желая выразить, что должно было произойти. Он говорит: хотя беззаконники убили рабов, однако должны почтить, по крайней мере, достоинство Сына. Но виноградари, увидевши Сына, сказали: это наследник: пойдем, убьем его». Так те самые иудеи, которые говорили: «это – Христос», они же Его и распяли. «Вывели вон из виноградника и убили» – это значит: Христос предан смерти вне города. Но, как мы говорили, что виноградником называется народ, то фарисеи, злые виноградари, умертвили Сына Владыки вне виноградника и в этом смысле, то есть помимо желания бесхитростного народа.

Мф.21:40. Итак, когда придет хозяин виноградника, что сделает он с этими виноградарями?

Мф.21:41. Говорят Ему: злодеев сих предаст злой смерти, а виноградник отдаст другим виноградарям, которые будут отдавать ему плоды во времена свои.

Когда же придет? Во второе пришествие? Можно, конечно, и так понимать. Но лучше разуметь так: Господин виноградника – Бог Отец; Он послал Сына Своего, которого иудеи умертвили. Когда Он придет, то есть когда воззрит на беззаконие, совершенное начальниками, тогда «злодеев сих предаст злой смерти», пошлет на них римские войска. Виноградник же Свой отдаст иным виноградарям, то есть апостолам и христианским учителям. Можешь под виноградником разуметь и Божественное Писание: в нем ограда – буква; выкопанное точило – глубина духа; башня – возвышенное богословское учение. Сие Писание сначала было вверено злым виноградарям – фарисеям и книжникам, но потом Бог передал оное нам, усердно возделывающим его. И в этом смысле фарисеи убили Господа вне виноградника, то есть вопреки тому, что о Христе гласило Ветхозаветное Писание.

Мф.21:42. Иисус говорит им: неужели вы никогда не читали в Писании: «камень, который отвергли строители, тот самый сделался главою угла»? «Это от Господа, и есть дивно в очах наших»? (*Пс.117:22–23*)

Мф.21:43. Потому сказываю вам, что отнимется от вас Царство Божие и дано будет народу, приносящему плоды его;

Мф.21:44. и тот, кто упадет на этот камень, разобьется; а на кого он упадет, того раздавит.

Камнем называет Себя Самого, а строителями – учителей иудейских, которые отвергли Его, как непотребного, сказав: «Ты самарянин, и... бес в Тебе» (*Ин.8:48*). Но Он, восстав из мертвых, положен во главу угла, то есть стал Главою церкви, соединяя иудеев и язычников единой верою. Как камень, положенный под угол в здании, одновременно поддерживает ту и другую стену, так и Христос соединил всех единой верою. Этот угол дивен, и от Господа, ибо *церковь*, содержащая и объединяющая нас верою, – Божественного происхождения; она достойна великого удивления по своему благолепному устройству. Дивен угол сей и в таком смысле, что слово Христово утверждено и засвидетельствовано чудесами, так что устройство церкви чудно. Царство Божие, то есть близость к Богу, отнято от иудеев и передано уверовавшим. Иудеи, споткнувшись о камень, то есть, соблазнившись о Христе, будут сокрушены и при втором пришествии, хотя и теперь уже раздавлены им, то есть рассеяны всюду по земле, как видим это на несчастных иудеях. Это и значит «раздавит», то есть рассеет их.

Мф.21:45. И слышав притчи Его, первосвященники и фарисеи поняли, что Он о них говорит,

Мф.21:46. и старались схватить Его, но побоялись народа, потому что Его почитали за пророка.

И здесь заметь, как народ, простой и бесхитростный, следует истине, а учители закона замышляют злое. Евреи и доныне силятся принять Иисуса, но не могут уверовать в Него. Они примут антихриста и ему поклонятся, а Христос не будет ими принят, то есть познан.

ГЛАВА ДВАДЦАТЬ ВТОРАЯ

Мф.22:1. Иисус, продолжая говорить им притчами, сказал:

Мф.22:2. подобно Царство Небесное человеку царю, который сделал брачный пир для сына своего

Мф.22:3. и послал рабов своих звать званых на брачный пир; и не хотели прийти.

Мф.22:4. Опять послал других рабов, сказав: скажите званым: вот, я приготовил обед мой, тельцы мои и что откормлено, заколото, и все готово; приходите на брачный пир.

Мф.22:5. Но они, пренебрегши то, пошли, кто на поле свое, а кто на торговлю свою;

Мф.22:6. прочие же, схвативши рабов его, оскорбили и убили *их*.

Мф.22:7. Услышав о сем, царь разгневался и, послав войска́ свои, истребил убийц оных и сжег город их.

Подобно притче о винограднике, и эта притча изображает неверие иудеев, только первая притча говорит о смерти Христа, а эта – о брачной радости, то есть о воскресении. Кроме того, обличаются здесь более тяжкие грехи иудеев, чем в первой притче. Там, когда у них требовали плодов, они убили требовавших, а здесь совершают убийство, когда их приглашают на пир. Бог уподобляется человеку-царю: Он не является таким, каков Он есть, но таким, каков Он по отношению к нам. Когда мы, как люди, подверженные немощам человеческим, умираем, Бог по отношению к нам является как человек; когда же мы становимся богоподобными, тогда Бог стоит в сонме богов; наконец, если мы живем, как звери, то и Бог оказывается для нас тигром, леопардом или львом. Бог творит брачный пир для Сына Своего, сочетавая Его со всякой благообразной душой. Жених – Христос; невестой же является и *церковь*, и всякая душа. Рабы, посланные сперва, – это Моисей и современные ему святые; им евреи не поверили, но огорчали Бога в пустыне сорок лет и не восхотели принять слово Божие и радость духовную. Потом посланы были другие рабы-пророки, но и из них евреи одних убили, как Исайю, других унижали, как Иеремию, которого повергли в грязный ров. Более умеренные отказались от призыва, и одни ушли на поле свое, то есть погрузились в плотскую, сластолюбивую жизнь, ибо у каждого поле – это его тело; другие удалились на торговлю свою, то есть уклонились к корыстолюбивой жизни, ибо торговцы – самый корыстолюбивый народ. Таким образом притча показывает, что от духовного брачного пира, то есть соединения со Христом и наслаждения духовного, люди удаляются всего больше из-за двух следующих страстей: или по причине сластолюбия, или вследствие любостяжательности. Пиршество духовное здесь называется обедом, а в других местах оно называется вечерей. Оно – вечеря, ибо сей брачный пир вполне открылся в последние времена, к вечеру, то есть к концу веков, но вместе с тем это и обед, потому что тайна была возвещаема и прежде, хотя и не так открыто. «Тельцы и откормленное» обозначают Ветхий и Новый Заветы. Ветхий обозначается тельцами, так как в нем приносились жертвы из животных, а Новый означается хлебным заготовлением, ибо ныне на алтаре мы приносим хлебы; их можно назвать хлебным приношением, так как они изготовляются из муки. Таким образом Бог призывает нас к вкушению благ и Ветхого, и Нового Завета. Когда же ты видишь, что кто-либо ясно истолковывает своим слушателям слово Божие, знай, что он подает хлеб духовный и им питает души простецов. Здесь ты спросишь: как это дается повеление «зовите званных», – если они званы, то зачем еще звать их? Но знай, что каждый из нас по природе призван к добру, призван разумом, своим врожденным наставником. Но Бог посылает еще и внешних учителей, чтобы они внешним словом созвали тех, кто уже зван по природе. Царь послал войско свое, то есть римлян, погубил непокорных иудеев, сжег и город их Иерусалим, как повествует точно историк Иосиф.

Мф.22:8. Тогда говорит он рабам своим: брачный пир готов, а званые не были достойны;

Мф.22:9. итак пойдите на распутия и всех, кого найдете, зовите на брачный пир.

Мф.22:10. И рабы те, выйдя на дороги, собрали всех, кого только нашли, и злых, и добрых; и брачный пир наполнился возлежащими.

Когда первые рабы, Моисей и пророки, не убедили иудеев, тогда Бог посылает иных рабов, апостолов, которые и призвали язычников, ходивших прежде ложными путями, рассеянных, блуждавших по различным путям учений, находившихся на распутьях, то есть в полном неведении и сомнении. Они были несогласны друг с другом; они были не на правильном пути, а на распутьях, то есть окольных путях; это – ложные учения, которые провозглашали язычники. Одни считали правильным то, другие – другое. Еще лучше так понимать: путь – это образ жизни у каждого, а распутья или уклонения с пути – это учения. Язычники, идя по ложному пути, то есть проводя постыдную жизнь, пришли и к нечестивым учениям; они измыслили гнусных богов, покровителей страстей. Апостолы же, выйдя из Иерусалима к язычникам, собрали всех: и злых, и добрых, то есть как исполненных всякими пороками, так и более умеренных, которых называют «добрыми» по сравнению с первыми.

Мф.22:11. Царь, войдя посмотреть возлежащих, увидел там человека, одетого не в брачную одежду,

Мф.22:12. и говорит ему: друг! как ты вошел сюда не в брачной одежде? Он же молчал.

Мф.22:13. Тогда сказал царь слугам: связав ему руки и ноги, возьмите его и бросьте во тьму внешнюю; там будет плач и скрежет зубов;

Мф.22:14. ибо много званых, а мало избранных.

Вход на брачный пир происходит без различия: все мы, добрые и злые, призваны только по благодати. Но затем жизнь подлежит испытанию, которое царь производит тщательно, и жизнь многих оказывается оскверненною. Содрогнемся же, братья, помыслив, что у кого не чиста жизнь, для того бесполезна и вера. Таковой не только извергается из брачного чертога, но и посылается в огонь. Кто же этот носящий оскверненные одежды? Это тот, кто не облекся в одежду милосердия, благости и братолюбия. Много таких, которые, обольщая себя тщетными надеждами, думают получить Царство Небесное и, высоко думая о себе, причисляют себя к лику избранных. Производя допрос недостойного, Господь показывает, во-первых, что Он человеколюбив и справедлив, а во-вторых, что и мы не должны никого осуждать, хотя бы кто, очевидно, и согрешал, если таковой открыто не изобличен в суде. Далее, Господь говорит слугам, карающим ангелам: «свяжите ему руки и ноги», то есть способности души к действию. В настоящем веке мы можем поступать и действовать так или иначе, а в будущем силы душевные будут связаны, и нельзя нам будет сотворить какое-либо добро для умилостивления за грехи; «тогда будет скрежет зубов» – это бесплодное раскаяние. «Много званных», то есть Бог призывает многих, точнее, всех, но «мало избранных», немного спасающихся, достойных избрания от Бога. От Бога зависит призывание, но стать избранными или нет – это наше дело. Господь этими словами дает иудеям знать, что о них сказана притча: они были призваны, но не избраны, как непослушные.

Мф.22:15. Тогда фарисеи пошли и совещались, как бы уловить Его в словах.

Мф.22:16. И посылают к Нему учеников своих с иродианами,

Так как фарисеи делают это с хитрым умыслом, то и посланных евангелист Лука называет «лукавыми людьми» (дословно с греческого – сидящие в засаде), потому что они были подосланы уловить Христа. Иродианами называются или воины Ирода, или же люди, считавшие Ирода за обетованного Мессию. Когда оскудел князь от Иуды и вступил на престол Ирод, иные думали, что он – Мессия. С такими-то людьми и соединяются фарисейские ученики для уловления Христа. Вот как они вступают с Ним в беседу.

говоря: Учитель! мы знаем, что Ты справедлив, и истинно пути Божию учишь, и не заботишься об угождении кому-либо, ибо не смотришь ни на какое лице;

Мф.22:17. итак скажи нам: как Тебе кажется? позволительно ли, давать по́дать кесарю, или нет?

Мф.22:18. Но Иисус, видя лукавство их, сказал: что искушаете Меня, лицемеры?

Мф.22:19. покажите Мне монету, которою платится подать. Они принесли Ему динарий.

Мф.22:20. И говорит им: чье это изображение и надпись?

Мф. 22:21. Говорят Ему: кесаревы. Тогда говорит им: итак отдавайте кесарево кесарю, а Божие Богу.

Мф. 22:22. Услышавши это, они удивились и, оставив Его, ушли.

Думая польстить и смягчить Его похвалами, они говорят вкрадчиво, в надежде, что Он, поддавшись их словам, скажет «не должно давать по́дать», а они на этом основании схватят Его, как мятежника, возмущающего народ против кесаря. Потому-то привели они с собой и иродиан, преданных царской власти. Говорят: «Ты не смотришь ни на какое лице», то есть ничего не станешь говорить в угоду Пилату или Ироду. Итак, скажи нам: должны ли мы быть данниками у людей и отдавать им подать, подобно тому, как Богу даем дидрахму, или же платить только Богу? Говорили это, как сказано, с такой целью: если Он скажет: «не должно платить дань кесарю», Его схватят и убьют, как сторонника Иуды и Февды, которые восставали против принесения жертв за имя кесаря. Но Иисус на основании изображения кесаря на монете вразумляет их: что носит на себе изображение кесаря и что, значит, принадлежит ему, то кесарю и надо отдавать. Вообще это означает следующее: во внешних делах, касающихся телесной жизни, должно подчиняться царям, а во внутренних, духовных – Богу. Можно и так понимать: каждый из нас должен отдавать демону, этому кесарю преисподней, то, что принадлежит ему. Например, ты гневаешься: гнев – от кесаря, то есть от лукавого; направь же свой гнев на истинного виновника его; другими словами: гневайся и враждуй с дьяволом. Этим самым ты и Божие отдашь Богу: исполнишь Его веление. Еще понимание: мы двойственны, – состоим из тела и души: телу, как кесарю, мы должны давать пропитание и одежду, а более возвышенному в нас – душе, ей соответствующее.

Мф.22:23. В тот день приступили к Нему саддукеи, которые говорят, что нет воскресения, и спросили Его:

Мф.22:24. Учитель! Моисей сказал: если кто умрет, не имея детей, то брат его пусть возьмет за себя жену его и восстановит семя брату своему;

Мф.22:25. было у нас семь братьев; первый, женившись, умер и, не имея детей, оставил жену свою брату своему;

Мф.22:26. подобно и второй, и третий, даже до седьмого.

Мф.22:27. После же всех умерла и жена;

Мф.22:28. итак, в воскресении, которого из семи будет она женою? ибо все имели ее.

После того как фарисеи с иродианами были приведены в молчание, Господа искушают еще саддукеи. Учение этой секты было таково: саддукеи не верили ни в воскресение, ни в духов, ни в ангелов, будучи противниками фарисеев. Они выдумали на этот раз событие, в действительности не происшедшее. В самом деле, допустим, что два брата, женившись один за другим на такой-то женщине, умерли. Ужели третий, наученный опытом предшественников, не вразумился бы и не отказался бы от брака? Саддукеи измышляют это, рассчитывая поставить Христа в затруднение и опровергнуть учение о воскресении, а сторонником своей выдумки представляют Моисея. Они сказали, что было именно «семь» братьев, для того, чтобы обиднее осмеять тайну воскресения. Теперь, – говорят, – кому же из них будет принадлежать жена? Можно бы, конечно, ответить им так: неразумные саддукеи! конечно, первому мужу, если бы при воскресении оставался в силе брак, так как прочие мужья – не настоящие законные супруги, а только заместители.

Мф.22:29. Иисус сказал им в ответ: заблуждаетесь, не зная Писаний, ни силы Божией,

Мф.22:30. ибо в воскресении ни женятся, ни выходят замуж, но пребывают, как Ангелы Божии на небесах.

Мф.22:31. А о воскресении мертвых не читали ли вы реченного вам Богом:

Мф.22:32. Я Бог Авраама и Бог Исаака, и Бог Иакова? Бог не есть Бог мертвых, но живых.

Мф.22:33. И слыша, народ дивился учению Его.

Спаситель показывает и то, что воскресение будет, и то, что оно будет не такое грубо-плотское, как они представляли, а возвышенно и духовно. Что вы, – говорит, – заблуждаетесь, не зная Писаний, ни силы Божией? Если бы вы понимали смысл Писания, то уразумели бы, что Бог не есть Бог мертвых, но живых. А если бы вы знали силу Божию, то для вас было бы понятно, что Бог может устроить образ жизни людей по воскресении, подобный ангельскому житию, Саддукеи силились на основании Моисея ниспровергнуть догмат о воскресении; Спаситель на основании Моисея же и вразумляет их. Сказано: «Я – Бог Авраама, Исаака и Иакова»; смысл этих слов такой: Бог не есть Бог не существующих, нет, Он – Бог живущих, продолжающих свое бытие. Он не сказал: «Я был», но говорит: «Я есмь»; хотя праотцы и умерли, но продолжают жить в надежде воскресения. Ты спросишь: как же в другом месте говорится, что Он владеет живыми и мертвыми? Знай, что в приведенных словах мертвыми называются умершие, имеющие ожить. А здесь, возражая против учения саддукеев, будто душа не имеет бессмертия и совершенно уничтожается, Господь говорит, что Бог не есть Бог мертвых, то есть, как вам кажется, совершенно исчезнувших, но Бог живых, то есть таких, которые имеют бессмертную душу и некогда воскреснут, хотя теперь и мертвы по телу.

Мф.22:34. А фарисеи, услышав, что Он привел саддукеев в молчание, собрались вместе.

Мф.22:35. И один из них, законник, искушая Его, спросил, говоря:

Мф.22:36. Учитель! какая наибольшая заповедь в законе?

Мф.22:37. Иисус сказал ему: возлюби Господа Бога твоего всем сердцем твоим, и всею душею твоею, и всем разумением твоим:

Мф.22:38. сия есть первая и наибольшая заповедь;

Мф.22:39. вторая же подобная ей: возлюби ближнего твоего, как самого себя.

Мф.22:40. На сих двух заповедях утверждается весь закон и пророки.

Искуситель подходит ко Христу вследствие чрезмерной зависти. Когда фарисеи увидели, что саддукеи посрамлены, а Господа за премудрость народ прославляет, фарисеи подходят с целью искусить – не прибавит ли Христос чего-нибудь к первой заповеди в виде исправления закона, чтобы найти повод к обвинению Его. Господь, изобличая злобу искусителей, которые пришли не по желанию поучиться, а по вражде, зависти и соревнованию, показывает, что любовь есть верх заповедей. Он наставляет, что любить Бога должно не отчасти, но так, чтобы всего себя предать Богу. Мы различаем в душе человека три различных стороны: растительную, оживляющую и разумную. Во-первых, человек растет, питается и рождает подобное себе: в сем подобен он растениям; поскольку человек возбуждается и имеет похоти, он имеет общее с животными; а так как он размышляет, то он называется разумным. И здесь надо заметить именно эти три части: «возлюби Господа Бога твоего всею душею твоею» – вот растительная сторона человека, так как растения в своем роде одушевлены; «всем сердцем твоим» – здесь указывается животная сторона человека; «и всею мыслию твоею» – здесь часть разумная. Итак,

Бога должно любить всей душой; это значит: надо предаться Ему всеми сторонами и силами души. Это первая великая заповедь, наставляющая нас благочестию. Вторая, подобная ей, предписывает справедливость к людям, Есть два пути к погибели: дурное учение и развращенная жизнь, в соответствие этому, чтобы мы не уклонились в нечестивые учения, нам повелевается любить Бога, а чтобы не впасть в развращенную жизнь, должно любить ближнего. Любящий ближнего исполняет все заповеди; исполняющий же заповеди любит Бога, так что эти две заповеди соединяются, друг друга поддерживают и содержат в себе все прочие заповеди. Кто, любя Бога и ближнего, будет красть, помнить зло, убивать, прелюбодействовать или блудодействовать? Законник этот сначала пришел с целью искусить, а потом, вследствие ответа Христова образумившись, получил похвалу Христа, как святой Марк говорит: «Иисус, видя, что он разумно отвечал, сказал ему: недалеко ты от Царствия Божия» (*Мк. 12:34*).

Мф.22:41. Когда же собрались фарисеи, Иисус спросил их:

Мф.22:42. что́ вы думаете о Христе? чей Он сын? Говорят ему: Давидов.

Мф.22:43. Говорит им: ка́к же Давид, по вдохновению, называет Его Господом, когда говорит:

Мф.22:44. сказал Господь Господу моему: сиди одесную Меня, доколе положу врагов Твоих в подножие ног Твоих?

Мф.22:45. Итак, если Давид называет Его Господом, как же Он сын ему?

Мф.22:46. И никто не мог отвечать Ему ни слова; и с того дня никто уже не смел спрашивать Его.

Так как Мессию считали простым человеком, Господь опровергает такое мнение. Из пророчества Давидова Он раскрывает ту истину, что Он – Господь: открывает им Свое Божество. Фарисеи сказали, что Христос будет сын Давидов, то есть простой человек. Но Господь возражает: «как же Давид называет Его Господом», – а не просто называет Господом, но «по вдохновению», то есть по благодатному дару Духа, получив о Нем откровение. Этими словами Господь не отрицает, что Он – Сын Давидов, но раскрывает, что Он не простой человек, происшедший от семени Давидова. Так спрашивает Господь для того, чтобы фарисеи или сознались, что не знают, спросили Его и узнали, или, истинно исповедав, уверовали, или же, наконец, не найдя ответа, ушли с посрамлением и более не смели бы спрашивать Его.

ГЛАВА ДВАДЦАТЬ ТРЕТЬЯ

Мф.23:1. Тогда Иисус начал говорить народу и ученикам Своим

Мф.23:2. и сказал: на Моисеевом седалище сели книжники и фарисеи;

Мф.23:3. итак, всё, что они велят вам соблюдать, соблюдайте и делайте; по делам же их не поступайте, ибо они говорят и не делают:

Когда Господь привел фарисеев в молчание и обнаружил их неисцельный недуг, тогда Он начинает говорить уже о них, о их жизни и поведении. Он наставляет слушателей не пренебрегать законными учителями, хотя бы те были и порочной жизни. Вместе с этим показывает Господь и то, что Он не только не противник закона Моисеева, а, напротив, хочет, чтобы требования сего закона исполнялись, хотя учители — люди недостойные. Он говорит: слова учителей принимайте, как слова Моисея, а точнее – Самого Бога. Ты спросишь: ужели же должно исполнять все, что они говорят, даже и дурное? На это скажу: во-первых, никогда учитель не дерзнет склонить другого человека ко злу. А затем, если даже и допустить, что какой-либо учитель решится склонять людей к порочной жизни, то таковой станет учить этому, конечно, не с «Моисеева седалища», то есть не во имя закона. Но Господь ведет речь о сидящих на Моисеевом седалище, то есть об учащих закону.

Итак, должно слушать учащих закону Божию, хотя они сами и не поступают по нему.

Мф.23:4. связывают бремена тяжелые и неудобоносимые и возлагают на плечи людям, а сами не хотят и перстом двинуть их;

Мф.23:5. всé же дела свои делают с тем, чтобы видели их люди: расширяют хранилища[10] свои и увеличивают воскрилия одежд своих.

Фарисеи возлагали бремена тяжелые в том, что принуждали людей выполнять мелочные и трудно выполнимые предписания закона, и еще тяжесть законных постановлений увеличивали какими-то своими преданиями, каких не было в законе. Сами же они «не двигали и перстом своим», то есть ничего сами не делали, даже и не приближались к этим тяжким бременам. Когда учитель и сам делает то, чему учит, то он вместе с тем является и учеником: несет бремя наряду с научаемыми. Но когда учитель, налагая на ученика бремя, сам не действует, то он этим самым еще более отягощает бремя для ученика, своим бездействием показывая невозможность исполнить, что он говорит. Итак, Господь обличает фарисеев в том, что они не хотят принять участие в несении бремени, то есть не хотят сами действовать. Но, не делая добра, они в то же время притворяются делающими его. Так как и то, что они когда-либо делали, делали напоказ, то награда у них отнята. Что же они делают? Они «расширяют хранилища свои и увеличивают воскрилия одежд своих». Это состояло в следующем. В законе было предписано: «навяжите... на руке вашей, и да будет непоколебимо пред очами вашими» (*Втор.11:18*). Согласно с этим иудеи вырезывали десять заповедей закона

---

[10] Повязки на лбу и на руках со словами из закона.

на двух хартиях, и одну из этих хартий прикрепляли к челу, а другую привешивали на правой руке. Воскрилиями же называлась вышивка из темно-красных или багряных нитей в виде узора, который устраивался на краях верхней одежды. Так делали фарисеи потому, что это предписано было в законе. Предписано же было для того, чтобы, видя это, иудеи не уклонились от заповедей Божиих. Но Бог хотел не такого буквального исполнения: нет, иметь хранилища значило исполнять заповеди; а красные нашивки предызображали, что мы, люди, должны быть некогда запечатлены кровью Христовою. Фарисеи же делали хранилища и воскрилия большие, чтобы для всех, кому оныя бросятся в глаза, показаться блюстителями закона.

Мф. 23:6. также любят предвозлежания на пиршествах и председания в синагогах

Мф. 23:7. и приветствия в народных собраниях, и чтобы люди звали их: учитель! учитель!

Увы! Что говорит Господь! Подлежат осуждению за то уже только, что любят предвозлежания на пирах и председания в синагогах. Чего же достоин тот, кто сверх этого делает все дурное? «Любят председания в синагогах». Там, где фарисеи должны бы были и других учить смиренномудрию, там они проявляют свою порочность: все делают для славы и, делая с такими побуждениями, не стыдятся, а, напротив, хотят, чтобы их называли: равви, равви, то есть учители!

Мф. 23:8. А вы не называйтесь учителями, ибо один у вас Учитель – Христос, все же вы – братья;

Мф. 23:9. и отцом себе не называйте никого на земле, ибо один у вас Отец, который на небесах;

Мф. 23:10. и не называйтесь наставниками, ибо один у вас Наставник – Христос.

Мф. 23:11. Больший из вас да будет вам слуга:

Мф. 23:12. ибо, кто возвышает себя, тот унижен будет, а кто унижает себя, тот возвысится.

Христос не запрещает называться учителями, но возбраняет страстно желать этого наименования и всячески стараться о приобретении его. Учительское достоинство в собственном смысле принадлежит только Богу. Также и словами: «отцом не называйте» не возбраняет почитать родителей; напротив, Ему угодно, чтобы мы почитали родителей и особенно духовных отцов. Этими словами Христос возводит нас к познанию истинного Отца, то есть Бога, так как отец в собственном смысле есть Бог, плотские же родители не суть виновники нашего бытия, а только содействователи и орудия Божии. Показывая пользу смиренномудрия, Христос говорит, что больший из нас должен быть слугой и последним. Кто будет сам себя возвышать, считая себя чем-то великим, тот будет покинут Богом и унижен.

Мф. 23:14.[11] Горе вам, книжники и фарисеи, лицемеры, что поедаете домы вдов и лицемерно долго молитесь: за то́ примете тем большее осуждение.

Называет фарисеев лицемерами, так как они показывали благочестие, а между тем не делали ничего соответственного благочестию; напротив, совершая продолжительные молитвы, они в то же время «поедают домы вдовиц». Они были обманщики, которые издевались над простецами и обирали их. Тягчайшее осуждение они примут за то, что поедают домы вдовиц, которых, напротив, следовало бы поддерживать и помогать в их бедности. Или иначе: они примут тягчайшее осуждение за то, что они творят зло, поедают имущество вдовиц

---

[11] Стихи 13–14 у нас переставлены по сравнению с греческим текстом.

под предлогом доброго дела – молитвы; наибольшего осуждения достоин именно тот, кто под видом добра обманывает.

Мф.23:13. Горе вам, книжники и фарисеи, лицемеры, что затворяете Царство Небесное человекам, ибо сами не вхо́дите и хотящих войти не допускаете.

Мало того, – говорит Господь, – что вы сами не веруете и порочны, но отклоняете и других от веры в Меня и своим примером губите. Народ обычно подражает начальникам, особенно когда видит их склонными к злу. Посему всякий наставник и учитель должен наблюдать, какая от него польза. Горе ему, если он своей жизнью препятствует другим преуспевать в добре.

Мф.23:15. Горе вам, книжники и фарисеи, лицемеры, что обхо́дите море и сушу, дабы обратить хотя одного; и когда это случится, делаете его сыном геенны, вдвое худшим вас.

Не только иудеев развращаете вы, но и тех, кто от идолослужения обращается к иудейской вере, – так называемых прозелитов. Вы стараетесь кого-нибудь обратить к иудейскому образу жизни и обрезанию, а когда кто станет иудеем, он гибнет, заражаясь вашей порочностью. «Сын геенны» – это человек, достойный сожжения в геенне, имеющий с геенной какое-то духовное сродство.

Мф.23:16. Горе вам, вожди слепые, которые говорите: если кто поклянется храмом, то ничего, а если кто поклянется золотом храма, то повинен.

Мф.23:17. Безумные и слепые! что больше: золото или храм, освящающий золото?

Мф.23:18. Также: если кто поклянется жертвенником, то ничего, если же кто поклянется даром, который на нем, то повинен.

Мф.23:19. Безумные и слепые! что больше: дар или жертвенник, освящающий дар?

Мф.23:20. Итак клянущийся жертвенником клянется им и всем, что на нем;

Мф.23:21. и клянущийся храмом клянется им и Живущим в нем;

Мф.23:22. и клянущийся небом клянется Престолом Божиим и Сидящим на нем.

Называет фарисеев слепыми за то, что они не хотят учить тому, чему должно; предпочитая второстепенное, пренебрегают важнейшим. Они предпочитают в храме золото, херувимов и золотую стамну самому храму. Потому и народ они учили, что не имеет большой важности поклясться храмом, а важна клятва золотом, украшающим храм. Между тем это золото потому только и досточтимо, что находится в храме. Подобно этому они говорили: дары, положенные на жертвенник, досточтимее самого жертвенника. Вследствие этого, по учению фарисеев, кто поклялся золотой утварью, тельцом или овцой, принесенными в жертву, а потом нарушил клятву, тот обязан уплатить стоимость того, чем клялся. А дар они предпочитали жертвеннику из-за выгоды, получаемой от жертв. Но кто, поклявшись храмом, нарушал клятву, тот уже не мог создать ничего, равного храму, и потому освобождался от клятвы. Так из-за корыстолюбия фарисеев клятва храмом считалась более ничтожною. Христос не позволяет жертву ветхозаветную считать выше жертвенника. И у нас, христиан, алтарь освящается дарами; Божественною благодатью хлеб прелагается в самое Тело Господне, которым и освящается жертвенник, или алтарь.

Мф.23:23. Горе вам, книжники и фарисеи, лицемеры, что даете десятину с мяты, аниса и тмина и оставили важнейшее в законе: суд, милость и веру; сие надлежало делать, и того не оставлять.

Мф.23:24. Вожди слепые, оцеживающие комара, а верблюда поглощающие!

И здесь порицает фарисеев, как безумных, за то, что они, пренебрегая важнейшим в законе, старались о точности в мелочах, не упуская даже пожертвовать десятину от растения тмина. Если же кто порицал их за такую мелочность, они выставляли на вид, что того требует закон. Но было бы лучше и угоднее Богу, если бы они требовали от народа суда, милости и веры. Что же такое суд? Соблюдать суд – значит не делать ничего несправедливо, безрассудно, но все делать со справедливым рассуждением. Из такого суда прямо вытекает милость. Поступающий во всем справедливо знает и то, кого нужно помиловать. За милостью же следует вера. Милостивый человек, конечно, верует, что он ничего даром не потеряет, но за все получит награду. Будучи милостивыми, мы должны вместе с тем и веровать в истинного Бога. И из язычников многие были милостивы, но, не веруя в Бога живого, они не имели милосердия истинного, свойственного вере, и потому милосердие их бесплодно. Итак, каждый учитель должен требовать от народа десятину, то есть требовать от десяти чувств (пяти телесных и пяти душевных) суда, милости и веры. «Сие надлежало делать», – говорит Господь, не повелевая этим давать десятину от овощей, но, устраняя предлог к обвинению, что Он учит вопреки закону Моисееву. Слепыми вождями называет их за то, что они, хвалясь ученостью и знанием всего, для всех были бесполезны, даже губили людей, повергая в ров неверия. Они, по словам Господа, «оцеживали комара», то есть замечали малые погрешности, и в то же время «поглощали верблюда», то есть упускали из виду всякие преступления.

Мф. 23:25. Горе вам, книжники и фарисеи, лицемеры, что очищаете внешность чаши и блюда, между тем как внутри они полны хищения и неправды.

Мф.23:26. Фарисей слепой! очисти прежде внутренность чаши и блюда, чтобы чиста была и внешность их.

Соблюдая предания старцев, фарисеи заботились об омовении чаш и блюд, в которых подается пища. Однако кушанья и вина, которые они ели и пили, были приобретены хищничеством и духовно оскверняли их. Не приобретай же, учит Господь, вино неправдою, тогда и сосуд будет чист. Иносказательно понимая, не о чашах и блюдах говорит Спаситель, но о внешней – телесной и внутренней – духовной сторонах существа человеческого. Ты, – как бы так говорит Господь,– стараешься сделать благолепным свое внешнее состояние, но твоя внутренность, душа, полна скверны, ибо ты похищаешь и обижаешь. Должно омыть внутреннее, то есть душу, и вместе с чистотой душевной просияет и внешнее, телесное состояние.

Мф.23:27. Горе вам, книжники и фарисеи, лицемеры, что уподобляетесь окрашенным гробам, которые снаружи кажутся красивыми, а внутри полны костей мертвых и всякой нечистоты;

Мф.23:28. так и вы по наружности кажетесь людям праведными, а внутри исполнены лицемерия и беззакония.

И это сравнение имеет такой же смысл, как и предыдущее. Фарисеи старались по внешнему поведению казаться благоприличными, как гробы окрашенные, то есть выбеленные известью и алебастром, но внутри были полны нечистоты, мертвых и гнилых дел.

Мф.23:29. Горе вам, книжники и фарисеи, лицемеры, что строите гробницы пророкам и украшаете памятники праведников,

Мф.23:30. и говорите: если бы мы были во дни отцов наших, то не были бы сообщниками их в *пролитии* крови пророков.

Мф. 23:31. таким образом вы сами против себя свидетельствуете, что вы сыновья тех, которые избили пророков;

Возвещает им горе не за то, что они созидают гробы для пророков, так как это угодно Богу, а за то, что делают это с лицемерием, за то, что, осуждая своих отцов, делали худшее, чем те, превосходили их порочностью и явно лгали, говоря: если бы мы были во дни отцов наших, то не стали бы убивать пророков, а между тем они хотели умертвить Самого Господа пророков. Посему Христос и прибавляет:

Мф. 23:32. дополняйте же меру отцов ваших.

Мф. 23:33. Змии, порождения ехиднины! как убежите вы от осуждения в геенну?

Словами: «дополняйте меру отцов ваших» не повелевает, не поощряет их к убиению Его, но выражает такую мысль: так как вы – змии и дети подобных же отцов, так как вы по своей порочности не исцельны, то постарайтесь скорее превзойти своих отцов, это сделаете вы, когда Меня убьете. Вы исполните всю меру зла убийством, какого не достает отцам вашим. Но если вы столь злы, то как можете вы избегнуть кары?

Мф. 23:34. Посему, вот, Я посылаю к вам пророков, и мудрых, и книжников; и вы иных убьете и распнете, а иных будете бить в синагогах ваших и гнать из города в город.

Обличает ложь их слов: «если бы мы были во дни отцов наших, не убивали бы пророков». Вот, говорит, Я посылаю пророков, мудрых и книжников, но и их вы убьете. Речь идет об апостолах; Святой Дух поставил их учителями, пророками, исполненными всякой мудрости. Словами: «Я посылаю» являет власть Своего Божества.

Мф. 23:35. Да придет на вас вся кровь праведная, пролитая на земле, от крови Авеля праведного до крови Захарии, сына Варахиина, которого вы убили между храмом и жертвенником.

Мф.23:36. Истинно говорю вам, что всё сие придет на род сей.

Вся кровь, неправедно пролитая, по словам Господа, должна прийти именно на тогдашних иудеев. Они будут наказаны тяжелее, чем отцы, так как не вразумились после стольких примеров; так некогда Ламех, живший после Каина, был наказан более его, хотя и не убил брата; наказан же тяжелее потому, что не вразумился примером кары Каина. Придет, согласно словам Господа, вся кровь от Авеля до Захарии. Не без основания упомянуто здесь об Авеле: он, как и Христос, убит, пострадав от зависти. Но о каком Захарии здесь упоминается? Одни говорят, что этот Захария один из числа двенадцати малых пророков, а по мнению других, это отец Предтечи. До нас дошло сказание, что в храме было особое место, где стояли девы. Захария, будучи первосвященником, поставил здесь с девами Богородицу после рождения от нее Христа; иудеи, негодуя, что он родившую поместил с девами, убили его. Нет ничего удивительного, если у отца Предтечи Захарии отца звали Варахиею, как и у Захарии-пророка отец назывался. Возможно, что как они сами были соплеменники, так совпали и имена отцов их.

Мф.23:37. Иерусалим, Иерусалим, избивающий пророков и камнями побивающий посланных к тебе! сколько раз хотел Я собрать детей твоих, как птица собирает птенцов своих под крылья, и вы не захотели.

Мф.23:38. Се, оставляется вам дом ваш пуст.

Мф.23:39. Ибо сказываю вам: не увидите Меня отныне, доколе не воскликнете: благословен Грядый во имя Господне!

Повторяет имя Иерусалима, сожалея о нем и с состраданием призывая. Угрожая карами, Господь оправдывает пред ним Себя, как бы пред возлюбленной, которая пренебрегает любящим; а Иерусалим обвиняет в убийстве, в том, что когда Он Сам многократно хотел его помиловать, он не захотел. Иерусалим слушал дьявола, отвлекавшего его от истины, а не Господа, призывавшего к небу, ибо удаляет от Бога грех, соединяет же с Ним беспорочность совести. Свою любвеобильность Господь выражает образом птицы. Но, говорит Он, так как вы не хотели, то оставляю храм пустым. Отсюда уразумеем, что ради нас обитает Бог и в храмах, а когда мы делаемся безнадежными грешниками, Он оставляет и храмы. Итак, говорит Христос, вы не увидите Меня до второго пришествия. Тогда Иудеи и против воли поклонятся Ему и скажут: «Благословен Грядый». «Отныне» – должно разуметь: со времени распятия, а не от того часа, когда сказано это. Ибо после этого часа иудеи еще много раз видели Его, но после распятия они уж не видели Его и не увидят, пока не наступит время Его второго пришествия.

ГЛАВА ДВАДЦАТЬ ЧЕТВЕРТАЯ

Мф.24:1. **И выйдя, Иисус шел от храма; и приступили ученики Его, чтобы показать Ему здания храма.**

Мф.24:2. **Иисус же сказал им: видите ли всё это? Истинно говорю вам: не останется здесь камня на камне; всё будет разрушено.**

Выходом из храма Господь показал, что удаляется от иудеев. И как сказал: «оставляется вам дом ваш пуст», так и поступает. Ученикам же предсказывает разрушение храма. Когда они, мысля о земном, дивились красоте зданий и показывали Христу, как бы так говоря: «посмотри, какое прекрасное здание оставляешь Ты пустым», Он отклоняет их от привязанности к земному и направляет к горнему Иерусалиму, говоря: «не останется здесь камня на камне». Усиленным образом выражения предуказывает совершенную гибель здания.

Мф.24:3. **Когда же сидел Он на горе Елеонской, то приступили к Нему ученики наедине и спросили: скажи нам, когда это будет? и какой признак Твоего пришествия и кончины века?**

Ученики подходят наедине, намереваясь спросить о чем-то великом. Они предлагают два вопроса; первый «когда это будет?», то есть разрушение храма и взятие Иерусалима, и другой: «какой признак Твоего пришествия?».

Мф.24:4. Иисус сказал им в ответ: берегитесь, чтобы кто не прельстил вас,

Мф.24:5. ибо многие придут под именем Моим и будут говорить: «я Христос», и многих прельстят.

Появится много таких, которые будут выдавать себя за Христа. И действительно, Досифей-самарянин говорил о себе: я – Христос, которого под именем пророка предсказал Моисей; а Симон-самарянин называл себя великой силой Божией.

Мф.24:6. Также услышите о войнах и о военных слухах. Смотрите, не ужасайтесь, ибо надлежит всему тому быть. Но это еще не конец:

Мф.24:7. ибо восстанет народ на народ, и царство на царство; и будут глады, моры и землетрясения по местам;

Мф.24:8. всё же это – начало болезней.

Господь говорит о военных действиях римлян около Иерусалима. Говорит: не только будет война, но и голод, и язва, – показывая этим, что будет возбужден гнев Божий на иудеев. О войнах можно бы еще сказать, что виновники их люди, но голод и язва могут произойти только от Бога. Потом, чтобы ученики не подумали, что не успеют они проповедать Евангелие, как мир уже прекратит свое существование, Господь продолжает: «не ужасайтесь... это еще не конец», то есть всеобщий конец последует не в одно время с разрушением Иерусалима. «Восстанет народ на народ и царство на царство»; это «начало болезней», то есть бедствий, грядущих на иудеев. Как бывают у рождающей сперва муки, а потом уже она рождает, так и этот век породит будущий только после смятений и войн.

Мф.24:9. Тогда будут предавать вас на мучения и убивать вас; и вы будете ненавидимы всеми народами за имя Мое;

Мф.24:10. и тогда соблазнятся многие, и друг друга будут предавать, и возненавидят друг друга;

Мф.24:11. и многие лжепророки восстанут и прельстят многих;

Мф.24:12. и, по причине умножения беззакония, во многих охладеет любовь;

Мф.24:13. претерпевший же до конца спасется.

Предсказывает Спаситель будущие бедствия, чтобы подкрепить учеников. Обычно неожиданность нас более всего устрашает и смущает. Потому Христос заранее смягчает страх чрез то, что предсказывает будущие бедствия: зависть, вражду, соблазны, лжепророков, предтеч антихриста, которые будут вводить народ в заблуждение и во всякий вид беззакония. По причине умножения беззакония по обольщению антихриста, люди станут звероподобными, так что ослабеют узы всякой любви даже между самыми близкими; люди будут предавать друг друга. Претерпевший же до конца, то есть мужественно перенесший, не уступивший искушению, спасется, как воин, испытанный на брани.

Мф.24:14. И проповедано будет сие Евангелие Царствия по всей вселенной, во свидетельство всем народам; и тогда придет конец.

Дерзайте, вы не встретите препятствия для проповеди! Евангелие будет проповедано среди всех народов «во свидетельство», то есть для обличения, для обвинения тех, которые не уверуют, «и тогда придет конец» не мира, но Иерусалима. Действительно, до взятия Иерусалима Евангелие было всюду проповедано, как говорит апостол Павел: «возвещено всей твари поднебесной» (*Кол.1, 23*). Что речь идет о конце Иерусалима, ясно из дальнейших слов Господа.

Мф.24:15. Итак, когда увидите мерзость запустения, реченную чрез пророка Даниила, стоящую на святом месте, – читающий да разумеет, –

«Мерзостью запустения» называет статую вождя, овладевшего городом, которую он поставил в недоступном ни для кого святилище храма. Слово «запустение» указывает на разрушение и запустение города; «мерзостью» названа статуя потому, что евреи, гнушаясь идолопоклонства, называли статуи и изображения людей «мерзостями».

Мф.24:16. тогда находящиеся в Иудее да бегут в горы;

Мф.24:17. и кто на кровле, тот да не сходит взять что-нибудь из дома своего;

Мф.24:18. и кто на поле, тот да не обращается назад взять одежды свои.

Предуказывая неизбежность бедствий, Господь повелевает бежать, не обращаясь назад, не заботясь об имуществе, одежде или иной утвари, остающейся в доме. Но некоторые толкователи под «мерзостью запустения» разумеют антихриста, который явится ко времени опустошения вселенной, разрушения церквей и к тому же сядет в храме; а сообразно этому и заповедь о бегстве понимают так восшедшие наверх дома, то есть на высоту добродетелей, да не сходят с этой высоты взять телесное (ибо тело – дом души). Должно удаляться с поля, то есть от земного, ибо поле – жизнь; не должно брать и одежды, то есть древней злобы, которой мы совлеклись.

Мф.24:19. Го́ре же беременным и питающим сосцами в те дни!

Беременные, отягощаемые бременем чрева, не в силах будут бежать, а питающие сосцами не будут в силах ни покинуть детей по жалости к ним, ни взять их с собой и спастись с ними вместе; они также не избегнут гибели. А может быть, Христос намекает здесь на ужасное поедание собственных детей. Иосиф Флавий рассказывает, что во время осады Иерусалима, вследствие ужасного голода, одна женщина изжарила и съела свое собственное дитя.

Мф.24:20. Моли́тесь, чтобы не случилось бегство ваше зимою, или в субботу,

В лице апостолов Господь говорит это иудеям, так как сами апостолы заблаговременно удалились из Иерусалима. Посему иудеям заповедует молиться, чтобы бегство их не случилось зимой, когда по неудобству времени они не смогут убежать, а равно и в субботу, потому что в этот день иудеи по закону бездействуют, и никто из них не осмелится бежать. А ты понимай это и так: нам должно молиться, чтобы бегство наше из сей жизни, то есть кончина, не произошло «в субботу», то есть когда мы не творим добрых дел, и «зимой», то есть при бесплодии в добре, но чтобы кончина наша наступила при тишине и невозмутимости душевной.

Мф.24:21. ибо тогда будет великая скорбь, какой не было от начала мира до ныне, и не будет.

Мф.24:22. И если бы не сократились те дни, то не спаслась бы никакая плоть; но ради избранных сократятся те дни.

Тогда была скорбь невыносимая. Римским воинам было дано приказание – никого не щадить. Но Бог ради тех, которые уже уверовали или еще имели уверовать, не допустил полного истребления всего народа, сократил войну и смягчил скорби. Если же война продолжилась бы еще, то все, кто был в городе, погибли бы от голода. Иные относят это ко дням антихриста, но здесь речь не об антихристе, а о взятии Иерусалима. Пророчество же об антихристе начинается дальше. Вот оно:

Мф.24:23. Тогда, если кто скажет вам: вот, здесь Христос, или там, – не верьте.

Мф.24:24. Ибо восстанут лжехристы и лжепророки, и дадут великие знамения и чудеса, чтобы прельстить, если возможно, и избранных.

Мф.24:25. Вот, Я наперед сказал вам.

Так как ученики предложили два вопроса – о взятии Иерусалима и о пришествии Господа, то и Господь, сказав о разорении Иерусалима, потом начинает пророчество о Своем пришествии и кончине мира. Слово «тогда» имеет не тот смысл, что «тотчас по взятии Иерусалима, если кто скажет вам» и т.д., нет, «тогда» и относится к тому времени, когда должно это произойти. Смысл такой: «тогда», то есть когда придет антихрист, будет много лжехристов и лжепророков, которые будут очаровывать очи зрителей явлениями чудными по демонской силе и многих обманут. Если и праведники не будут всегда бодрственны, то и они могут подпасть обольщению. Но вот Я вам предсказал, и вы не будете иметь извинения; вы можете избегнуть обмана.

Мф.24:26. Итак, если скажут вам: «вот, *Он* в пустыне», не выходи́те; «вот, *Он* в потаенных комнатах», – не верьте;

Мф.24:27. ибо, как молния исходит от востока и видна бывает даже до запада, так будет пришествие Сына Человеческого;

Мф.24:28. Ибо где будет труп, там соберутся орлы.

Если придут, говорит Христос, обманщики, говоря: Христос пришел, но он скрывается в пустыне или в каком-нибудь жилище, в потаенных, внутренних местах, то не поддавайтесь обману. При пришествии Христа не будет нужды в указателе: оно будет явно для всех, как молния. Как молния появляется вдруг и для всех бывает видима, так и пришествие Христово будет видимо для всех, живущих в мире. Во второе пришествие не так будет, как в первое, когда Господь переходил с места на место: тогда Он явится во мгновение. И как на труп тотчас слетаются хищные орлы, так туда, где будет Христос, придут все святые, парящие на высоте добродетели; они, подобно орлам, вознесутся на облака. Под трупом здесь разумеется Христос, так как Он умер. И Симеон о Нем говорит: «Сей лежит на падение».

Мф.24:29. И вдруг, после скорби дней тех, солнце померкнет и луна не даст света своего, и звезды спадут с неба, и силы небесные поколеблются;

Вслед за пришествием антихриста, власть которого скоро будет упразднена (это выражено словом «вдруг»), «солнце померкнет», то есть помрачится, не будет заметно в сравнении с более превосходным светом Христова пришествия; равно и луна, и звезды. Действительно, какая нужда в чувственных светилах, когда не будет ночи, когда явится Солнце правды? Но и «силы небесные поколеблются», то есть изумятся и содрогнутся, когда увидят, что тварь изменяется и все люди, от Адама до того времени жившие, должны будут дать отчет.

Мф.24:30. тогда явится знамение Сына Человеческого на небе; и тогда восплачутся все племена земные, и увидят Сына Человеческого, грядущего на облаках небесных с силою и славою великою;

Тогда явится в обличение иудеев на небе крест, блистая светлее солнца. Господь придет, имея крест, как важнейшую улику против иудеев, подобно тому как кто-нибудь, пораженный камнем, показал бы этот камень. Крест называется знамением, как победное царское знамя. «Тогда восплачутся все племена» иудейские, оплакивая свою непокорность; восплачутся также и христиане, привязанные к земному, так как племенами земными можно назвать всех пристрастившихся к земному. Если же Господь идет с крестом, то, значит, и с великой силой, и славой.

Мф.24:31. и пошлет Ангелов Своих с трубою громогласною; и соберут избранных Его от четырех ветров, от края небес до края их.

Пошлет ангелов собрать святых, живущих еще и воскресших из мертвых, чтобы они встретили Его на облаках. Созыванием при посредстве ангелов воздает им честь. Нет противоречия этому в словах апостола Павла: «восхищены будем на облаках» (*1Сол.4:17*): тех, которых сначала соберут ангелы, потом восхитят облака. При сем труба – для большего изумления.

Мф.24:32. От смоковницы возьмите подобие: когда ветви ее становятся уже мягки и пускают листья, то знаете, что близко лето;

Мф.24:33. так, когда вы увидите всё сие, знайте, что близко, при дверях.

Когда всё сие произойдет, то не много уже времени останется до конца мира и Моего пришествия. «Летом» называет грядущий век, когда для праведников будет спокойствие от бурь; для грешников же – это буря и смятение. Как, говорит Спаситель, смотря на ветви и листья смоковницы, вы ожидаете лета, так ожидайте и Моего пришествия, когда увидите предсказанные Мною признаки – изменение солнца и луны.

Мф.24:34. Истинно говорю вам: не прейдет род сей, как всё сие будет;

Мф.24:35. небо и земля прейдут, но слова Мои не прейдут.

Под «родом сим» разумеет не поколение тогдашних людей, а род верных, выражая такую мысль: «не прейдет род сей» до того времени, как все это произойдет. Когда услышите о голоде и язве, то не думайте, что от таких бедствий погибнет род верных; нет, он пребудет, и никакие ужасы не преодолеют его. Другие относят «все сие» только к взятию Иерусалима, а не ко второму пришествию, и толкуют так: «не прейдет род сей», то есть поколение, современное апостолам, уже увидит все происшествия с Иерусалимом. Подтверждая же сказанное, говорит: легче уничтожиться небу и земле, твердым и неподвижным стихиям, чем хоть одному из Моих слов не оправдаться.

Мф.24:36. О дне же том и часе никто не знает, ни ангелы небесные, а только Отец Мой один;

Здесь наставляет учеников не допытываться о том, что выше человеческого разума. Говоря: «ни ангелы», удерживает учеников от стремления узнать теперь, чего и ангелы не знают, а словами: «Отец Мой один» удерживает от стремления узнать и потом. Если бы Он сказал: «и Я знаю, но не скажу вам», они опечалились бы, видя в этом презрение к себе. Но вот, сказав, что не знает и Сын, а только Отец один, Господь не позволяет им разведывать. Иногда родители держат что-нибудь в руках. Когда же дети просят у них, родители не хотят дать, утаивают и говорят: «у нас нет, чего вы ищете», и тогда дети перестают плакать. Так и Господь, чтобы успокоить апостолов, желавших знать день и час, говорит: «и Я не знаю, а знает только один Отец». Но что и Он знает день и час, видно из других соображений. Все, что имеет Отец, имеет и Сын; если Отец имеет знание дня, то, конечно, имеет таковое и Сын. Это еще очевиднее из такого рассуждения. Можно ли допустить, чтобы самого дня не знал Сын, которому так ведомо все, предшествующее сему дню? Тот, кто привел к преддверию, конечно, знает и дверь. Не открыл же Он дверь знания дня для нашей пользы. Для нас вредно знать, когда будет конец, потому что в таком случае мы стали бы беспечны. Неизвестность же делает нас бодрствующими.

Мф.24:37. Но ка́к было во дни Ноя, так будет и в пришествие Сына Человеческого:

Мф.24:38. Ибо ка́к во дни перед потопом ели, пили, женились и выходили замуж, до того дня, как вошел Ной в ковчег,

Мф.24:39. и не думали, пока не пришел потоп и не истребил всех, так будет и пришествие Сына Человеческого;

Для уверения в истине Своих слов Господь приводит события времени Ноя. Как тогда иные делали предметом своих насмешек строение ковчега, пока не пришло бедствие и не уничтожило всех, так и теперь иные осмеивают проповедь о кончине мира; но внезапно придет гибель. Господь предсказывает, что около времени пришествия антихриста страсть к наслаждениям охватит людей, и они особенно охотно будут вступать в брак, предаваться роскоши.

Мф.24:40. тогда будут двое на поле: один берется, а другой оставляется;

Мф.24:41. две мелющие в жерновах: одна берется, а другая оставляется.

«Тогда», говорит, то есть когда все будут беспечны, отдадутся своим занятиям, один, праведник, будет взят в сретение Господа на воздух, а другой, именно грешник, оставляется. Иные будут молоть, то есть будут рабами: и из них одни, достойные, берутся, а другие, недостойные, оставляются. Таким образом и отсюда мы видим, что ни рабы и ни женщины не получат препятствия к богоугождению.

Мф.24:42. Итак, бодрствуйте, потому что не знаете, в который час Господь ваш приидет.

Мф.24:43. Но это вы знаете, что если бы ведал хозяин дома, в какую стражу придет вор, то бодрствовал бы и не дал бы подкопать дома своего.

Мф.24:44. Потому и вы будьте готовы, ибо в который час не думаете, придет Сын Человеческий.

Господь заповедует бодрствовать и готовиться, то есть обогащаться добрыми делами, чтобы, когда придет Господь, мы могли представить Ему, что Ему угодно. Обрати внимание: Спаситель не сказал «Я не знаю, в какой час придет вор», но сказал «вы не знаете». Под вором разумеется конец и смерть каждого. Как незаметно, говорит, приходит вор, так неожиданно будет Мое пришествие: не будьте же беспечны, но бодрствуйте. Если бы мы знали, когда наступит наша кончина, то мы бы только в тот день постарались угождать Богу. А теперь, так как не знаем, то всегда бодрствуем для дел добродетели.

Мф.24:45. Кто́ же верный и благоразумный раб, которого господин его поставил над слугами своими, чтобы давать им пищу во время?

Мф.24:46–47. Блажен тот раб, которого господин его, придя, найдет поступающим так; истинно говорю вам, что над всем имением своим поставит его.

Господь недоумевает в своем вопросе: «Кто верный и благоразумный раб, которого господин его поставил на службу ему?», давая понять, что таковых рабов редко можно сыскать. От всякого управителя требуются два качества: верность и благоразумие. Если раб – управитель и верен, то есть сам ничего не похищает, но не благоразумен и даром теряет имение, то он бесполезен. Равно, если он благоразумен, но сам крадет, он недостоин. Но кто окажется тогда и верным, и благоразумным, тот получит нечто высшее, – именно Царство Небесное. Святые будут наследниками всего, что принадлежит Богу. Верный и разумный раб – это такой учитель, который вовремя дает пасомым надлежащую духовную пищу. Таков был Павел, бывший прежде хулителем, а потом ставший верным служителем. То он напоил молоком одного, то возвещал премудрость другому; он был и разумен, зная замыслы врага. Таков должен быть и всякий, что-либо получивший от Бога, – имение, власть или начальство. Он должен управлять вверенным и верно, и разумно, ибо должен будет дать отчет.

Мф.24:48. Если же раб тот, будучи зол, скажет в сердце своем: не скоро придет господин мой,

Мф.24:49. и начнет бить товарищей своих и есть и пить с пьяницами, –

Мф.24:50. то придет господин раба того в день, в который он не ожидает, и в час, в который не думает,

Мф.24:51. и рассечет его, и подвергнет его одной участи с лицемерами; там будет плач и скрежет зубов.

Сказав, какой почести удостоится верный раб, Господь говорит потом, какое наказание понесет злой. Если человек, которому вверено распоряжение каким-либо даром, станет пренебрегать своим служением и скажет: медлит господин мой, то есть не тотчас наказывает; если он таким образом «долготерпение Божие делает поводом к распутству», станет бить своих товарищей рабов, то есть, истолкую я, станет их соблазнять, поражать их совесть (потому что подначальные, при виде злоупотребления со стороны начальников, данных им, впадают в соблазн, несут вред), – то раб таковой будет рассечен, то есть лишен дарования; тогда и обнаружится, каков он. Он будет брошен во тьму. Прежде он своим саном обманывал других. Так, многие архиереи кажутся святыми только благодаря своему сану. Тогда же благодать у них отнимается, и они будут наказаны, как лицемеры, потому что казались не такими, какими действительно были.

ГЛАВА ДВАДЦАТЬ ПЯТАЯ

Мф. 25:1. Тогда подобно будет Царство Небесное десяти девам, которые, взявши светильники свои, вышли навстречу жениху.

Мф. 25:2. Из них пять было мудрых и пять неразумных.

Мф. 25:3. Неразумные, взявши светильники свои, не взяли с собою масла.

Мф. 25:4. Мудрые же, вместе со светильниками своими, взяли масла в сосудах своих.

Мф. 25:5. И, как жених замедлил, то задремали все и уснули.

Под образом дев Господь предлагает притчу о милостыне, чтобы, так как девство имеет великое значение, то кто-нибудь, сохранив девство, не пренебрег прочими подвигами. Знай же, что, не творя милостыни, хотя бы ты был и девственником, будешь извержен вместе с блудниками. И справедливо извергается иной, бывший девственником, но не милостивый и жестокосердый. Блудника одолевает сильная, естественная страсть, а немилосердый побежден деньгами. Но чем слабее противник, тем менее заслуживает прощения побежденный страстью сребролюбия. Сребролюбец и «неразумен», потому что победил естественное плотское разжжение, а сам побежден более слабым злом – деньгами. Сон означает смерть, а замедление жениха указывает, что не скоро наступит второе пришествие.

Мф.25:6. Но в полночь раздался крик: вот жених идет, выходите навстречу ему.

Мф.25:7. Тогда встали все девы те и поправили светильники свои.

Мф.25:8. Неразумные же сказали мудрым: дайте нам вашего масла, потому что светильники наши гаснут.

Мф.25:9. А мудрые отвечали: чтобы не случилось недостатка и у нас и у вас, пойдите лучше к продающим и купите себе.

Мф.25:10. Когда же пошли они покупать, пришел жених и готовые вошли с ним на брачный пир, и двери затворились;

Мф.25:11. после приходят и прочие девы, и говорят: Господи! Господи! отвори нам.

Мф.25:12. Он же сказал им в ответ: истинно говорю вам: не знаю вас.

Мф.25:13. Итак, бодрствуйте, потому что не знаете ни дня, ни часа, в который приидет Сын Человеческий.

Говорит: «крик раздался среди ночи». Этим показывается, что Господь придет нечаянно, так как в полночь мы спим глубоким сном. Приходит при крике; это значит: при втором пришествии возгласит труба. Светильники – наши души. Особенно ум каждого – светильник: он горит тогда, когда имеет елей добрых дел и милостыню. Девы действительно неразумны уже потому, что искали елея, когда уж не время было получать его. Мудрые говорят: «как бы не случилось недостатка и у нас, и у вас», это значит: добродетелей ближнего едва достаточно для оправдания его самого, а для меня они бесполезны. Каждый может получить оправдание только от своих дел, а не от дел другого. Неразумные идут к продающим, то есть беднякам; это значит; они раскаялись, что не творили милостыни. Только теперь они узнают, что мы должны получать елей от бедных. Поэтому слова, что они ушли к продающим купить елея, означают то, что они в мысли своей ушли к бедным и стали размышлять о том, какое доброе дело милостыня. Но дверь была уже заперта для них, ибо после настоящей жизни нет времени для покаяния и делания. Вследствие этого Господь и говорит им: «Не знаю вас», потому что, человеколюбивый и милостивый, Он не знает безжалостных; да и в самом деле, как знать Ему чуждых Его и непохожих на Него? Знай также, что каждая душа имела светильник и свет от Бога и что все восстают для сретения Господа, так как все желают встретить Его и соединиться с Ним. Однако в то время как свет и озарение даются Богом, мудрые души сами подбавляют к нему елей посредством добродеяния, а юродивые души, оставившие светильники без масла, отвергаются, как не имеющие добрых дел, которые могли бы возжечь находящийся в них свет. Итак, если мы не делаем добра, то угашаем в себе свет Божий.

Мф.25:14. Ибо *Он поступит,* как человек, который, отправляясь в чужую страну, призвал рабов своих и поручил им имение свое:

Мф.25:15. и одному дал он пять талантов, другому два, иному один, каждому по его силе; и тотчас отправился.

Мф.25:16. Получивший пять талантов пошел, употребил их в дело и приобрел другие пять талантов;

Мф.25:17. точно также и получивший два таланта приобрел другие два;

Мф.25:18. получивший же один талант пошел и закопал *его* в землю и скрыл серебро господина своего.

Мф.25:19. По долгом времени, приходит господин рабов тех и требует у них отчета.

Сказав выше, что «не знаете дня, когда Господь придет», Спаситель прилагает и притчу, показывая, что Он придет внезапно. Ибо Господь, как человек, отходящий в путь, призвал рабов Своих и поручил им то-то и то-

то. Отходящим же называется соделавшийся ради нас человеком Христос или потому, что возшел на небеса, или же потому, что долго терпит и не вдруг требует от нас, но ожидает. Рабы Его – те, коим вверено служение слова, как-то: архиереи, иереи, диаконы и все, приявшие дарования духовные, одни большие, другие меньшие, каждый по силе своей, то есть по мере веры и чистоты. Ибо в тот сосуд вложит Бог дар Свой для меня, какой я представлю Ему: если представлю сосуд небольшой, то и дар вложит невеликий, а если сосуд большой, то и дар великий. Приявший пять талантов тотчас отошел и стал трудиться. Обрати внимание на усердие его: он ничего не пренебрег, но тотчас же принялся за дело, удвояя то, что получил. Удвояет же данный ему дар тот, кто, получив или дар слова, или богатство, или власть у царей, или иное какое знание и способность, приносит пользу не себе только, но старается быть полезным и для других. Напротив, закопавший талант в землю есть тот, кто думает об одной только своей пользе, а не о пользе других; и он осужден будет. Даже если увидишь даровитого и стремительного человека, но дарования свои употребляющего во зло, для своих выгод, на обманы и на предметы чувственные, считай его тем, кто закопал талант свой в землю, то есть в земные предметы. Спустя много времени приходит давший свое серебро, то есть или божественные слова, ибо «слова Господни – серебро ... расплавленное» (*Псал. 11, 7*), или же другое какое-нибудь дарование, возвышающее и прославляющее человека, имеющего его, – и требует отчета в полученном.

Мф. 25:20. И, подойдя, получивший пять талантов, принес другие пять талантов и говорит: господин! пять талантов ты дал мне; вот, другие пять талантов я приобрел на них.

Мф.25:21. Господин его сказал ему: хорошо, добрый и верный раб! в малом ты был верен, над многим тебя поставлю; войди в радость господина твоего.

Мф.25:22. Подошел также и получивший два таланта и сказал: господин! два таланта ты дал мне; вот, другие два таланта я приобрел на них.

Мф.25:23. Господин его сказал ему: хорошо, добрый и верный раб! в малом ты был верен, над многим тебя поставлю; войди в радость господина твоего.

Мф.25:24. Подошел и получивший один талант и сказал: господин! я знал тебя, что ты человек жестокий, жнешь, где не сеял, и собираешь, где не рассыпа́л,

Мф.25:25. и, убоявшись, пошел и скрыл талант твой в земле; вот тебе твое.

Мф.25:26. Господин же его сказал ему в ответ: лукавый раб и ленивый! ты знал, что я жну, где не сеял, и собираю, где не рассыпа́л;

Мф.25:27. посему надлежало тебе отдать серебро мое торгующим, и я, придя, получил бы мое с прибылью;

Мф.25:28. итак, возьмите у него талант и дайте имеющему десять талантов,

Мф.25:29. ибо всякому имеющему дастся и приумножится, а у неимеющего отнимется и то́, что́ имеет;

Мф.25:30. а негодного раба выбросьте во тьму внешнюю: там будет плач и скрежет зубов. Сказав сие, возгласил: кто имеет уши слышать, да слышит!

Обоих, трудившихся над тем, что было дано, одинаково хвалит господин; каждый из них слышит: «хорошо, добрый раб и верный». Под именем доброго мы вообще разумеем человеколюбивого и щедрого, который благость свою простирает и на ближних. Оказывающиеся верными в малом ставятся над многим; ибо хотя мы и здесь удостоимся даров, но эти дары ничтожны в сравнении с будущими благами. Радость Господа – это то непрестающее веселие, которое имеет Бог, «веселящийся, – как говорит Давид, – о делах Своих» *(Пс.103:31)*. Так радуются и святые о делах своих, тогда как грешники о своих скорбят и раскаиваются. Радуются святые и тому, что имеют столь богатого Господа. Заметь, что и получивший пять талантов, и получивший два таланта удостаиваются одинаковых благ; стало быть, получивший малое примет равную честь с получившим и совершившим великое, если данную ему благодать, как бы она мала ни была, употребит на доброе. Ибо каждый ради полученного им почитается высоко в том только случае, если это полученное употребил надлежащим образом. Благоразумные рабы таковы и бывают, а дурной и ленивый раб отвечает иначе, так, как свойственно ему. Он называет господина жестоким, подобно тому как и ныне многие из учителей говорят: жестоко требовать послушания от таких людей, в которых Бог не вложил покорности и не всеял послушания. Ибо это и обозначается словами: «ты жнешь, где не сеял», то есть: в кого ты не всеял покорности, от того требуешь покорности. Называя же господина жестоким, раб осуждает самого себя. Ибо если господин жесток, то рабу следовало бы еще более стараться, как такому, который имеет жестокого и немилостивого господина, так как если он требует чужого, то тем более потребует своего. Посему надлежало и тебе умножить то, что ты получил, и образовать учеников, от коих Господь потребовал бы должного. Учеников называет торгующими потому, что они передают или не передают другим слово. Требует от них лихвы, то есть показания дел, ибо ученик, принимая от учителя учение, и сам имеет его, и другим передает оное в целости, и присовокупляет к нему еще лихву, то есть добродеделание. Итак, от лукавого и ленивого раба отнимается дар. Кто, приняв дар для того, чтобы приносить пользу другим, не употребляет его для этой цели, тот теряет этот дар; а проявивший большее усердие приобретет и дар больший. Ибо имеющему усердие дана будет и преизбудет большая благодать, а от неимеющего усердия отнимется и то дарование, какое он по-видимому имеет, так как кто не упражняется и не заботится об умножении дарования, тот теряет его и имеет только по-видимому, но в действительности погубил его своею леностью и небрежением.

Мф. 25:31. Когда же приидет Сын Человеческий во славе Своей и все святые Ангелы с Ним, тогда сядет на престоле славы Своей,

Мф. 25:32. и соберутся пред Ним все народы; и отделит одних от других, как пастырь отделяет овец от козлов;

Мф. 25:33. и поставит овец по правую Свою сторону, а козлов – по левую.

Так как первое пришествие Господа было не славно и сопровождалось унижением, то о втором Он говорит: «когда приидет во славе Своей». Ибо во второй раз Он придет со славою и с ангелами, служащими Ему. Прежде всего Господь отлучает святых от грешников, освобождая первых от мучения, а потом, поставив, будет говорить с ними. Овцами называет святых по кротости их и потому, что они доставляют нам плоды и пользу, как овцы, и дают волну, то есть покров божественный и духовный, а равно и молоко, то есть духовную пищу. Грешников же называет козлищами, потому что и они ходят по стремнинам; они беспорядочны и бесплодны, как козлища.

Мф. 25:34. Тогда скажет Царь тем, которые по правую сторону Его: приидите, благословенные Отца Моего, наследуйте Царство, уготованное вам от создания мира:

Мф. 25:35. ибо алкал Я, и вы дали Мне есть; жаждал, и вы напоили Меня; был странником, и вы приняли Меня;

Мф.25:36. был наг, и вы одели Меня; был болен, и вы посетили Меня; в темнице был, и вы пришли ко Мне.

Мф.25:37. Тогда праведники скажут Ему в ответ: Господи! когда мы видели Тебя алчущим, и накормили? или жаждущим, и напоили?

Мф.25:38. когда мы видели Тебя странником, и приняли? или нагим, и одели?

Мф.25:39. когда мы видели Тебя больным, или в темнице, и пришли к Тебе?

Мф.25:40. И Царь скажет им в ответ: истинно говорю вам: так как вы сделали это одному из сих братьев Моих меньших, то сделали Мне.

Господь не прежде рассуждения награждает и наказывает, потому что Он человеколюбив, а этим и нас научает тому, чтобы мы не прежде наказывали, чем исследуем дело. Таким образом, после суда наказанные будут еще более безответны. Святых Он называет благословенными, ибо они восприняты Отцом. Господь именует их наследниками Царства, дабы показать, что Бог делает их общниками Своей славы, как чад Своих. Ибо не сказал: «приидите», но «наследуйте» как бы некое отеческое имение. Называет меньшими братьями или учеников Своих, или всех вообще бедных, так как всякий бедный уже потому самому брат Христа, что Христос проводил Свою жизнь в бедности. Заметь здесь правосудие Божие, как Господь восхваляет святых. Заметь и благомыслие их, как по скромности они не признают себя питавшими Господа. Но Господь относит к Самому Себе то, что сделано ими для бедных.

Мф.25:41. Тогда скажет и тем, которые по левую сторону: идите от Меня, проклятые, в огонь вечный, уготованный дьяволу и ангелам его:

Мф.25:42. ибо алкал Я, и вы не дали Мне есть; жаждал, и вы не напоили Меня;

Мф.25:43. был странником, и не приняли Меня; был наг, и не одели Меня; болен и в темнице, и не посетили Меня.

Мф.25:44. Тогда и они скажут Ему в ответ: Господи! Когда мы видели Тебя алчущим, или жаждущим, или странником, или нагим, или больным, или в темнице, и не послужили Тебе?

Мф.25:45. Тогда скажет им в ответ: истинно говорю вам: так как вы не сделали этого одному из сих меньших, то не сделали Мне.

Мф.25:46. И пойдут сии в му́ку вечную, а праведники в жизнь вечную.

Стоящих ошуюю Господь посылает в огонь, который уготован дьяволу. Так как демоны безжалостны и расположены к нам недружелюбно и враждебски, то соответствующим образом удостаиваются того же наказания и те из людей, которые имеют такое же свойство и за дела свои подверглись проклятию. Заметь, что Бог не для людей уготовал огненное мучение и не для нас уготовал наказание, а для дьявола, но я сам себя делаю заслуживающим наказания. Вострепещи, человек, представляя, что вот посылаются эти люди в муку не за то, что они блудники или убийцы, или хищники, не за то, что совершили другое какое-либо злодеяние, – а за то, что не сделали никакого добра. Ибо если внимательно рассмотреть, то хищником окажется и тот, кто имеет много и, однако, не оказывает милости, хотя бы явно и не делал никакой обиды ближнему. Все, что имеет он более должного, похищает у требующих, если они не получают от него; ибо если бы он отделил это для общего употребления, те не нуждались бы, теперь же, так как он запер свой излишек и присвоил его себе, они нуждаются. Таким образом, немилостивый есть похититель, ибо столь же многих обижает, сколь многим может благотворить и не благотворит. И пойдут такие люди в муку вечную и никогда нескончаемую, а праведники – в жизнь вечную. Как святые имеют непрестающую радость, так грешники – непрестающее мучение; хотя *Ориген* и пустословит, говоря, что будто бы есть конец наказанию, что грешники не вечно будут мучиться, что наступит время, когда, очистившись чрез мучение, они перейдут в то место, где находятся праведные, но эта басня ясно обличается здесь, в словах Господа. Господь говорит о вечном наказании, то есть непрекращаемом, ибо сравнивает праведных с овцами, а грешников с козлищами. В самом деле, как козлу никогда не бывать овцою, так и грешник в будущем веке никогда не очистится и не будет праведным. Кромешная тьма, будучи удалена от света Божественного, потому самому и составляет самое тяжкое мучение. Можно представить на это и следующую причину. Удалившись от света правды, грешник и в настоящей жизни уже находится во тьме, но так как здесь еще есть надежда на обращение, то по этой причине эта тьма и не есть тьма кромешная. По смерти же будет рассмотрение дел его, и если он здесь не раскаялся, то там окружает его кромешная тьма, ибо надежды на обращение тогда уже нет, и наступает совершенное лишение божественных благ. Пока грешник здесь, то хотя он и немного получает божественных благ,– говорю о чувственных благах, он все еще раб Божий, потому что живет в доме Божием, между творениями Божиими, питаемый и сохраняемый Богом. А тогда он совершенно отлучается от Бога, не имея участия ни в каких благах: это и есть тьма, называемая кромешною, сравнительно с тьмою здешнею, не кромешною, когда грешник не отсекается совершенно. Итак, бегай немилосердия и твори милостыню как чувственно, так в особенности духовно. Питай Христа, алчущего нашего спасения. Впрочем, если ты напитаешь и напоишь также алчущего и жаждущего учения, то и тогда ты напитал и напоил Христа. Ибо вера, живущая в христианине, есть Христос, а вера питается и возрастает посредством учения. Если также увидишь некоего странного, то есть удалившегося от Царства Небесного, то вводи и его с собою; иначе сказать: с ним и сам входи на небеса, и его вводи, чтобы, проповедуя другим, самому не оказаться недостойным. И если кто совлекся одежды нетления, которую имел чрез крещение, и обнажился, то облеки его, и «изнемогающаго в вере, – как говорит Павел, – принимай...» (*Рим. 14, 1*); заключенного в темнице, в этом мрачном теле, посети, даруя ему наставление, как бы свет некий. Все эти виды любви совершай и телесно, и в особенности духовно: так как мы состоим из двух частей – из души и из тела, то и дела любви могут быть совершаемы двояко.

ГЛАВА ДВАДЦАТЬ ШЕСТАЯ

Мф. 26:1. Когда Иисус окончил все слова сии, то сказал ученикам Своим:

Мф. 26:2. вы знаете, что через два дня будет Пасха, и Сын Человеческий предан будет на распятие.

После того как было упомянуто о Царстве и о муках, благовременно беседует потом и о Своем страдании, как бы так говоря, что «и распинатели Мои удостоятся огня».

Мф. 26:3. Тогда собрались первосвященники и книжники и старейшины народа во дворе первосвященника, по имени Каиафы,

Мф. 26:4. и положили в совете взять Иисуса хитростью и убить;

Мф. 26:5. но говорили: только не в праздник, чтобы не сделалось возмущения в народе.

Несмотря на повеление закона, чтобы был только один архиерей в течение всей его жизни, иудеи вопреки закону ставили у себя многих архиереев, сменяя их каждый год. Итак, к архиерею того года приходят на совет те, которые должны были наказывать убийц. Архиереями же называет евангелист тех, которые уже окончили свою годичную службу. Намереваясь совершить преступное убийство, они не Бога боятся, а народа. Боялись же того, чтобы народ, в случае убиения ими Христа в праздничное время, не восстал бы к отмщению за то, или вместе и того боялись, чтоб убийством своим не отвлечь народ от узаконенных жертвоприношений, а самим не лишиться бы прибыли от жертв. Равным образом опасались и того, чтобы смерть Христа не сделалась общеизвестною и славною, если бы Он был убит в праздник; им хотелось истребить и память о Нем. Таким образом, сделавши совет пред праздником, они положили убить Его после праздника. Но Он, показывая, что страждет не тогда, когда они хотели бы, но когда Сам Он восхотел, попустил им взять Себя накануне самого праздника Пасхи, дабы в то же самое время, в которое обыкновенно бывала Пасха прообразовательная, совершилась и Пасха истинная. Следует обратить внимание и на то, как они осквернили себя убийством. В самом деле, не желая убивать Его в праздник, они убивают, однако ж, лишь только нашли предателя, убивают, чтоб только выполнить волю свою, а на народ уже не обратили внимания.

Мф. 26:6–7. Когда же Иисус был в Вифании, в доме Симона прокаженного, приступила к Нему женщина с алавастровым сосудом мира драгоценного и возливала Ему возлежащему на голову.

Некоторые говорят, что было три жены, помазавших Господа миром, о которых упомянули все четыре евангелиста. Другие же полагают, что их было две: одна, упоминаемая у Иоанна, то есть Мария, сестра Лазарева, а другая – та, которая упоминается у Матфея и которая тождественна с упоминаемою у Луки и Марка. Симона-прокаженного некоторые считают отцом Лазаря: Господь очистил его от проказы и угощен был им. Полагают также, что когда Господь говорил ученикам: «идите к такому-то, и он покажет вам горницу убранную», то посылал их именно к Симону; он-то, как говорят, и принял Господа, и Господь совершил у него Пасху. Видя сего прокаженного очищенным, означенная жена возымела веру, что и она получит отпущение и очистится от душевной проказы. Прияв веру, она покупает драгоценное миро и, не жалея, возливает на главу Господа, отдавая чрез это честь важнейшей части тела. Так, и ты, коль скоро имеешь душевную проказу – проказу фарисейскую, ослепляющую тебя превозношением и чрез то удаляющую тебя от Бога, прими в дом свой Иисуса и помажь Его миром добродетелей. Ведь и ты можешь изготовить миро очистившему тебя от проказы Иисусу и возлить это миро на главу Его. Что же есть глава Христова? Это – Божество Его, которому приносится благовоние добродетелей, ибо говорится: «Да исправится молитва моя, сказано, яко кадило пред Тобою» (*Псал. 140:2*). И ты приноси Божеству Христову благовоние мира, составленного из добродетелей, исповедуй Христа не только человеком, но и Богом, ибо чрез сие ты также помазуешь главу Его благовонным миром, то есть православно богословствуешь.

Мф.26:8. Увидев это, ученики Его вознегодовали и говорили: к чему такая трата?

Мф.26:9. Ибо можно было бы продать это миро за большую цену и дать нищим.

Мф.26:10. Но Иисус, уразумев сие, сказал им: что смущаете женщину? она доброе дело сделала для Меня:

Мф.26:11. ибо нищих всегда имеете с собою, а Меня не всегда имеете;

Многое слышав от Господа о милостыне и высоко ценя слово о ней, ученики стали упрекать жену, полагая, что Бог более ищет человеколюбия, нежели чести Себе. Но Он делает выговор ученикам, так как они неблаговременно упрекали жену. От новоприходящих и вообще не должно требовать слишком многого, а в особенности от слабой женщины, но надлежит принимать и умеренную веру их. Поэтому, когда кто приносит дар Богу, не отклоняй его и не подавляй горение духа его, что получилось бы в том случае, если бы ты отослал его раздать этот дар нищим, но предоставь ему совершить приношение. Но когда кто потребует от тебя совета о том, нищим ли нужно отдать что-либо или же принести Богу, в таком случае посоветуй ему отдать лучше нищим, а если он уже принес, то напрасно будешь отвращать его. Притом же честь, воздаваемую непосредственно Богу, должно предпочитать всему вообще, а, следовательно, и самой милостыне. И если Христос из-за человеколюбия относит дела милости к Себе, то не подумай, что Бога должно оставлять и заботиться только лишь о милостыне: в таком случае получится, что можно и святотатствовать, и из святотатственного подавать милостыню. Но этого не должно быть. А что оказывать милосердие бедным и воздавать честь и угождение самому Христу есть не одно и то же, послушай: «нищих, – говорит, – вы всегда имеете с собою, а Меня не всегда имеете». Видишь, что иное дело служить Христу и иное – миловать нищих, хотя Христос по человеколюбию Своему и относит к Себе Самому то, что делают для бедных.

Мф.26:12. возлив миро сие на тело Мое, она приготовила Меня к погребению;

Мф.26:13. истинно говорю вам: где ни будет проповедано Евангелие сие в целом мире, сказано будет в память ея и о том, что она сделала.

Этим Господь научает нас, что упомянутая жена поступила так по особой воле Божией, прообразуя смерть Его и погребение тела Его, ибо Господь не попустил бы помазать Себя миром, если бы не хотел явить этим некой тайны. Как Бог, Он предсказал будущее, что в похвалу жене возвещаемо будет всюду о том, что она сделала. Заметь же человеколюбие Божие,– каким великим даром воздается жене: Он устрояет то, что память о ней будет повсюду, до каких только пор будет проповедоваться Евангелие. Но каким образом миро указывало на погребение Христа? У иудеев был обычай погребать тела с мастями мира, как делали и египтяне, для того, чтобы эти тела сохранялись без гниения и без дурного запаха. Итак, жена сия,– говорит Он,– показывает чрез возлияние мира, что тело Мое будет предано погребению. Все это говорит Господь, трогая и вразумляя Иуду, чрез которого имел быть предан на погребение. В переносном смысле разумей следующее: прокаженный – это языческий народ; жена грешница – это *церковь* из сонма язычников, которая возлила миро, то есть веру, на главу Христа или, иначе сказать, на Божество Его. Ибо всякий, верующий, что Христос есть Сын Божий, возливает тем самым миро на главу Христову. Наконец, Иуда, роптавший, как говорит Иоанн (*Иоан. 12, 4–5*), на жену, есть образ иудеев, доныне ропщущих на *церковь* Христову.

Мф.26:14. Тогда один из двенадцати, называемый Иуда Искариот, пошел к первосвященникам

Мф.26:15. и сказал: что вы дадите мне, и я вам предам Его? Они предложили ему тридцать сребреников;

Мф.26:16. и с того времени он искал удобного случая предать Его.

Когда чуждая жена, блудница, оказала столь великую честь, тогда ученик уходит, чтобы предать Его! «Тогда пошел» сказано не напрасно, но чтобы обозначить бесстыдство Иудино. Выражение «Искариотский» присовокупил евангелист для того, чтобы определеннее обозначить его, так как был другой Иуда, Леввей; оный же предатель происходил из некоего селения, которое называлось «Искара». «Они предложили ему тридцать сребреников», то есть только согласились, определили дать ему, а не то, чтобы уже отвесили их, как многие думают. Иуда искал удобного времени, чтобы предать им Его наедине: так как они боялись народа, то и подкупили Иуду, чтобы он известил их, когда Иисус будет один.

Мф.26:17. В первый же день опресночный приступили ученики к Иисусу и сказали Ему: где велишь нам приготовить Тебе пасху?

Мф.26:18. Он сказал: пойдите в город к такому-то и скажите ему: Учитель говорит: время Мое близко; у тебя совершу пасху с учениками Моими.

Мф.26:19. Ученики сделали, как повелел им Иисус, и приготовили пасху.

Так я думаю, что первым опресночным днем евангелист называет день предопресночный. Есть пасху им надлежало собственно в пятницу вечером: она-то и называлась днем опресночным; но Господь посылает учеников Своих в четверток, который называется у евангелиста первым днем опресночным потому, что предшествовал пятнице, – в вечер каковой и ели обыкновенно опресноки. Ученики подходят и спрашивают Иисуса: «где Ты хочешь, чтобы мы приготовили Тебе пасху?», ибо ни они сами, ни Он не имели собственного дома. А Он посылает их к человеку, не знаемому ими и не знающему их (то же Он сделал и относительно ослицы), показывая им, что человек тот может послушаться и простых слов незнакомых ему лиц и примет Его. Пасху же восхотел совершить для того, чтобы не показаться врагом закона. «Временем Своим» называет Свое заклание, чтобы ведали мы, что Он закалается не без ведома о том и добровольно. К словам: «у тебя, – то есть в доме твоем, – сотворю пасху» Господь прибавил «с учениками Моими»; прибавил это для того, чтобы было сделано соответствующее заготовление, ибо вкушать пасху намеревались многие.

Мф.26:20. Когда же настал вечер, Он возлег с двенадцатью учениками;

Мф.26:21. и когда они ели, сказал: истинно говорю вам, что один из вас предаст Меня.

Мф.26:22. Они весьма опечалились и начали говорить Ему, каждый из них: не я ли, Господи?

Из сего некоторые заключают, что в тот год Господь не вкушал пасхи. Агнца, говорят, ели стоя, а Христос возлежал; следовательно, не ел пасхи. Но мы утверждаем, что Он сначала стоя ел пасху ветхозаветную, а потом, возлегши, преподал Свое таинство: совершил сначала прообразовательную пасху, а потом и пасху истинную. О поступке Иуды предсказывает для того, чтобы исправить его, пристыдить его, если не чем другим, то хоть общением трапезы, и дав ему знать, что он, Иуда, хочет предать Бога, ведающего помышления. Ученики же стали беспокоиться за себя потому, что хотя совесть их была и чиста, но они более доверяли Христу, чем себе, так как Господь знал сердца их лучше, чем они сами.

Мф.26:23. Он же сказал им в ответ: опустивший со Мною руку в блюдо, этот предаст Меня;

Мф.26:24. впрочем Сын Человеческий идет, как писано о Нем, но горе тому человеку, которым Сын Человеческий предается: лучше бы было тому человеку не родиться.

Мф.26:25. При сем и Иуда, предающий Его, сказал: не я ли, Равви? *Иисус* говорит ему: ты сказал.

Прямо обличает предателя, так как, будучи прикровенно обличаем, Иуда не исправлялся. Поэтому, говоря: «омочивший со Мною», объявляет о нем для того, чтобы хоть так исправить его. Однако, будучи бесстыдным, Иуда обмакнул кусок в том же самом блюде, или тарелке. Затем Господь говорит: «впрочем Сын Человеческий идет, как писано о Нем», то есть если Христу и было предопределено пострадать для спасения мира, однако по этой причине вовсе не следует чтить Иуду. Напротив, горе ему, потому что он сделал это вовсе не для того, чтобы посодействовать воле Божией, но чтобы услужить своей злобе. К тому же, если рассмотришь внимательно, Христос не имел непреклонного желания быть распятым. Это Он показывает тем, что молится об удалении чаши. Но так как «прежде всех веков» ведал Он, что по причине злобы врага люди не могут спастись иным способом, – то напоследок желает испить чашу, которой сначала не желал было. Говоря, что «лучше было бы этому человеку не родиться», показывает, что небытие лучше бытия в грехах. Обратите внимание и на слово «идет»: оно показывает, что умерщвление Христа будет скорее переходом, нежели смертью.

Мф. 26:26. И когда они ели, Иисус взял хлеб и, благословив, преломил и, раздавая ученикам, сказал: приимите, ядите: сие есть Тело Мое.

Выражение: «когда они ели» присовокупил евангелист для того, чтобы показать бесчеловечие Иуды: если бы он зверем был, то и тогда должен бы смягчиться, ибо вкушал одну пищу с одной трапезы, а он между тем, и будучи обличаем, не пришел в себя; мало того, даже причащаясь Тела Христова, не раскаялся. Впрочем, некоторые говорят, что Христос преподал Тайны Своим ученикам тогда, когда Иуда вышел. Так приличествует поступать и нам, то есть удалять нечестивых людей от Тайн Божественных. Намереваясь преломить хлеб, Господь благодарит как для того, чтобы и нас научить приносить хлеб с благодарением, так и для того, чтобы показать, что Он с благодарностью принимает преломление Своего тела, то есть умерщвление, и не негодует на это, как на нечто недобровольное; благодарит, наконец, и для того, чтобы и мы принимали Тайны Христовы с благодарностью. Говоря: «сие есть Тело Мое», показывает что хлеб, освящаемый на жертвеннике, есть самое тело Христово, а не образ его, ибо Он не сказал: «сие есть образ», но «сие есть Тело Мое». Хлеб неизъяснимым действием прелагается, хотя и кажется нам хлебом. Так как мы слабы и не решились бы есть сырое мясо и человеческую плоть, то нам преподается хлеб, хотя на самом деле это – плоть.

Мф.26:27. И взяв чашу и благодарив, подал им и сказал: пейте из неё всé,

Мф.26:28. ибо сие есть Кровь Моя Нового Завета, за многих изливаемая во оставление грехов.

Как Ветхий Завет имел заклания и кровь, так и Новый Завет имеет кровь и заклания. «За многих изливаемая» сказал вместо «за всех изливаемая», ибо и все суть многие. Но почему выше не сказал: «приимите, ядите все», а здесь сказал: «пейте из нея все»? Одни говорят, что Христос сказал это ради Иуды, так как Иуда, взяв хлеб, не ел его, а скрыл, чтоб показать иудеям, что Иисус называет хлеб Своею плотью; чашу же и нехотя пил, не будучи в состоянии скрыть это. Поэтому будто бы и сказал Господь: «пейте все». Другие толкуют это в переносном смысле, а именно: так как твердую пищу можно принимать не всем, а тем только, кто имеет совершенный возраст, пить же можно всем, то по этой причине и сказал здесь: «пейте все», ибо простейшие догматы свойственно всем принимать.

Мф.26:29. Сказываю же вам, что отныне не буду пить от плода сего виноградного до того дня, когда буду пить с вами новое *вино* в Царстве Отца Моего.

Вкусив от чаши, отказывается, наконец, от телесного пития и возвещает некоторое иное вкушение в Царствии, то есть в воскресении. Воскресши, Он действительно ел и пил, но уже для некоторой другой цели, ибо ел и пил не как нуждающийся в телесной пище, а для уверения в истинной природе Своего тела. Свое воскресение по всей справедливости называет Царствием, ибо тогда Он упразднил смерть, явив Себя истинным Царем. Или понимай и так: новое питие – откровение тайн Божиих, которые откроются тогда – в Царстве Божием, то есть при втором пришествии; «новыя», то есть такие, каких мы никогда не слышали. Христос говорит, что Сам будет пить их вместе с нами. Это значит, что нашу пользу почитает Своею пищею и питьем.

Мф.26:30. И, воспев, пошли на гору Елеонскую.

По вечери они воспели это для того, чтоб научились мы, что и нам следует делать то же. Идет на гору маслин, а не в другое какое место, чтобы не подумали, что Он убегает; ибо не в неизвестное иудеям место уходит, а в известное. Вместе с тем и для того уходит из кровожадного города, оставивши его, чтобы не воспрепятствовать им гнаться за Собою, а после обличить их, что они преследовали Его и по отшествии.

Мф.26:31. Тогда говорит им Иисус: все вы соблазнитесь о Мне в эту ночь, ибо написано (*Зах.13,7*) : поражу пастыря, и рассеются овцы стада;

Мф.26:32. по воскресении же Моем предварю вас в Галилее.

Как Бог, предсказывает будущее, а чтоб ученики не соблазнились, вменив это в укор себе, говорит, что написано: «поражу пастыря, и рассеются овцы», внушая этим следующее: Я связывал вас всех вместе, отшествие же Мое рассеет вас. Говорится, что Отец поразит Сына. Это потому, что иудеи распяли Господа по изволению, то есть по допущению, Отца. Будучи в состоянии воспрепятствовать им, Отец не воспрепятствовал, а попустил, вследствие чего и говорится, что Он «поразил». Потом, разрешая скорбь учеников, Господь благовествует им: Я восстану и «предварю вас в Галилее», то есть поспешу туда прежде вас. Показывает этим, что Иерусалим Он оставит и отойдет к язычникам, так как в Галилее жили язычники.

Мф.26:33. Петр сказал Ему в ответ: если и все соблазнятся о Тебе, я никогда не соблазнюсь.

Мф.26:34. Иисус сказал Ему: истинно говорю тебе, что в эту ночь, прежде нежели пропоет петух, трижды отречешься от Меня.

По причине большой самоуверенности Петр только один обещает не соблазниться. Потому Христос и попустил ему пасть, чтоб научить Его надеяться не на себя, а на Бога, и слова Христовы почитать более достоверными, чем собственное сознание. Притом слова: «если и все соблазнятся, я не соблазнюсь» отзываются высокомерием, обнаруживая в Петре гордость и незнание собственной немощи. Господь предсказывает ему и время, что «в эту самую ночь, прежде нежели пропоет петух», предсказывает и число отречений, что он отречется «трижды».

Мф.26:35. Говорит Ему Петр: хотя бы надлежало мне и умереть с Тобою, не отрекусь от Тебя. Подобное говорили и все ученики.

Мф.26:36. Потом приходит с ними Иисус на место, называемое Гефсимания, и говорит ученикам: посидите тут, пока Я пойду, помолюсь там.

Петр, желая показать, что он вполне предан Спасителю, прекословит Ему, ибо, освободившись от страха предательства, он начал восставать на других и противиться Христу по сильной любви к своему Учителю и по любочестию. Но и остальные ученики, так как они еще не испытали искушений, по неведению своему обещали то, чего не имели исполнить. Намереваясь помолиться, Христос идет в уединенное место, потому что для молитвы нужно отрешение от всего и уединение.

Мф.26:37. И, взяв с Собою Петра и обоих сыновей Зеведеевых, начал скорбеть и тосковать.

Мф.26:38. Тогда говорит им Иисус: душа Моя скорбит смертельно; побудьте здесь и бодрствуйте со Мною.

Мф.26:39. И, отойдя немного, пал на лице Свое, молился и говорил: Отче Мой! если возможно, да минует Меня чаша сия; впрочем не как Я хочу, но как Ты.

Не всех берет учеников, а только троих, которым показал славу на Фаворе, дабы, видя Его молящимся и скорбящим, не соблазнились. Однако и сих оставляет и, отойдя, молится наедине. А скорбит и тоскует благопромыслительно, дабы уверовали, что Он был истинным человеком, ибо человеческой природе свойственно бояться смерти. Смерть вошла в человеческий род не по природе; поэтому природа человеческая боится смерти и бежит от нее. Скорбит вместе с тем и для того, чтоб утаить Себя от дьявола, чтоб дьявол напал на Него, как на простого человека, и умертвил Его, а чрез это и сам был бы низложен. С другой стороны, если бы Господь Сам пошел на смерть, то подал бы иудеям оправдание, что они не погрешили, убив Его, пришедшего к ним на страдание. Из этого и мы научаемся не ввергать себя в опасности, но молиться об избавлении от них. Для того Он и не отходит на дальнее расстояние, но находится вблизи трех учеников, чтобы, слыша Его, они помнили о том, что Он делает, и, впадши в искушения, сами бы молились подобно Ему. Страдание Свое Он называет чашею или по причине успения, или же по причине того обстоятельства, что оно соделалось причиною нашего веселия и спасения. Желает, чтобы мимо прошла чаша сия, или для того, чтобы показать, что, как человек, Он по естественным законам отвращается от смерти, как выше сказано, или потому, что не желал, чтоб евреи согрешили столь тяжко, что за их грех случилось бы разрушение храма и гибель народа. Христос желает, да будет воля Отца, дабы и мы научились, что хотя бы природа и отвращала нас, но должно более повиноваться Богу, нежели исполнять собственную волю.

Мф.26:40. И приходит к ученикам, и находит их спящими, и говорит Петру: та́к ли не могли вы один час бодрствовать со Мною?

Мф.26:41. бодрствуйте и молитесь, чтобы не впасть в искушение: дух бодр, плоть же немощна.

Так как Петр был смел, а равно и другие ученики, то изобличает их нетвердость, как людей, говоривших необдуманно, и в особенности обращает свою речь к Петру: так ли не могли вы один час бодрствовать со Мною; и как души свои положите за Меня? Впрочем, когда поразил их обличением, снова успокаивает их, говоря, что дух бодр, но немощь плоти противится духу, то есть: Я извиняю вас, потому что вы воздремали не по презрению ко Мне, а по немощи. Вследствие этого, если и вы немощны, то не будьте смелы, но молитесь, дабы как-нибудь не впасть вам в искушение. Другие же полагают, что «да не внидете в напасть» сказано вместо «да не будете побеждены напастью». Ибо не то, говорят, заповедует, чтобы мы были без напастей, так как напасти увенчивают, но то, чтобы мы не были поглощены напастью и чтоб не попали в чрево ея, как некоего зверя, – об этом велит молиться, так как побежденный напастью вошел в чрево ея, то есть поглощен ею.

Мф.26:42. Еще, отойдя в другой раз, молился, говоря: Отче Мой: если не может чаша сия миновать Меня, чтобы Мне не пить её, да будет воля Твоя.

Мф.26:43. И, придя, находит их опять спящими, ибо у них глаза отяжелели.

Мф.26:44. И, оставив их, отошел опять и помолился в третий раз, сказав то же слово.

Учись, человек, непрестанно молиться в искушениях, слыша, что и Господь часто молился. Найдя учеников опять спящими, Господь не стал обличать, чтоб не опечалить, но отошел. И, отошедши, стал молиться в третий раз, уверяя в Своем человечестве, ибо число три служит показанием истины и достоверности.

Мф.26:45. Тогда приходит к ученикам Своим и говорит им: вы всё ещё спите и почиваете? вот, приблизился час, и Сын Человеческий предается в руки грешников;

Мф.26:46. встаньте, пойдем: вот, приблизился предающий Меня.

Показывая, что не имеет нужды в их помощи, когда намерен предаться, Он говорит им: «спите, впрочем». Или произносит это для пристыжения их, как бы так говоря: «вот, приблизился предатель: если приятно вам и время позволяет, спите». Затем возбуждает их от того места, где молился, и идет навстречу к тем, которые намеревались взять Его. И вот Он пред ними, как будто они намереваются дать Ему нечто приятное. Так и о том, о чем молился Он, для того молился, чтобы благопромыслительность стала достоверною для нас; и если не желал пострадать, то для того, чтобы предохранить евреев от погибели, которая имела постигнуть их за грех против Него.

Мф.26:47. И когда еще говорил Он, вот, Иуда, один из двенадцати, пришел, и с ним множество народа с мечами и кольями, от первосвященников и старейшин народных.

Мф.26:48. Предающий же Его дал им знак, сказав: Кого я поцелую, Тот и есть, возьмите Его.

Мф.26:49. И, тотчас подойдя к Иисусу, сказал: Радуйся, Равви! И поцеловал Его.

Мф.26:50. Иисус же сказал Ему: друг, для чего ты пришел? Тогда подошли, и возложили руки на Иисуса, и взяли Его.

Видишь орудия архиереев! Дреколья и мечи! Так они были миролюбивы! Так они отличались духом кротости! Один из «двенадцати» – сказал евангелист, показывая с удивлением, что Иуда предал себя дьяволу, несмотря на то, что был избран и с первыми поставлен. Так и ты, человек, бойся, чтоб, ослабев духом, не отпасть, хотя бы и был ты одним из ближайших к Иисусу! Дает знак Иуда отчасти потому, что была ночь и они не могли распознать, а с другой стороны и потому, что пришедшие взять Иисуса были не столько из простого народа, сколько из слуг архиерейских, которые и вовсе, может быть, не знали Иисуса. Ученик указывает им Учителя посредством целования, ибо, зная человеколюбие Господа, он делается дерзким и целует Его. И Господь терпит до последнего часа, стараясь привести его к покаянию Своим долготерпением. Когда же он и так не был вразумлен, тогда Господь делает то, что пришедшие пали на землю, как говорит Иоанн; делает это для того, чтобы хоть чрез падение познали Его силу. Однако и после этого не отвратились они от дерзости. Тогда Господь и предает им Себя. Иуду называет «другом», посрамляя и укоряя за то, что он, как будто друг, дает Ему лобзание. «На сие ли пришел» – вместо: «с каким расположением присутствуешь здесь?». Как друг? Но в таком случае не следовало приходить с мечами. Как враг? Но для чего целуешь? Так-то и изобличает его, как льстеца.

Мф. 26:51. И вот, один из бывших с Иисусом, простерши руку, извлек меч свой и, ударив раба первосвященникова, отсек ему ухо.

Мф. 26:52. Тогда говорит ему Иисус: возврати меч твой в его место, ибо все, взявшие меч, мечом погибнут;

Мф. 26:53. или думаешь, что Я не могу теперь умолить Отца Моего, и Он представит Мне более, нежели двенадцать легионов Ангелов?

Мф. 26:54. как же сбудутся Писания, что та́к должно быть?

Петр был извлекшим нож, как говорит Иоанн (*Иоан. 18, 10*). А нож он имел при себе, как незадолго пред этим заклавший агнца, которого вкусили на вечери. Мы не осуждаем Петра, ибо он сделал это, ревнуя не о себе, а об Учителе. Господь же, приучая его к евангельской жизни, наставляет не пользоваться мечом, хотя бы и за Бога кто думал отмстить. Отсекая ухо, Петр показывает, что иудеи больны были непослушанием. Потом Господь полагает изречение закона, что убийца сам должен быть убит, так как закон говорит то, что «взявшие нож от ножа и погибнут». Указывается этим, что будут истреблены от меча римлян иудеи, взявшие меч против Него. Не сказал, что «могу представить двенадцать легионов ангелов», но «умолить Отца Моего», говоря это благопромыслительно, как человек, по причине немощи учеников. Так как Он показал тогда много человеческого – пот, страх, то не было бы убедительным, если бы сказал: «Я могу Сам представить ангелов». Вместо двенадцати, говорит, учеников Мне предстали бы двенадцать полков ангелов, если бы захотел Я. А легион – самый большой полк, в шесть тысяч всадников. Но должно, говорит, чтобы все это совершилось, дабы исполнились Писания, предвозвестившие все это. Иудеи злы не потому, что предвозвестили Писания, но так как иудеи имели все это совершить по злому произволению, то в Писаниях и изложено так Духом.

Мф.26:55. В тот час сказал Иисус народу: как будто на разбойника вышли вы с мечами и кольями взять Меня; каждый день с вами сидел Я, уча в храме, и вы не брали Меня.

Мф.26:56. Сие же всё было, да сбудутся писания пророков.

Показывает безумное их предприятие, а равно и то, что взятие Его произошло не по их силе. Когда Я был с вами в храме, говорит Он, вы хотели взять Меня, но так как Я не допускал, то вы не могли. Теперь же Я по собственной воле предаюсь вам, ибо знаю, что быть не может, чтобы солгали Писания, которые предсказали вашу злобу.

Тогда все ученики, оставивши Его, бежали.

Мф.26:57. А взявшие Иисуса отвели Его к Каиафе первосвященнику, куда собрались книжники и старейшины.

Мф.26:58. Петр же следовал за Ним издали, до двора первосвященникова; и войдя внутрь, сел со служителями, чтобы видеть конец.

Прочие ученики бежали, Петр же, будучи более горячо расположен к Учителю, издали шел за Ним. Хотя и Иоанн шел за Ним, однако, не как ученик, а как знакомый архиерея.

Мф.26:59. Первосвященники и старейшины и весь синедрион[12] искали лжесвидетельства против Иисуса, чтобы предать Его смерти,

Мф.26:60. и не находили; и хотя много лжесвидетелей приходило, не нашли.

Отводят Иисуса к Каиафе, так как тот был архиереем того года. Провели там целую ночь и остальные, не евши тогда пасхи, но, дожидаясь, чтоб убить Господа, хотя и преступив тем неядением закон. Ибо Господь ел пасху в узаконенное время, они же, чтоб только убить Господа, пренебрегли и законом.

Но, наконец, пришли два лжесвидетеля

Мф.26:61. и сказали: Он говорил: могу разрушить храм Божий и в три дня создать его.

Мф.26:62. И встав, первосвященник сказал Ему: *что же ничего не отвечаешь? что́ они против Тебя свидетельствуют?*

....

[12] Верховное судилище.

Мф.26:63. Иисус молчал. И первосвященник сказал Ему: заклинаю Тебя Богом живым, скажи нам, Ты ли Христос, Сын Божий?

Мф.26:64. Иисус говорит ему: ты сказал;

Это действительно были лжесвидетели, ибо Христос не говорил, что «могу разрушить», но «разрушьте», и не сказал: «храм Божий», но «храм сей», то есть «тело Мое», и опять не говорил «созижду», но «воздвигну» (*Иоан. 2, 19*). Таким образом, это – явные лжесвидетели, утверждавшие, что Христос говорил то, чего не говорил. Поэтому, видя беззаконный суд их, Христос молчал, ибо тех, коих не убеждали знамения, как убедили бы оправдания? Желая вовлечь Христа в богохульство, продолжает архиерей спрашивать Его – для того, чтобы, если Он скажет: «Я Сын Божий», осудить Его, как богохульника, или же, если Он отречется от того, иметь Его свидетелем против Самого Себя. Но Господь, уловляющий премудрых в коварстве их, отвечает: «ты сказал». Это вместо следующего: «твои уста исповедали, что Я – Сын Божий».

даже сказываю вам: отныне у́зрите Сына Человеческого, сидящего одесную силы и грядущего на облаках небесных.

Возвещает им словами из Даниила-пророка, так как тот сказал, что « видел я как бы Сына Человеческого, грядущего на облаках». Так как обвинители считали Его обманщиком, являющимся в смиренном образе, то говорит им, что «увидите Меня тогда грядущим с силою и сидящим со Отцом»; силою здесь называет силу Отца, а грядущим – не от земли, а с небес.

Мф.26:65. Тогда первосвященник разодрал одежды свои и сказал: Он богохульствует! на что еще нам свидетелей? вот, теперь вы слышали богохульство Его!

Мф.26:66. как вам кажется? Они же сказали в ответ: повинен смерти.

Был обычай у иудеев – если случалось что-либо невыносимое, то раздирать одежды. Так и Каиафа, как будто бы по причине явного богохульства, делал это в обольщение черни, чтобы показать ей, что Христос в высшей степени богохульствовал, и так заставить бы народ сказать, что «повинен смерти». Заметь и то обстоятельство, что то, что Каиафа разодрал одежды, было символом раздрания ветхозаветного архиерейства.

Мф.26:67. Тогда плевали Ему в лице и заушали Его; другие же ударяли Его по ланитам

Мф.26:68. и говорили: прореки нам, Христос, кто ударил Тебя?

Когда осудили Его, тогда стали оказывать Ему поношения и ругались над Ним, набрасывая, как говорит другой евангелист (*Лук. 22, 63–64*), на лице Его одежду. Так как они имели Его, как пророка, то по этой причине так и ругаются над Ним. Заушать – значит ударять руками, пригнув пальцы, или, проще сказать, бить кулаками.

Мф.26:69. Петр же сидел вне на дворе. И подошла к нему одна служанка и сказала: и ты был с Иисусом Галилеянином.

Мф.26:70. Но он отрекся пред всеми, сказав: не знаю, что ты говоришь.

Мф.26:71. Когда же он выходил за ворота, увидела его другая, и говорит бывшим там: и этот был с Иисусом Назореем.

Мф.26:72. И он опять отрекся с клятвою, что не знает Сего Человека.

Мф.26:73. Немного спустя подошли стоявшие там и сказали Петру: точно и ты из них, ибо и речь твоя обличает тебя.

Мф.26:74. Тогда он начал клясться и божиться, что не знает Сего Человека. И вдруг запел петух.

Мф. 26:75. И вспомнил Петр слово, сказанное ему Иисусом: «прежде нежели пропоет петух, трижды отречешься от Меня». И выйдя вон, плакал горько.

Быв мучен безмерным страхом, Петр забыл о своих обещаниях и покоряется человеческой немощи, как бы умерши от страха и не зная, что говорит. Но ты разумей у меня и в возвышенном смысле – что Петр уличается служанкою, то есть человеческою немощью, вещью низменною и приличною рабам; уличается до тех пор, пока петух, пропевши, не привел его в чувство. Петух означает слово Христово, не позволяющее, чтобы мы расслабели и спали, но говорящее: «бодрствуйте» и «востани спяй». Этим-то словом, как бы некиим алектором, пробужденный Петр, вышедши вон из двора архиерейского, то есть из состояния ослепленного ума, заплакал, выйдя из нечувствия. Пока он был во дворе ослепленного ума, не плакал, потому что не чувствовал, но как скоро вышел из него, пришел в чувство.

ГЛАВА ДВАДЦАТЬ СЕДЬМАЯ

Мф.27:1. Когда же настало утро, все первосвященники и старейшины народа имели совещание об Иисусе, чтобы предать Его смерти:

Мф.27:2. и, связав Его, отвели и предали Его Понтию Пилату, правителю.

Смотри, как завладел всеми ими дьявол, склонив их к убийству в такие дни, в которые надлежало им совершать многие жертвы и приношения за грехи других – в дни непорочности и чистоты. Они же связывают и отводят Христа к правителю Пилату, который был из Понта, но римский подданный, и послан был правителем Иудеи. Предали же Господа Пилату, как человека подлинно мятежного и злоумышляющего против царя.

Мф.27:3. Тогда Иуда, предавший Его, увидев, что Он осужден, и раскаявшись, возвратил тридцать сребреников первосвященникам и старейшинам,

Мф.27:4. говоря: согрешил я, предав кровь невинную. Они же сказали ему: чтó нам до того? смотри сам.

Мф.27:5. И, бросив сребреники в храме, он вышел, пошел и удавился.

Запаздывает раздумьем Иуда; раскаивается, но не на добро. Сознаться – хорошо, но удавиться – дьявольское дело. Не перенося бесславия в будущем, сам себя лишает жизни, тогда как надлежало ему плакать и умолять Преданного. Некоторые говорят, впрочем, будто Иуда, будучи сребролюбивым, думал, что и серебро он приобретет, продав Христа, и Христос не будет умерщвлен, но избегнет иудеев, как часто избегал. Теперь же, увидев, что Он осужден и приговорен к смерти, раскаялся, потому что дело вышло не так, как он предполагал. По той причине будто бы и удавился, чтоб предварить Иисуса во аде и, умолив Его, получить спасение. Знай к тому же и то, что Иуда надел себе на шею петлю, повесившись на каком-то дереве, но так как дерево наклонилось, то он остался жив, ибо Бог хотел сохранить его или для покаяния, или же в посмех и поношение. Ибо говорят, что он впал в водяную болезнь, так что там, где свободно проходила колесница, он не мог пройти, а впоследствии, упавши ниц, разорвался, или «проседеся», как говорит Лука в Деяниях (*Деян. 1, 18*).

Мф.27:6. Первосвященники, взяв сребреники, сказали: непозволительно положить их в сокровищницу церковную, потому что это цена крови.

Мф.27:7. Сделав же совещание, купили на них землю горшечника, для погребения странников;

Мф.27:8. посему и называется земля та «землею крови» до сего дня;

Мф.27:9. тогда сбылось реченное чрез пророка Иеремию, который говорит: и взяли тридцать сребреников, цену Оцененного, Которого оценили сыны Израиля,

Мф.27:10. и дали их за землю горшечника, как сказал мне Господь.

Церковною сокровищницею называли церковную кружку, в которую клали приносимые Богу дары. Смотри, как Бог делает их безрассудными, так что обнаруживаются и кровожадные мысли их. «До сего дня», говорит, поле то называется полем крови, так что всем напоминается, что они убили Господа. Заметь и то, что о страннолюбии была забота и у иудеев, так что купили и поле некое для кладбища странников. Устыдимся же мы, почитающие себя людьми совершеннейшей жизни, а странниками пренебрегающие. «Ценою Оцененного» называет, конечно, цену Христа: Он был бесценен, однако оценен был сынами Израиля, то есть сыны Израиля назначили цену Его, условившись дать Иуде тридцать сребреников.

Мф.27:11. Иисус же стал пред правителем. И спросил Его правитель: Ты Царь Иудейский? Иисус сказал ему: ты говоришь.

Мф.27:12. И когда обвиняли Его первосвященники и старейшины, Он ничего не отвечал.

Мф.27:13. Тогда говорит Ему Пилат: не слышишь, сколько свидетельствуют против Тебя?

Мф.27:14. И не отвечал ему ни на одно слово, так что правитель весьма дивился.

Как обвиняемый в гражданских преступлениях, отводится к Пилату. Отсюда и спрашивает Его, не предпринимал ли Он и не делал ли попыток царствовать над иудеями? Иисус отвечал ему: ты говоришь, – давая самый премудрый ответ, ибо не сказал ни «да», ни «нет», а нечто среднее, как: ты говоришь. Но это может быть понимаемо и так, что: «да, точно так, как ты говоришь», и так, что: «Я не говорю этого, а говоришь ты». Иного ничего не ответил, ибо видел, что суд идет не по уставу. Пилат дивился Господу, с одной стороны – как презирающему смерть, а с другой – тому, как Он, будучи столь красноречив и имея представить тысячи оправданий, ничего не ответил и не обращал внимания на обвинителей. Научимся и мы отсюда, чтобы, если будем находиться пред неправедным судом, ничего не говорить, дабы не возбудить большого шума и не сделаться виновным большого осуждения, когда не слушают наших оправданий.

Мф.27:15. На праздник же *Пасхи* правитель имел обычай отпускать народу одного узника, которого хотели.

Мф.27:16. Был тогда у них известный узник, названный Варавва;

Мф.27:17. итак, когда собрались они, сказал им Пилат: кого хотите, чтоб я отпустил вам: Варавву, или Иисуса, называемого Христом?

Мф.27:18. ибо знал, что предали Его из зависти.

Пилат старался освободить Христа, хотя и не так твердо, как надлежало: ибо он должен был твердо стоять за истину. Сначала он спросил Господа: «не слышишь, что они свидетельствуют против Тебя?». Спросил же для того, чтобы, если Христос оправдается, иметь повод к освобождению Его. Когда же Господь не хотел оправдываться, хорошо зная, что не будет отпущен, если бы и оправдался, – тогда Пилат обращается к другому пути и прибегает, наконец, к обычаю, как бы так говоря: если вы не отпускаете Иисуса, как невинного, то, хотя как осужденного, порадуйте Его для праздника. Ибо как мог Пилат предположить, что они будут искать, чтобы невинный Иисус был распят, а виновного разбойника отпустят? Итак, зная, что Христос невинен, но что Ему завидуют, по этой причине и спрашивает их; отсюда показывает себя человеком слабым, ибо он должен был даже пострадать за доброе дело. Поэтому он и достоин осуждения, как скрывший истину. «Варавва» толкуется: «сын отца», ибо вар – сын, а авва – отец. Итак, иудеи сына отца своего, дьявола, испросили, а Иисуса распяли. Однако они и доныне к сыну отца своего, антихристу, прилепляются, а Христа отрекаются.

Мф.27:19. Между тем, как сидел он на судейском месте, жена его послала ему сказать: не делай ничего Праведнику Тому, потому что я ныне во сне много пострадала за Него.

Мф.27:20. Но первосвященники и старейшины возбудили народ просить Варавву, а Иисуса погубить.

Мф.27:21. Тогда правитель спросил их: кого из двух хотите, чтобы я отпустил вам? Они сказали: Варавву.

Мф.27:22. Пилат говорит им: что́ же я сделаю Иисусу, называемому Христом? Говорят ему все: да будет распят.

Мф.27:23. Правитель сказал: какое же зло сделал Он? Но они еще сильнее кричали: да будет распят.

Мф.27:24. Пилат, видя, что ничто не помогает, но смятение увеличивается, взял воды и умыл руки пред народом, и сказал: невиновен я в крови Праведника Сего; смотрите вы.

Мф.27:25. И, отвечая, весь народ сказал: кровь Его на нас и на детях наших.

Мф.27:26. Тогда отпустил им Варавву, а Иисуса, бив, предал на распятие.

Дивное! Судимый Пилатом устрашал жену его! Не сам видит сон, но жена его: или потому, что сам он не достоин был; или потому, что самому ему не поверили бы, а подумали бы, что он говорит это по пристрастию к Иисусу; а может быть, он и умолчал бы, если бы и видел, так как был судьей. Сон – дело Промышления; но он случился не для того, чтобы освобожден был Христос, но чтоб спаслась жена. Почему же не освободил Христа? Потому, что ему, то есть Пилату, не безопасно было освободить Его, как обвиняемого в царствовании. Но он должен бы был потребовать показаний: не собирал ли Христос около Себя воинов, не заготовлял ли оружия. Теперь же, как легкомысленный и слабый, Пилат отклоняется в сторону; по этой причине он и неизвинителен: ибо, когда они просили отъявленного злодея, отдал, а о Христе спрашивал: что сделать с Иисусом? – делая, таким образом, иудеев начальниками суда. Будучи правителем, он мог вырвать Его от них, как тысяченачальник

Павла (*Деян. 21, 31*). «Да будет распят», – говорили иудеи, намереваясь не только убить Его, но и набросить на Него злодейскую вину, ибо крест назначался в качестве наказания злодеям. Умывается, показывая, что он чист от ненависти. Худо размышляет, ибо, называя Иисуса праведником, вместе с тем предал Его убийцам! А те возмездие за убиение Его принимают на себя; каковое возмездие и постигло их, когда римляне истребили их и детей их. Впрочем, и доныне иудеи, будучи чадами тех,– убивших Господа,– имеют на себе кровь Его, ибо за неверие в Господа преследуются от всех, и когда преследуются они, нет им никакого помилования. Пилат бил Иисуса, то есть бичевал, показывая, что и он осудил Его и что иудеи будут распинать уже не невинного человека, но опозоренного. Так и исполнилось: «плечи Мои Я отдал на раны» (*Ис. 50, 6*).

Мф.27:27. Тогда воины правителя, взяв Иисуса в преторию[13], собрали на Него весь полк

Мф.27:28. и, раздев Его, надели на Него багряницу;

Мф.27:29. и, сплетши венец из терна, возложили Ему на голову и дали Ему в правую руку трость; и, становясь пред Ним на колени, насмехались над Ним, говоря: радуйся, Царь Иудейский!

Мф.27:30. и плевали на Него и, взяв трость, били его по голове.

Тут исполнилось слово Давидово: «дал Меня для поношения безумному» (*Псал. 38, 9*). Ибо воины делали с Ним достойное их, будучи людьми безумными: они одели Его в хламиду вместо порфиры, как бы царя; венец вместо диадемы; и, насмехаясь над Ним, чествовали Его, ибо преклонение колен есть символ оказывания чести. Смо-

---

[13] Судилище преторское.

три, как всякий вид поношения они прошли: лицо позоря чрез заплевание, главу – чрез венец, руки – чрез трость, остальное тело – чрез хламиду, уши – чрез хульные слова. Хотя все, что ни делали, они делали в поругание Христу, однако вместе с тем ты разумей и так, что все это Самим Иисусом совершено было и в более таинственном смысле: ибо багряная хламида означала природу нашу, которую, в то время как она была обагрена кровью и склонна к убийству, Он воспринял и освятил, облекшись в нее; венец из терния означал грехи, проистекшие из житейских попечений,– грехи, которые Христос потребляет Своим Божеством, – ибо Божество и означается чрез главу Его; трость есть образ нашей немощной и телесной плоти, которую воспринял Господь, как и Давид говорит: «десница Господня вознесла меня» (*Псал. 117, 16*); чрез принятие хулений в уши Свои Господь избавил нас от змиева шептания, вошедшего чрез уши Евы.

Мф.27:31. И когда насмеялись над Ним, сняли с Него багряницу, и одели Его в одежды Его и повели Его на распятие.

Мф.27:32. Выходя, они встретили одного Киринеянина, по имени Симона; сего заставили нести крест Его.

Первые три говорят, что Симон нес крест Иисусов, а Иоанн – что его нес Сам Господь. Поэтому, вероятно, было то и другое: сначала Сам Иисус нес крест, а потом, нашедши на пути Симона, возложили на него крест. Ты же заметь и то, что Симон значит послушание: итак, имеющий послушание несет крест Христов. Кириней, будучи городом Пентапольским, означает пять чувств, которым надобно нести крест.

Мф.27:33. И, придя на место, называемое Голгофа, что значит: Лобное место,

Мф.27:34. дали Ему пить уксуса, смешанного с желчью; и отведав не хотел пить.

Мф.27:35. Распявшие же Его делили одежды Его, бросая жребий;

Мф.27:36. и, сидя, стерегли Его там;

Мф.27:37. и поставили над головою Его надпись, означающую вину Его: Сей есть Иисус, Царь Иудейский.

Место называлось лобным потому, что, как говорит предание отцов, здесь погребен был Адам: как в Адаме все мы умерли, так должно, чтобы во Христе ожили. Не смущайся, слыша евангелистов, когда этот говорит, что Господу был принесен уксус с желчью; Марк – что было принесено вино со смирною; а Иоанн – уксус с желчью и иссопом. Многими делаемо было многое, как бывает в беспорядочной толпе, когда каждый делает иное: поэтому надо думать, что один принес вино, а другой – уксус с желчью. Много родов смерти. Но Христос умирает посредством креста, чтоб и древо освятить, чрез которое мы прокляты были, и благословить все: и небесное, что обозначается верхнею частью креста, – и подземное, что обозначается чрез подножие, – и пределы земли, как восточной, так и западной, что обозначается поперечными частями креста; а вместе и для того умирает посредством креста, чтоб, распростерши руки, призвать и собрать чад Божиих расточенных. Воины делят одежды Его, как человека бедного и ничего иного не имеющего. Что другой евангелист назвал титлом, то Матфей называет «виною», ибо надписали, чего ради распят: распят, как Царь Иудейский и вводитель новшеств. Слово же «царь» они надписали ради клеветы; однако свидетельство это верно, хотя и представлено от врагов, – ибо Господь есть Царь, пришедший для того самого, чтобы спасти иудеев. Когда же плотские иудеи не восхотели, чтобы Он царствовал над ними, Он соделывается Царем духовных иудеев, то есть исповедывающих, ибо «иудей» значит «исповедывающий».

Мф.27:38. Тогда распяты с Ним два разбойника: один по правую сторону, а другой – по левую.

Мф.27:39–40. Проходящие же злословили Его, кивая головами своими и говоря: Разрушающий храм и в три дня Созидающий! Спаси Себя Самого; если Ты Сын Божий, сойди со креста.

Мф.27:41. Подобно и первосвященники с книжниками и старейшинами и фарисеями, насмехаясь, говорили:

Мф.27:42. других спасал, а Себя Самого не может спасти; если Он Царь Израилев, пусть теперь сойдет со креста, и уверуем в Него;

Мф.27:43. уповал на Бога, пусть теперь избавит Его, если Он угоден Ему. Ибо Он сказал: Я Божий Сын.

Мф.27:44. Также и разбойники, распятые с Ним, поносили Его.

Для оклеветания Христа распинают с Ним двух разбойников, дабы и Он признан был таким же беззаконником, как те. Но они были образом двух народов – иудейского и языческого, ибо оба были равно беззаконны и поносили Христа, подобно как и разбойники сначала поносили оба. Потом же один, познав Его, исповедал Царем, по каковой причине и сказал: «Помяни мя, Господи, во Царствии Твоем». Так и языческий народ исповедал Христа. Другой же разбойник, иудейский народ, продолжал хулить. Дьявол же понуждал говорящих «если Ты Сын Божий, сойди со креста» с тою целью, чтобы Христос, быв раздражен, сошел со креста и чтобы нарушил дело спасения всех крестом. Но Христос есть Сын Божий и не послушался врага, дабы и ты научился, что не должно слушаться ухищрений дьявола, но – творить добро, хотя бы люди и имели о тебе худое мнение.

Мф.27:45. От шестого же часа тьма была по всей земле до часа девятого;

Мф.27:46. а около девятого часа возопил Иисус громким голосом: Или́, или́! лама́ савахфани́? то есть: Боже Мой, Боже Мой! для чего Ты Меня оставил?

Мф.27:47. Некоторые из стоявших там, слыша это, говорили: Илию зовет Он.

Мф.27:48. И тотчас побежал один из них, взял губку, наполнил уксусом и, наложив на трость, давал Ему пить;

Мф.27:49. А другие говорили: постой; посмотрим, придет ли Илия спасти Его.

Случившаяся тьма произошла не по естественному порядку, как бывает она естественно вследствие, например, затмения солнца. Ибо в четырнадцатый день луны никогда не бывает затмения. Солнечное затмение бывает только в следующем случае: когда луна только что нарождается, тогда и бывают естественные затмения солнца. Но при распятии Христа был несомненно четырнадцатый день луны, ибо тогда совершалась пасха: следовательно, тьма была неестественная. Притом тьма эта была вселенскою, а не частичною, как, например, в Египте, – дабы явно было, что тварь соболезнует страданию Творца и что отступил от иудеев свет. Иудеи, требующие видеть знамения с неба, пусть увидят теперь солнце помраченное! Так как человек создан был в шестой день, а вкусил от древа в шестой час, – ибо это час ядения, – то Господь, воссозидая человека и, врачуя падение, пригвождается к древу в шестой день и в шестой час. Пророческое «Или, или» произносится на еврейском диалекте, чтобы показать, что Он не сражается с ветхозаветным Писанием. А «для чего Ты Меня оставил?» сказал для того, чтобы показать, что Он соделался истинным человеком, а не по видимости только, ибо человек имеет естественное желание жить, будучи жизнелюбив. Поэтому как скорбел и тосковал пред крестом, показывая естественно свойственную нам боязнь, так теперь говорит: «для чего Ты Меня оставил»,— обнаруживая свойственную нам любовь к жизни. Ибо Он был воистину человек и подобен нам во всем, кроме греха. Впрочем, некоторые понимали так, что Спаситель, принимая на Себя лицо иудеев, говорит: «для чего Ты оставил народ иудейский, Отче, чтоб сделал он такой грех и предан был погибели?». Как происшедший от иудеев, Христос «для чего Ты оставил Меня» говорит вместо: «для чего Ты оставил Мое сродство, Мой народ, что они сделали такое зло себе». Люди из простого народа, будучи невежественны и несведущи в пророческих писаниях, не поняв сего воззвания, думали, что Христос зовет Илию, – ибо не все иудеи знали пророческие писания, подобно как и теперь не все христиане знают Евангелие. А уксусом поили Его для того, чтоб Он скорее умер, прежде нежели придет Илия, чтоб помочь Ему. Отсюда прочие говорили: «постой; посмотрим, придет ли Илия спасти Его», то есть: не делай, чтоб Он умер; узнаем, поможет ли Ему Илия.

Мф.27:50. Иисус же, опять возопив громким голосом, испустил дух.

Мф.27:51. И вот, завеса в храме раздралась надвое, сверху донизу; и земля потряслась; и камни расселись;

Мф.27:52. и гробы отверзлись; и многие тела усопших святых воскресли

Мф.27:53. и, вышедши из гробов по воскресении Его, вошли во святый град и явились многим.

Иисус взывает громким голосом, чтобы уразумели мы, что когда говорил Он: «власть имею положить душу Мою», – то это было истинно, ибо Он со властью отдает душу. Что же это было за воззвание? «Отче, в руки Твои предаю дух Мой», – ибо не по принуждению, но добровольно испустил Он дух. Это показывает: «предаю»; показывает также, что Он думает опять получить душу

Свою, ибо всякий залог опять отдается назад. Благодарение Господу за то, что, когда Он умер и когда дух Его был вручен в руки Отца, с того времени и души святых полагаются в руки Божии, а не в темницах ада, как прежде,— так что смерть Христова сделалась освящением нашим. Для этого-то и призывается громким голосом смерть, не дерзающая и подойти, если бы не была позвана. Церковная завеса состояла из некоего полотна, повешенного среди храма и отделяющего внутреннее от внешнего, как некая стена. Что она раздирается, – то чрез это Бог показывает, что храм, недоступный и невиденный, внутреннейшее которого закрывала завеса, будет в таком уничижении и презрении, что всем он будет доступен и всякий может рассматривать его. Иные указывают и другие причины раздрания. Раздираемая завеса означала, говорят, упразднение буквы законной, а также то, что раскроется все законное, что прежде закрывалось буквою, как некою завесою, – и все, прежде неясное и загадочное, станет ясным теперь, исполнившись на Христе. Можно и то сказать, что как был обычай у иудеев в случае богохульства раздирать одежды, так теперь и храм Божий, как бы скорбя о смерти Бога, разорвал одежду свою, завесу. И другое мог бы кто-либо сказать, но достаточно и этого. Стихии тогда поколебались, как то свидетельствуя, что Страждущий есть Творец, так показывая вместе с тем и то, что наступит изменение в делах, ибо Писание полагает землетрясение, как знак изменения в делах. Так происходило перенесение смотрения Божия от иудеев к язычникам. И камни, то есть каменные сердца язычников, расторглись и приняли семя истины, и умерщвленные грехами восстали и вошли во святой град, в вышний Иерусалим, и явились многим, ходящим широким путем; явившись им, соделались для них первообразом доброй жизни и обращения: ибо, видя человека, сначала умерщвленного страстями, а потом обратившегося и вошедшего во святой небесный город, и другой всячески подражает ему и обращается. Впрочем, это придумано слишком изысканно. Ты же знай, что воскресение мертвых, случившееся при кресте Господа, давало знать об освобождении душ, находившихся во аде. Воскресшие тогда явились многим, дабы случившееся не показалось мечтою; воскресли же они ради знамения; и явно, что опять умерли. Впрочем, некоторые говорят, что они воскресли после воскресения Христа и в другой раз не умирали. Не знаю, должно ли это быть принято.

Мф.27:54. Сотник же и те, которые с ним стерегли Иисуса, видя землетрясение и все бывшее, устрашились весьма и говорили: воистину Он был Сын Божий.

Мф.27:55. Там были также и смотрели издали многие женщины, которые следовали за Иисусом из Галилеи, служа Ему;

Мф.27:56. между ними была Мария Магдалина и Мария, мать Иакова и Иосии, и мать сыновей Зеведеевых.

Язычник-сотник вследствие знамений верует вместе с бывшими при нем; иудеи же, слушавшие закон и пророков, остаются неверующими: таково злочестие! Сотник этот впоследствии сделался мучеником за Христа. Что же касается жен, смотревших на происшедшее, то этот сострадательнейший из всех и осужденный род наслаждается созерцанием благ прежде всех. И ученики убежали, а жены мужаются. Мариею, матерью Иакова и Иосии, евангелист называет Богородицу, ибо Иаков и Иосия были детьми Иосифа от прежней его жены. Так как Богородица называлась женою Иосифа, то соответственно этому называлась и матерью его детей, то есть мачехою. Матерь сынов Зеведеевых называлась Саломиею. Говорят, что и эта была дочерью Иосифа.

Мф.27:57. Когда же настал вечер, пришел богатый человек из Аримафеи, именем Иосиф, который также учился у Иисуса;

Мф.27:58. он, пришед к Пилату, просил Тела Иисусова. Тогда Пилат приказал отдать Тело.

Мф.27:59. И взяв Тело, Иосиф обвил его чистою плащаницею[14].

Мф.27:60. и положил его в новом своем гробе, который высек он в скале; и, привалив большой камень к двери гроба, удалился.

Мф.27:61. Была же там Мария Магдалина и другая Мария, которые сидели против гроба.

Прежде Иосиф скрывался, теперь же дерзает на великое дело, положив душу свою за Тело Учителя и приняв на себя столь тяжкую борьбу со всеми Иудеями. Как великий дар, дает ему Пилат Тело. Ибо Тело Христа, как мятежника умерщвленного, должно было быть брошено не погребенным. Впрочем, Иосиф, будучи богатым, возможно, что и золота дал Пилату. Получив Тело, Иосиф чествует его, положив в новой гробнице, в которой никогда никто не был положен. И это было по промышлению Божию, чтобы по воскресении Господа не сказал кто-либо, что вместо Его воскрес другой мертвец, погребенный там прежде Его. По этой причине и гробница новая. Мария же Магдалина и другая Мария, то есть Богородица, которую выше назвал евангелист материю Иакова и Иосии, эти две сидели насупротив гроба, выжидая, чтобы, когда утихнет ярость врагов, идти и объять Тело и помазать его миром. О сих-то женах говорил Исайя: «Жены, идущие от зрелища,– идите сюда: ибо это – народ, не имеющий разума» (*Ис. 27, 11*). Говорит,

....

[14] Полотном.

что «не имеют разума». Очевидно, это об иудейском народе, распявшем Господа. А жен он призывает, чтобы они оставили сей несмысленный народ, последовали бы к апостолам и возвестили им радостную весть о воскресении.

Мф.27:62. На другой день, который следует за пятницею, собрались первосвященники и фарисеи к Пилату

Мф.27:63. и говорили: господин! мы вспомнили, что обманщик тот, еще будучи в живых, сказал: после трех дней воскресну;

Мф.27:64. итак прикажи охранять гроб до третьего дня, чтоб ученики Его, пришедши ночью, не украли Его и не сказали народу: воскрес из мертвых; и будет последний обман хуже первого.

Мф.27:65. Пилат сказал им: имеете стражу; пойдите, охраняйте, как знаете.

Мф.27:66. Они пошли и поставили у гроба стражу, и приложили к камню печать.

Субботу не называет субботою, потому что, судя по злобе иудеев, она и не была субботою. В то время как закон повелевал, чтобы в день субботы никто не двинулся с места своего,– беззаконные иудеи собираются к иноплеменнику Пилату, вместо законного собрания. Они вследствие своей злобы побуждаются прийти к Пилату и утвердить гроб, однако это было по Божию промышлению, дабы воскресение совершилось при свидетелях – врагах – и тогда, когда гроб был запечатан и охраняем. Достойно исследования,– откуда зная, говорили иудеи, что воскреснет в третий день? Господь нигде не говорил этого ясно и прямо. Можно думать, что они узнали это из прообразования Ионы, ибо говорил Христос, что «как Иона был во чреве кита три дня,... и Я во чреве земли» (*Мф. 12, 40*); или же узнали из следующего: «разорите *церковь* сию». Прежде, не поняв этого, но подумав, что Он говорит о храме иудейском, они ставили Ему это в вину. Теперь же, познав, что храмом Он называл Свое собственное Тело, они приходят в страх и называют Его обманщиком, не оставляя злобы и после смерти. Кустодиею называется у римлян стража: отсюда евангелист называет кустодиею воинов, поставленных для охраны.

ГЛАВА ДВАДЦАТЬ ВОСЬМАЯ

Мф.28:1. По прошествии же субботы, на рассвете первого дня недели, пришла Мария Магдалина и другая Мария посмотреть гроб.

«В вечер... субботы» (*Мф.28:1*) равносильно сказанному у Луки: «глубоким утром» (*Лк.24*– «очень рано») и у Марка: «при восходе солнца» (*Мк.16:2*), ибо под солнцем здесь следует разуметь утренние лучи солнца. Когда наступает восьмой час ночи, тогда начало следующего дня, и, как думают, наступает утро; посему-то тогда и был, с одной стороны, вечер субботы, а с другой – начало дня Господнего, каковой день евангелист и называет «единым от суббот» (*Мк.16:2, Лк.24:1, Ин.20:1*), ибо дни седмицы называли субботами, а первый – единым, так что день Господень есть «един от суббот», то есть первый из дней недели; ближайший к этому первому называли вторым, затем – третьим, а потом – остальные.

Мф.28:2. И вот, сделалось великое землетрясение: ибо Ангел Господень, сошедший с небес, приступив отвалил камень от двери гроба и сидел на нем;

Мф.28:3. вид его был как молния, и одежда его бела как снег;

Мф.28:4. устрашившись его, стерегущие пришли в трепет и стали как мертвые;

Мф.28:5. Ангел же, обратив речь к женщинам, сказал: не бойтесь, ибо знаю, что вы ищете Иисуса распятого;

Мф. 28:6. Его нет здесь – Он воскрес, как сказал. Подойдите, посмотрите место, где лежал Господь,

Мф. 28:7. и пойдите скорее, скажите ученикам Его, что Он воскрес из мертвых и предваряет вас в Галилее; там Его увидите. Вот, я сказал вам.

Мф. 28:8. И, выйдя поспешно из гроба, они со страхом и радостью великою побежали возвестить ученикам Его.

Господь воскрес тогда, когда камень еще лежал на гробе. По воскресении же Господа и ангел приходит, чтоб отвалить камень и дать женам вход в гроб. Землетрясение делается для того, чтоб пробудились стражи и поняли новизну случившегося.

Итак, Господь воскрес тридневен. Как насчитываются три дня? В восьмом часу пятка был распят; с этого до девятого – тьма: это считай у меня за ночь; затем от девятого часа – свет: это день, – вот сутки: ночь и день. Далее, ночь пятка и день субботы – вторые сутки. Опять же ночь субботы и утро дня Господня, означенное у Матфея: «во едину от суббот, на рассвете», ибо утро принимается во счете за целый день, – вот третьи сутки. И иначе можешь насчитать три дня: в пятницу Господь предал дух, это – один день; в субботу был во гробе, это – другой день; ночью Господнего дня воскрес, но от своей части и день Господень считается за иной день, так что вот и три дня. Ибо и об усопших, если кто умер около десятого часа дня, а другой – около первого часа того же дня, то говорят, что оба они умерли в один и тот же день. Имею сказать тебе и иной способ для того, как насчитать три дня и три ночи. Слушай же! В четверг вечером Господь совершил вечерю и говорил ученикам: «Приимите, ядите тело Мое». Так как Он имел власть положить душу Свою по Своей воле, то ясно, что тогда же Он и заклал Себя, как преподавал Своим ученикам тело, ибо никто не ест чего-либо, если прежде не было заколото. Считай же: вечером Он преподал тело Свое, та ночь и день пятницы до шестого часа – вот одни сутки; потом, от шестого часа до девятого – тьма, а с девятого – до вечера опять свет, – вот и вторые сутки; опять ночь по пятке и день субботы, – вот и третьи сутки; в субботу же ночью Господь воскрес: это – трое полных суток.

Об ангеле Матфей говорит, что он сидел на камне, Марк же – что, отвалив камень, он сидел внутри гроба на правой стороне. Не говорят ли они противоположное? Нет! По-видимому, сначала ангел явился сидящим на камне, а затем, когда жены входили, он предводил ими и опять явился внутри гроба сидящим на правой стороне. Сказал женам: Не бойтесь вы, то есть стражи достойны, чтобы бояться, вы же, ученицы Господни, не бойтесь. После того как освобождает их от страха, благовествует им о воскресении, ибо и следовало сначала изгнать страх, а затем благовествовать. Не стыдится, называя Господа распятым, ибо крестом он хвалится, как неким победным трофеем, доставившим нам все блага.

Мф.28:9. Когда же шли они возвестить ученикам Его, и се, Иисус встретил их и сказал: радуйтесь! И они, приступив, ухватились за ноги Его и поклонились Ему.

Мф.28:10. Тогда говорит им Иисус: не бойтесь; пойдите, возвестите братьям Моим, чтобы шли в Галилею, и там они увидят Меня.

Так как женский пол осужден был на скорбь, то Господь чрез воскресение Свое доставил женскому полу радость и благословил его. По этой причине и они из глубокого благоговения к Нему и чести держать ноги Его, не смея, вследствие скромности, коснуться других частей тела, кроме крайних частей тела Его. Некоторые же говорят, что они намеренно ухватились за ноги Его, чтоб познать, воистину ли Он воскрес и не мечта ли это, или не дух ли это, ибо они думали, что это – дух. Итак, тогда обе Марии коснулись ног Его; по Иоанну же, Мария Магдалина пытается коснуться, но не дозволяется ей. Это потому, что она хотела всегда пребывать с Ним, как и прежде, или лучше: чрез то не допускается, по Иоанну, коснуться Иисуса, что это излишне, ибо после того, как она, как говорит Матфей, прикоснулась к ногам Его, какая была еще нужда прикасаться опять? Так что она и не допускается, как желающая лишнего.

Мф.28:11. Когда же они шли, то некоторые из стражи, войдя в город, объявили первосвященникам о всём бывшем.

Мф.28:12. И сии, собравшись со старейшинами и сделавши совещание, довольно денег дали воинам,

Мф.28:13. и сказали: скажите, что ученики Его, придя ночью, украли Его, когда мы спали;

Мф.28:14. и если слух об этом дойдет до правителя, мы убедим его, и вас от неприятности избавим.

Мф.28:15. Они, взяв деньги, поступили, как научены были; и пронеслось слово сие между иудеями до сего дня.

Стражи возвестили о всем: что произошло землетрясение, что камень отвалился сам собою, что они, устрашившись, сделались как бы мертвыми. Но иудеи, не вразумившись ни чудесами, бывшими во время страдания, ни тем, что свидетельствуется воинами и что случилось при гробе, заражают воинов своею собственною страстью сребролюбия, убеждая их сказать то, что всего нечестивее и безумнее: что Он украден. Но как, о безумные, украли ученики, от страха запершиеся и отнюдь не дерзающие выйти? Если бы украли, то как впоследствии умирали бы за Него, проповедуя, что Он воскрес, и страдая за ложь?

Мф.28:16. Одиннадцать же учеников пошли в Галилею, на гору, куда повелел им Иисус,

По Иоанну, сначала явился ученикам Иисус в самый день воскресения, когда двери были заперты; потом – по прошествии восьми дней, когда и Фома уверовал. Затем, когда они думали идти в Галилею и еще не все были собраны вместе, но некоторые из них ловили рыбу на Тивериадском море, тогда явился Господь одним ловившим рыбу, семи. То, о чем говорит Матфей, случилось после, тогда именно, когда прежде случилось то, о чем повествует Иоанн, ибо часто являлся им в продолжение сорока дней то приходя, то опять уходя, но не всегда и не везде присутствуя с ними. Итак, одиннадцать верховных учеников со всеми прочими последователями поклонились Христу.

Мф. 28:17. и увидев Его, поклонились Ему, а иные усомнились.

«А иные усомнились» вместо: некоторые усомнились. Это так должно быть понимаемо: одиннадцать учеников отправились в Галилею, эти одиннадцать и поклонились Ему; «другие же» (вместо «некоторые»), вероятно, из семидесяти, усомнились относительно Христа. Впрочем, в конце концов, укрепились и эти в вере. Некоторые, однако, понимают так: Матфей не постарался сказать, кто были сомневающиеся, но о чем он не постарался, о том сказал Иоанн, – что сомневающимся был Фома. Впрочем, могло и то случиться, что все сомневались, как действительно говорит о том Лука. Следовательно, так ты должен понимать, что, пришедши в Галилею, ученики поклонились Христу, но эти же, поклонившиеся в Галилее, прежде в Иерусалиме сомневались, как говорит Лука.

Мф. 28:18. И приблизившись Иисус сказал им: дана Мне всякая власть на небе и на земле.

Иисус сказал им, что – «дана Мне всякая власть на небе и на земле». Это сводится к следующему: как Бог и

Творец, Я всегда имел власть над всем, – ибо «всё служит Тебе», – говорит Давид Богу (*Псал. 118, 91*), – но добровольного подчинения Я не имел; теперь же Я думаю иметь и его, ибо теперь Мне все покорится, когда крестом Своим Я победил имеющего державу смерти. Подчинение бывает двоякое: одно невольное, по которому все мы – рабы у Бога по неволе, как и демоны; но есть подчинение произвольное, по которому Павел был раб Христов. Прежде, когда все имели только непроизвольное подчинение, Спаситель имел власть над всем как бы вполовину, но после креста, когда богопознание стало доступно всем и когда все покорились добровольным подчинением, прилично говорит Христос, что «ныне Я получил всякую власть». Прежде у Меня была власть только отчасти, ибо служили Мне только невольно, так как Я – Творец; ныне же, когда люди служат Мне разумно, Мне дана уже всякая и полная власть. От кого же она дана Ему? Принял от Себя Самого и от Своего смирения, ибо если бы Он не смирился и не сразился с противником чрез крест, то и не спас бы нас; так что «дана Мне власть» так понимай: собственными Моими подвигами и трудами Я спас людей, и они соделались Моим уделом, избранным народом. Стало быть, на земле Господь имеет власть, поскольку вся земля познала Его, а на небе потому, что награда верующим в Него и жительство находятся на небесах. С другой стороны, так как человеческая природа, прежде осужденная, а затем ипостасно соединенная с Богом Словом, сидит на небе, приемля поклонение от ангелов, то прилично говорит; «дана Мне всякая власть на небе», ибо и человеческая природа, прежде служащая, теперь во Христе властвует над всем. Коротко сказать, так понимай: «дана Мне всякая власть» – если ты принимаешь это, как говоримое Богом Словом, – что дана Мне всякая власть, так как ныне и по неволе, и вместе по воле признают Меня Богом те, которые прежде служили Мне по способу только невольного подчинения. Если же говоримое есть от человеческой природы, то так понимай,– что я, прежде осужденная природа, теперь же по неслиянному соединению с Сыном Божиим ставшая Богом, я, эта природа, получила власть над всем, так что и на небе поклоняются мне ангелы, и на земле я прославляюсь всеми концами.

Мф. 28:19. Итак идите, научите все народы, крестя их во имя Отца и Сына и Святаго Духа,

Мф. 28:20. уча их соблюдать всё, что Я повелел вам; и се, Я с вами во все дни до скончания века. Аминь.

Поэтому Господь посылает учеников Своих уже не к одним иудеям, но так как Он получил власть над всеми, освятив в Себе все человеческое естество, то прилично посылает их ко всем языкам, поручая крестить «во имя Отца и Сына, и Святаго Духа». Итак, да посрамятся Арий и Савеллий! Арий – так как Господь сказал крестить не во имена, но во имя; имя же у трех одно – Божество. Савеллий же – так как Господь упомянул о трех лицах, а не об одном лице (как оный Савеллий суесловит), будто бы имеющем три имени и называющемся иногда Отцом, иногда Сыном, а иногда Духом; упомянул Господь о трех лицах, имеющих одно имя – Бог. Далее, так как недостаточно креститься только, но должно и делать доброе после крещения, то говорит: «уча их соблюдать все, что Я повелел вам», не одну или две, но все Мои заповеди. Убоимся же, братие, ведая, что если бы и одно осталось у нас несоблюденным, то не будем совершенными рабами Христовыми, ибо от нас требуется хранить все. Смотри речь Господа, как она обнимает обе главы христианства: богословие и деятельную добродетель. Ибо, сказавши, что крестить должно во имя Троицы, Он преподал нам богословие, а говоря, что должно учить и соблюдать заповеди, привел нам и деятельную добродетель. Ободряя же учеников Своих (так как посылал их к язычникам на заклания и опасности), говорит, что «не бойтесь, потому что Я буду с вами до скончания века». Смотри и это, как он напомнил о кончине, чтобы побудить их еще более презирать опасности. Не бойтесь, говорит, все будет иметь конец, будет ли то мирское горе или благополучие; поэтому ни в горестях не отпадайте, ибо они проходят, ни благами не обольщайтесь, ибо они окончатся. Впрочем, не к одним апостолам относилось это: пребыть с ними, — но и ко всем вообще ученикам Его, ибо, несомненно, апостолы не имели жить до кончины мира. Итак, и нам, и тем, которые будут после нас, обещается это; однако не так, что до скончания Он будет, а после скончания отойдет. Нет! Тогда-то особенно и будет пребывать с нами и притом яснейшим и очевиднейшим образом, ибо слово «до», где ни встречается употребленным в Писании, не исключает того, что будет после.

Итак, возблагодарив Господа, с нами здесь пребывающего и всякое благо доставляющего, и опять совершеннейшим образом имеющего пребывать с нами после кончины, закончим здесь наше изъяснение во славу Того, Ему же подобает всякое благодарение и слава, и честь во веки веков.

Аминь.

ФЕОФИЛАКТ БОЛГАРСКИЙ (ОХРИДСКИЙ)

Святой Феофилакт Болгарский, архиепископ Охридский, является значительной фигурой в истории Византийской империи и Православной Церкви в конце XII века. Его жизнь и деятельность тесно связаны с религиозной, культурной и политической жизнью того времени.

Феофилакт родился около 1100 года в Константинополе в семье знатного происхождения. С юных лет он получил отличное образование, которое включало изучение богословия, философии и классической литературы. В своей молодости Феофилакт был призван на службу в Византийскую императорскую администрацию, где он зарекомендовал себя как талантливый и перспективный ученый и администратор.

Его духовная карьера началась с рукоположения в сан диакона, после чего он вскоре стал архидиаконом при Храме Святой Софии в Константинополе. В 1090 году Феофилакт был назначен архиепископом Охридским, что тогда входило в состав Византийской империи и считалось одним из наиболее значимых религиозных центров на Балканах.

На посту архиепископа Охридского Феофилакт прославился своей активной пастырской деятельностью, богословскими трудами и защитой православной доктрины. Он написал множество толкований на Священное Писание, ряд богословских сочинений, обращений и писем, которые свидетельствуют о его глубоком богословском знании и учености. Эти работы оказали значительное влияние на развитие православного богословия в последующие века.

Как архиепископ, Феофилакт сталкивался с многочисленными сложностями, включая политические интриги и конфликты с местными властями, что порой приводило к напряженным отношениям между церковью и государством. Несмотря на это, он неуклонно стремился укреплять церковь, поддерживать дисциплину среди духовенства и занимался образовательной деятельностью.

Святой Феофилакт Болгарский скончался в 1126 году, оставив после себя наследие выдающегося богослова, писателя и церковного лидера. Его жизнь и труды до сих пор изучаются в православных богословских кругах, и его память почитается как в Православной Церкви, так и среди ученых, занимающихся изучением Византийской истории и культуры.

Православная библиотека – Orthodox Logos

- *Песня церкви - Праведники наших дней* – Артём Перлик
- *Сказки* – Артём перлик
- *Следом за овцами - Отблески внутреннего царства* – Монахиня Патрикия
- *Откровенные рассказы странника духовному своему отцу*
- *Семь слов о жизни во Христе* – праведный Николай (Кавасила)
- *О молитве* – святитель Игнатий (Брянчанинов)
- *Об умной или внутренней молитве* – преподобный Паисий (Величковский)
- *В помощь кающимся* – святитель Игнатий (Брянчанинов)
- *Христианство по учению преподобного Макария Египетского* – преподобный Иустин (Попович), Челийский
- *Священное Предание: Источник Православной веры* – митрополит Каллист (Уэр)
- *Толкование на Евангелие от Матфея* – святой Феофилакт Болгарский, архиепископ Охридский
- *Толкование на Евангелие от Марка* – святой Феофилакт Болгарский, архиепископ Охридский
- *Толкование на Евангелие от Луки* – святой Феофилакт Болгарский, архиепископ Охридский
- *Толкование на Евангелие от Иоанна* – святой Феофилакт Болгарский, архиепископ Охридский

www.orthodoxlogos.com

www.ingramcontent.com/pod-product-compliance
Lightning Source LLC
LaVergne TN
LVHW041622060526
838200LV00040B/1391